相続土地評価
実務マニュアル

著　梶野 研二（税理士）

新日本法規

は　し　が　き

　土地等は相続税や贈与税の課税財産の中でも大きな割合を占めており、また、1件当たりの価額も高額になります。さらに、非上場株式の価額を純資産価額方式により評価する場合には、評価対象会社の有する土地等の価額を評価しなければなりません。

　評価作業に当たっては、まず、評価対象地の特定、位置関係や形状を確実に把握するとともに、その土地に係る権利関係、都市計画の状況や各種の規制措置について確認しなければなりません。このような作業を経た後に、財産評価基本通達等を適用して評価対象地の評価額を算定することとなりますが、財産評価基本通達等の内容を理解するためには、高度の専門的な知識が求められます。

　また、平成29年には、適用に疑義の生じることの多かった広大地の評価方法が、地積規模の大きな宅地の評価方法に改められるという大きな通達改正がなされ、平成30年以降の相続、遺贈又は贈与から適用されることとなりました。この改正により評価方法の明確化が図られたとされていますが、相続税や贈与税の課税対象となる個々の土地等は、形状や位置関係、利用状況、その土地をめぐる権利関係、法令等の制限など個別事情がそれぞれ異なっているため、通達に定められた評価方法をそのまま適用するだけで適正な評価額を算定することができるとは限りません。

　このように、相続税や贈与税の課税実務上、土地等の評価は、非常に悩ましい問題です。本書は、相続税及び贈与税の実務における土地等の評価方法について、基本的な考え方を説明し、通達の定める評価方法を具体的な事例を通して理解することができるように「ケーススタディ」を豊富に取り入れました。また、「アドバイス」で、実際の土地等の評価に当たり留意すべき事項についてまとめましたので、参考にしていただきたいと思います。

　本書が、土地等の評価方法についての理解を深め、適正な土地等の評価の一助となることを願ってやみません。

　最後に、本書の発刊に当たっては新日本法規出版株式会社の皆様に大変お世話になりました。心から感謝申し上げます。

　令和元年11月

梶野　研二

著 者 略 歴

梶野　研二（かじの　けんじ）

雪谷税務署資産課税部門統括国税調査官、国税庁課税部資産評価企画官付企画専門官、同庁同部資産課税課課長補佐、東京地方裁判所裁判所調査官、品川税務署副署長、四谷税務署副署長、国税不服審判所本部国税審判官、東京国税局課税第一部資産評価官、玉川税務署長、国税庁課税部財産評価手法研究官を経て、現在、税理士

【編著書】

「農地の相続税・贈与税」（大蔵財務協会）

「贈与税の申告の実務―相続時精算課税を中心として」（大蔵財務協会）

「新版　公益法人の税務」（公益法人協会）

「土地評価の実務―相続税・贈与税（平成22年版）」（大蔵財務協会）

「株式・公社債評価の実務―相続税・贈与税（平成23年版）」（大蔵財務協会）

「判例・裁決例にみる　非公開株式評価の実務」（新日本法規出版）

「ケース別　相続土地の評価減」（新日本法規出版）

「非公開株式評価実務マニュアル」（新日本法規出版）

凡　例

＜本書の内容＞

　本書は、相続土地の評価実務について、相談・受任から評価方法の判定、具体的評価方法、評価結果の報告に至るまでの流れに沿ってわかりやすく解説したものです。業務処理や評価の手順をフローチャートで図示した上で、実務上の留意事項をコンパクトにまとめることにより、一通りの実務ができるように編集しています。

＜本書の体系＞

　本書は、次の8章により構成しています。

第1章　相談・受任

第2章　現地確認調査・資料収集

第3章　土地評価の原則

第4章　宅地の評価（自用地価額の評価）

第5章　賃借が行われている宅地の評価

第6章　宅地以外の土地の評価

第7章　特殊な場合の土地の評価

第8章　評価結果の報告

＜表記の統一＞

1　法令等

　根拠となる法令等の略記例及び略語は次のとおりです。

　相続税法第23条第1項第1号＝相税23①一
　財産評価基本通達181-2＝評基通181-2

景観	景観法	租特	租税特別措置法
建基	建築基準法	租特令	租税特別措置法施行令
借地借家	借地借家法	都計	都市計画法
所税令	所得税法施行令	土壌汚染	土壌汚染対策法
生産緑地	生産緑地法	農振地域	農業振興地域の整備に関する法律
生産緑地令	生産緑地法施行令	農振地域規	農業振興地域の整備に関する法律施行規則
税理士	税理士法	法税令	法人税法施行令
相税	相続税法	民	民法
相税令	相続税法施行令	歴史まちづくり法	地域における歴史的風致の維持及び向上に関する法律
相税規	相続税法施行規則		

使用貸借通達	使用貸借に係る土地についての相続税及び贈与税の取扱いについて	特定非常災害通達	特定非常災害発生日以後に相続等により取得した財産の評価について
相当地代貸宅地通達	相当の地代を収受している貸宅地の評価について	評基通	財産評価基本通達
相当地代通達	相当の地代を支払っている場合等の借地権等についての相続税及び贈与税の取扱いについて	負担付贈与通達	負担付贈与又は対価を伴う取引により取得した土地等及び家屋等に係る評価並びに相続税法第7条及び第9条の規定の適用について
措通	租税特別措置法関係通達	法基通	法人税基本通達

2　判例・裁決例

　　根拠となる判例・裁決例の略記例及び出典の略称は次のとおりです。

　東京地方裁判所平成8年1月26日判決、税務訴訟資料215号93頁
　　＝東京地判平8・1・26税資215・93

　国税不服審判所平成27年3月25日裁決、裁決事例集No.98　163頁
　　＝平27・3・25裁決　裁事98・163

判時	判例時報	税資	税務訴訟資料
判タ	判例タイムズ	裁事	裁決事例集

目　　次

第1章　相談・受任

ページ

＜フローチャート～相談・受任＞……………………………………… *3*

1　相談の依頼　*4*

　(1)　相談者への確認　*4*

　(2)　日程調整等　*5*

2　相談の実施　*6*

　(1)　相談者からのヒアリング　*6*

　(2)　相談者への説明　*7*

3　受任手続　*8*

　(1)　依頼事項の確認等　*8*

　(2)　受任契約の締結　*8*

　　【参考書式1】　受任契約書（土地の評価のみを依頼された場合）　*10*

第2章　現地確認調査・資料収集

＜フローチャート～現地確認調査・資料収集＞………………………… *15*

1　現地確認調査の準備　*16*

　(1)　現地確認調査の目的　*16*

　(2)　地図等の準備　*16*

　(3)　事前の資料収集　*17*

2　現地確認調査　*17*

　(1)　評価対象地の確認　*17*

　(2)　評価対象地周辺の確認　*18*

3　評価対象地に対する規制等の確認　*18*

4　評価対象地に対する権利関係の確認　*19*

　(1)　契約書等の確認　*19*

　(2)　登記情報等の確認　*20*

第3章　土地評価の原則

第1　時価

＜フローチャート～時価＞ ………………………………………………… *23*

1 相続税法の規定　*24*

2 財産評価基本通達　*24*

(1) 評価通達の制定　*25*

(2) 評価通達の適用　*25*

3 評価通達の定めによらない評価　*26*

第2　土地評価の基本要素

＜フローチャート～土地評価の基本要素＞ ……………………………… *28*

1 取得者　*29*

2 地　目　*30*

3 評価対象土地に係る権利関係　*37*

4 地　積　*37*

第4章　宅地の評価（自用地価額の評価）

第1　宅地の評価方法

＜フローチャート～宅地の評価方法＞ …………………………………… *41*

1 宅地の評価単位　*42*

2 不合理分割が行われた場合　*50*

3 宅地の評価方式　*53*

4 宅地の評価の流れ　*54*

第2　路線価方式による宅地の評価

＜フローチャート～路線価方式による宅地の評価＞ …………………… *56*

1 路線価　*58*

(1) 路線価　*58*

(2) 路線価図等の公表　*58*

(3) 路線価図の見方　*59*

　【参考書式2】　個別評価申出書　*63*

2　特定路線価　*67*

(1) 特定路線価を設定する場合　*67*

(2) 特定路線価の設定の申出　*67*

　【参考書式3】　特定路線価設定申出書　*69*

3　路線価方式による評価方法　*72*

　【参考書式4】　土地及び土地の上に存する権利の評価明細書　*73*

4　基本的な画地調整計算　*75*

(1) 奥行価格補正　*75*

(2) 側方路線影響加算　*78*

(3) 二方路線影響加算　*82*

(4) 三方又は四方に路線のある場合の加算　*85*

(5) 間口狭小補正　*86*

(6) 奥行長大補正　*87*

5　不整形地の評価　*92*

(1) 不整形地の評価方法　*93*

(2) 不整形地の画地調整計算　*93*

(3) 不整形地補正率　*95*

(4) 不整形地の評価額　*100*

6　無道路地の評価　*106*

(1) 無道路地の意義　*107*

(2) 無道路地の評価方法　*108*

7　地積規模の大きな宅地の評価　*113*

(1) 地積規模の大きな宅地の意義　*114*

(2) 地積規模の大きな宅地の評価方法　*117*

8　がけ地等を有する宅地の評価　*121*

(1) がけ地等を有する宅地の意義　*121*

(2) がけ地等を有する宅地の評価方法　*121*

9　土砂災害特別警戒区域内にある宅地の評価　*124*

(1) 土砂災害特別警戒区域内にある宅地の意義　*124*

(2) 土砂災害特別警戒区域内にある宅地の評価方法　*125*

10　容積率の異なる2以上の地域にわたる宅地の評価　*128*

（1）　容積率の異なる2以上の地域にわたる宅地の意義　*128*

（2）　容積率の異なる2以上の地域にわたる宅地の評価方法　*129*

第3　倍率方式による宅地の評価

＜フローチャート〜倍率方式による宅地の評価＞‥‥‥‥‥‥‥‥‥‥*133*

1　倍率方式　*134*

2　倍率方式による評価　*134*

第4　個別事情に応じた評価

＜フローチャート〜個別事情に応じた評価＞‥‥‥‥‥‥‥‥‥‥‥*140*

1　私道の評価　*142*

（1）　私道の意義　*142*

（2）　私道の評価方法　*143*

（3）　歩道状空地の評価　*144*

2　セットバックを必要とする宅地の評価　*145*

（1）　セットバックを必要とする宅地　*146*

（2）　セットバックを必要とする宅地の評価方法　*146*

3　都市計画道路予定地の区域内にある宅地の評価　*148*

（1）　都市計画道路予定地の区域内にある宅地　*148*

（2）　都市計画道路予定地の区域内にある宅地の評価方法　*148*

4　土地区画整理事業施行中の宅地の評価　*151*

（1）　仮換地が指定されている場合（原則的な評価方法）　*151*

（2）　仮換地が指定されている場合（例外的な評価方法）　*152*

（3）　仮換地が指定されていない場合　*152*

5　造成中の宅地の評価　*153*

6　余剰容積率の移転がある場合の宅地の評価　*153*

（1）　余剰容積率の移転　*153*

（2）　余剰容積率の移転がある場合の宅地の評価方法　*154*

7　農業用施設用地の評価　*156*

（1）　農業用施設用地の意義　*157*

（2）　農業施設用地の評価方法　*158*

⑧　大規模工場用地の評価　*159*

（1）　大規模工場用地の意義　*160*

（2）　大規模工場用地の評価方法　*160*

⑨　文化財建造物である家屋の敷地の用に供されている宅地の評価　*161*

⑩　利用価値の著しく低下している宅地の評価　*163*

⑪　土壌汚染地の評価　*166*

（1）　土壌汚染地の意義　*166*

（2）　土壌汚染地の評価方法　*167*

⑫　周知の埋蔵文化財包蔵地の評価　*168*

（1）　周知の埋蔵文化財包蔵地の意義　*168*

（2）　周知の埋蔵文化財包蔵地の評価方法　*168*

第5章　貸借が行われている宅地の評価

第1　普通借地権が設定されている場合の評価

＜フローチャート～普通借地権が設定されている場合の評価＞……*173*

①　借地権の意義　*174*

（1）　借地借家法における借地権　*174*

（2）　財産評価における借地権　*174*

②　通常の地代の授受が行われている場合の評価　*176*

（1）　通常の地代の意義　*177*

（2）　借地権の評価　*178*

（3）　借地権の設定されている宅地（貸宅地）の評価　*178*

（4）　貸宅地割合が定められている地域の貸宅地の評価　*179*

③　借地権が転貸されている場合の評価　*181*

（1）　転借権の評価　*182*

（2）　転貸借地権の評価　*182*

④　相当の地代の授受が行われている場合の評価　*183*

（1）　相当の地代の意義　*183*

(2) 相当の地代の授受が行われている場合の借地権の評価　*183*

(3) 相当の地代の授受が行われている場合の貸宅地の評価　*184*

5 相当の地代に満たない地代の授受が行われている場合の評価　*185*

(1) 相当の地代に満たない地代の意義　*185*

(2) 相当の地代に満たない地代の授受が行われている場合の借地権
の評価　*186*

(3) 相当の地代に満たない地代の授受が行われている場合の貸宅地
の評価　*186*

6 無償返還届出書が提出されている場合の評価　*188*

(1) 土地の無償返還に関する届出　*189*

(2) 無償返還届出書が提出されている場合の借地権の評価　*189*

(3) 無償返還届出書が提出されている場合の貸宅地の評価　*189*

【参考書式5】　土地の無償返還に関する届出書　*191*

7 同族会社の株式評価における借地権の扱い　*193*

(1) 同族会社が相当の地代を支払っている場合　*193*

(2) 同族会社が相当の地代に満たない地代を支払っている場合　*194*

(3) 無償返還届出書が提出されている場合　*195*

第2　定期借地権等が設定されている場合の評価

＜フローチャート～定期借地権等が設定されている場合の評
価＞……………………………………………………………………*197*

1 定期借地権等の意義　*198*

(1) 定期借地権等創設の背景　*198*

(2) 定期借地権等の種類　*198*

2 定期借地権等の評価方法　*199*

3 定期借地権等が設定されている宅地（貸宅地）の評価方法　*202*

(1) 原則的評価方法　*202*

(2) 個別通達による評価方法　*202*

【参考書式6】　定期借地権等の評価明細書　*206*

第3 使用貸借により土地の貸借が行われている場合の評価

<フローチャート〜使用貸借により土地の貸借が行われている場合の評価>······················208

1 使用貸借の意義 *209*

2 使用貸借の判定 *209*

(1) 通常の場合 *210*

(2) 借地権者以外の者が借地権の目的となっている土地を取得した場合 *212*

(3) 土地所有者以外の者が借地権を取得した場合 *212*

(4) 土地の無償借受け時に借地権相当額の課税が行われている場合 *213*

(5) 借地権の目的となっている土地を使用貸借通達の施行前に借地権者以外の者が取得している場合 *215*

(6) 当事者の一方又は双方が法人である場合 *216*

【参考書式7】 借地権の使用貸借に関する確認書 *217*

【参考書式8】 借地権者の地位に変更がない旨の申出書（借地権者以外の者が借地権の目的となっている土地を取得した場合） *218*

【参考書式9】 借地権者の地位に変更がない旨の申出書（土地所有者以外の者が借地権を取得した場合） *219*

3 使用借権の評価 *220*

4 使用貸借により貸し付けられている土地の評価 *220*

第4 配偶者居住権が設定されている場合の評価

<フローチャート〜配偶者居住権が設定されている場合の評価>······················222

1 配偶者居住権等の意義 *223*

(1) 配偶者短期居住権 *223*

(2) 配偶者居住権 *224*

2 配偶者居住権等に関する税務上の取扱い *224*

3 配偶者居住権に基づく居住用建物の敷地の利用に関する権利の評価方法 *225*

4 配偶者居住権の目的となっている建物の敷地の用に供される宅地の評価方法 *228*

5　配偶者短期居住権等の評価　*230*

第5　その他の権利が設定されている場合の評価

＜フローチャート～その他の権利が設定されている場合の評価＞……………………………………………………………*231*

1　区分地上権が設定されている場合　*232*

(1)　区分地上権の評価方法　*232*

(2)　区分地上権が設定されている宅地の評価方法　*237*

2　区分地上権に準ずる地役権が設定されている場合　*239*

(1)　区分地上権に準ずる地役権の評価方法　*239*

(2)　区分地上権に準ずる地役権が設定されている宅地の評価方法　*240*

3　区分地上権又は区分地上権に準ずる地役権と他の権利が競合する場合　*241*

(1)　土地の上に存する権利が競合する場合の借地権等の評価　*241*

(2)　土地の上に存する権利が競合する場合の宅地の評価　*242*

第6　貸家建付地の評価

＜フローチャート～貸家建付地の評価＞……………………………………………*243*

1　貸家建付地の意義　*244*

2　貸家建付地の評価方法　*245*

(1)　原則　*245*

(2)　一時的空室がある場合　*247*

第6章　宅地以外の土地の評価

第1　農地の評価

＜フローチャート～農地の評価＞………………………………………………*253*

1　農地の評価単位　*254*

2　評価上の農地の区分　*254*

(1)　評価通達における農地の種類　*254*

(2)　農地の種類の確認　*257*

3　純農地の評価　*258*

4　中間農地の評価　*258*

5　市街地周辺農地の評価　*258*

6　市街地農地の評価　*258*

(1)　市街地農地の評価方法　*259*

(2)　宅地造成費に相当する金額の計算　*260*

【参考書式10】　市街地農地等の評価明細書　*266*

7　生産緑地の評価　*267*

(1)　生産緑地　*267*

(2)　生産緑地の評価方法　*268*

8　耕作権等の評価　*270*

(1)　耕作権等の意義　*270*

(2)　耕作権の評価方法　*271*

(3)　永小作権の評価方法　*271*

9　貸し付けられている農地の評価　*272*

(1)　耕作権の目的となっている農地の評価方法　*273*

(2)　永小作権の目的となっている農地の評価方法　*273*

(3)　10年以上の期間の定めがある賃貸借契約により貸し付けられている農地の評価方法　*274*

(4)　農業経営基盤強化促進法の規定により貸し付けられている農地の評価方法　*274*

(5)　特定市民農園用地等として貸し付けられている農地の評価方法　*274*

(6)　市民農園用地等として貸し付けられている農地の評価方法　*275*

(7)　農地中間管理機構に貸し付けられている農地の評価方法　*276*

第2　山林の評価

＜フローチャート〜山林の評価＞……………………………………… *278*

1　山林の評価単位　*279*

2　評価上の山林の区分　*279*

3　純山林の評価　*280*

4　中間山林の評価　*280*

5　市街地山林の評価　*280*

6　利用又は伐採の制限のある山林の評価　*281*

(1) 保安林の評価方法　*282*

(2) 特別緑地保全地区内にある山林の評価方法　*282*

7　山林に設定された権利の評価　*283*

(1) 地上権の評価方法　*283*

(2) 賃借権の評価方法　*284*

8　貸し付けられている山林の評価　*284*

(1) 地上権が設定されている山林の評価方法　*284*

(2) 賃借権が設定されている山林の評価方法　*285*

9　分収林契約が締結されている場合の山林の評価　*285*

(1) 分収林契約の意義　*285*

(2) 分収林契約に基づき設定された地上権等の評価方法　*286*

(3) 分収林契約に基づき貸し付けられている山林の評価方法　*286*

第3　原野等の評価

＜フローチャート～原野等の評価＞……………………………………… *287*

1　原野の評価　*288*

(1) 原野の評価単位　*288*

(2) 原野の評価方法　*288*

(3) 原野に設定された権利の評価　*290*

(4) 貸し付けられている原野の評価　*290*

2　牧場の評価　*291*

3　池沼の評価　*291*

4　鉱泉地の評価　*291*

(1) 鉱泉地の評価単位　*292*

(2) 鉱泉地の評価方法　*292*

(3) 温泉権が設定されている場合等の評価　*292*

第4　雑種地の評価

＜フローチャート～雑種地の評価＞……………………………………… *294*

1　雑種地の評価単位　*295*

2　雑種地の評価方法　*295*

3　雑種地に設定された権利の評価　*298*

(1) 雑種地に設定された地上権の評価方法　*299*

(2) 雑種地に設定された賃借権の評価方法　*299*

4　貸し付けられている雑種地の評価　*300*

(1) 地上権が設定されている雑種地の評価方法　*301*

(2) 賃借権が設定されている雑種地の評価方法　*301*

第5　占用権の評価

＜フローチャート～占用権の評価＞……………………………………………… *303*

1　占用権の意義　*304*

2　占用権の評価　*304*

(1) 取引事例のある占用権　*305*

(2) 取引事例のない占用権　*305*

3　占用権の目的となっている土地の評価　*306*

第7章　特殊な場合の土地の評価

＜フローチャート～特殊な場合の土地の評価＞……………………… *309*

1　売買契約中の土地の評価　*310*

(1) 売主の有する権利の評価　*310*

(2) 買主の有する権利の評価　*310*

2　負担付贈与等により取得した土地等の評価　*312*

(1) 個別通達制定の趣旨　*312*

(2) 負担付贈与等により取得した土地等の評価方法　*313*

(3) 「著しく低い価額の対価で財産の譲渡を受けた場合」等の判定　*313*

3　特定非常災害が発生した場合の土地の評価　*315*

(1) 課税時期が特定非常災害発生日前の場合　*315*

(2) 課税時期が特定非常災害発生日以後の場合　*318*

4　国外にある土地等の評価　*319*

第8章　評価結果の報告

<フローチャート～評価結果の報告>⋯⋯⋯⋯⋯⋯⋯⋯⋯⋯⋯⋯ *323*

1　評価明細書の作成等　*324*

(1)　評価明細書の作成　*324*

(2)　税理士法33条の2に規定する書面添付　*325*

【参考書式11】　税理士法第33条の2第1項に規定する添付書面　*326*

2　評価結果の報告　*332*

(1)　評価結果の説明　*332*

(2)　評価結果説明後の留意事項　*332*

第 1 章

相談・受任

2

第1章　相談・受任　　　3

＜フローチャート～相談・受任＞

1 相談の依頼
- (1)　相談者への確認
- (2)　日程調整等

↓

2 相談の実施
- (1)　相談者からのヒアリング
- (2)　相談者への説明

↓

3 受任手続
- (1)　依頼事項の確認等
- (2)　受任契約の締結

1 相談の依頼

（1）　相談者への確認

　相談の目的や相談者の立場などを確認します。

（2）　日程調整等

　相談の日時、場所などの調整を行います。

（1）　相談者への確認　■■■■■■■■■■■■■■■■■■■■■■■■■■

　税務上の土地評価の依頼は、相続税や贈与税の申告の依頼の一環として行われる場合が多いと思いますが、将来の相続に備えて、遺産総額及び相続税の概算額を確認するための依頼もあります。

　また、土地の評価についてのみ依頼したいという相談者もあります。例えば、相続税の申告の委任を受けた税理士から土地評価について依頼されるケースや非上場会社の株式において発行法人が保有する土地の評価を依頼されることがあります。親子間その他親族間で土地を売買するに際して、低額売買と認定されて贈与税が課されることとならないように事前に土地の価額を確認しておきたいというケースも見受けられます。最近では、相続税の申告等を依頼した税理士の評価方法に疑問を抱いた納税者が、別の税理士にセカンドオピニオンを求めるケースも増えています。このような場合には、原則として財産評価基本通達に従った評価が求められます。

　個人が法人に土地を譲渡する場合に、譲渡価額が時価の2分の1に満たない場合には、その個人は時価で譲渡したものとみなされて所得税が課されることとなります。その場合、時価より低い価額で土地を譲り受けた法人には、時価と実際に支払った対価との差額について受贈益として法人税が課されることとなります。また、法人間で時価を下回る価額で土地の譲渡が行われた場合には、土地を譲渡した法人については寄附金課税の問題、土地を譲り受けた法人には受贈益課税の問題が生じることとなります。土地譲渡の当事者の一方又は双方が法人である場合には、財産評価基本通達により評価した価額ではなく、時価をベースに課税関係を検討しなければなりません。このような場合の時価については、不動産鑑定士による不動産鑑定基準に則った評価を行うことが適当であると考えられます。しかしながら、不動産鑑定士による不動産鑑定に

第1章　相談・受任　　5

は、費用と時間がかかりますので、およその価額を確認しておきたいという場合には、財産評価基本通達に定められた評価方法に準じて時価を算定することもあります。財産評価基本通達に定められた路線価方式による路線価又は倍率方式による評価倍率は、公示価格と同水準の価額の80％程度で評定されていることから、土地評価に精通した税理士に路線価方式又は倍率方式により評価額を算出してもらい、その評価額を0.8で割り戻すことにより公示価格水準の価額を算出する簡便的に時価を求める方法も実務上、広く行われています。

　土地の評価の目的や相談者の立場により、どのような方法で評価をすべきか、またどの程度の精度が求められるのかが異なりますので、最初に、その目的を確認しておく必要があります。

(2)　日程調整等 ■■■■■■■■■■■■■■■■■■■■■■■■■■■■■

　土地の評価の依頼があった場合、評価対象地の概要や評価の目的を把握し、受任すべきかどうかを検討しなければなりません。また、受任できるとした場合に、相談者には評価作業に要する日時、費用などを説明し、理解を得なければなりません。そのために、直接、相談者に面接する機会を設けるのが通常です。

　相談の内容や相談者の理解度によっては、予定していた時間を超えてしまうこともありますので、面接の日程及び面接場所の調整をするに当たっては、時間的に余裕をもった予定を組む必要があります。

　日程調整を行う場合には、持参してもらう書類についても伝えておきます。書類を準備するのに時間を要すると認められる場合には、それを考慮して日程の調整をします。

◆面接の際に持参してもらう書類

　評価を依頼したい土地の登記事項証明書、公図の写し、実測図、固定資産税納税通知書（固定資産課税明細書を含みます。）などの書類を準備してもらいます。他人の権利が設定されている土地や他人から借り受けている土地である場合には、賃貸借契約書等も必要です。

　その土地について、従前に相続税等の課税があった場合には、当時の申告書の控えも評価をする上で参考になります。

2 相談の実施

> （1）　相談者からのヒアリング
>
> 　相談に当たっては、次の点を中心に、相談者からのヒアリングを行います。
> - ・評価の目的及び期限
> - ・評価対象地の数、所在地、概況
>
> （2）　相談者への説明
>
> 　相談者に対して、次の説明をします。
> - ・作業スケジュールの説明
> - ・協力依頼
> - ・報酬額等契約内容の説明

（1）　相談者からのヒアリング ■■■■■■■■■■■■■■■■■■■■

　土地の評価についての相談に当たっては、評価の目的及び期限、評価対象土地の数、所在地、その概況などについて、ヒアリングを行う必要があります。

　ただし、ここでのヒアリングは、あくまでも、評価の依頼を受けるかどうか、受けるとすればどの程度の作業量が見込まれ、どのくらいの時間を要するかについて判断をするためのものです。受任契約後、具体的な評価作業に入る際には、より詳細なヒアリングを行う必要があります。

◆評価対象土地の概況

　土地の評価を受任するかどうかの判断に当たっては、評価対象地の数、所在地、その土地の概況などを確認しておく必要があります。土地の評価に当たっては、原則として、現地確認調査を実施しますので、遠隔地に所在する土地については、そのアクセスについても確認しておきます。

　また、依頼者が評価対象地についてどの程度の知識を有しているのか確認しておくことも必要です。依頼者が現地に行ったこともないケースや権利関係について分からない場合もあります。

第1章　相談・受任　　　7

　これらのヒアリングにより、評価に要する作業量や作業スケジュールを見込むことができます。

(2)　相談者への説明 ■■■■■■■■■■■■■■■■■■■■■■■■

　相談者に対して、次のような事項について説明をします。納税者の理解度によっては、時間をかけて説明していく必要があります。

　なお、納税者へのヒアリングの結果、受任することができないと判断した場合には、その旨を伝えます。

◆受任した場合の作業スケジュールの説明

　相談者からのヒアリングにより評価対象土地の概況を把握したうえで、相談者から資料情報を提出してもらう期限、評価作業に要する期間などの説明をします。評価目的との関係で、最終期限が設けられる場合には、その期限を厳守できるような作業工程を提示しなければなりません。

◆協力依頼

　土地の価額を評価するためには、その土地の登記事項証明書、公図の写し、固定資産税評価証明書、実測図などのほか、その土地に係る各種の規制の状況や他者の権利が設定されている場合には、その内容を確認しなければなりません。また、土地の評価に当たり現地確認を行う際に、依頼者の立会いが必要になる場合もあります。

　そのため、土地の評価を受任するに当たっては、適正な評価のために、依頼者等の協力が不可欠であり、受任した税理士に任せっきりでは、適正な評価ができないことをよく説明したうえで、協力の要請をします。

◆税理士報酬等の契約内容の説明

　相談者が最も気になっているのは、土地の評価に対する税理士報酬の額です。相談の段階で、確定的な金額を提示することは困難な場合もあろうかとは思いますが、その場合には、相談者が、土地の評価の依頼をするかどうかの判断をすることができるように報酬額の算定の根拠やおよその額などを示します。

　そのほか、主要な契約内容について、事前に説明をするとともに、相談者の疑問点についても、あいまいな説明にとどめることなく、十分な理解を得られるよう努めます。

3 受任手続

> **（1） 依頼事項の確認等**
>
> 契約締結に当たり、依頼事項を確認します。相互の認識に差異があると、後日のトラブルの原因になります。また、適正な評価額を算定するためには、必要な資料の提供が不可欠ですから、依頼者からどの程度の協力を得られるのかについても確認します。
>
> **（2） 受任契約の締結**
>
> 契約書の条項に沿って契約内容の説明を行います。
>
> 契約内容について、理解を得られたならば、契約書の調印を行います。

（1） 依頼事項の確認等 ■■■■■■■■■■■■■■■■■■■■■

　相談の段階で依頼者の依頼の内容をヒアリングしましたが、受任の契約に当たっては、依頼内容の最終的な確認を行います。依頼者の考えている依頼の内容と受任者の理解に齟齬があると、後日のトラブルの原因になりますし、報酬の額にも影響します。

　また、適正な評価額の算定を行うためには、評価をするために必要な資料を入手できなければなりません。また、現地確認や関係官庁への各種照会などにおいて依頼者等の協力が必要となります。契約の締結に当たっては、依頼者の理解を得るとともに、その旨を契約の中に盛り込む必要があります。

（2） 受任契約の締結 ■■■■■■■■■■■■■■■■■■■■■■

　土地の評価については、土地の評価についてのみ受任する場合と、相続税や贈与税の申告の依頼の中に土地の評価作業が含まれる場合があります。後者の場合には、一般的な相続税等申告の受任の際の契約書により契約します。

　契約に当たっては、契約書に記載した各条項について、丁寧に説明をしていきます。

　また、報酬の金額についても必ず説明するようにします。受任の際には、作業の全貌が不明であって、最終的な金額を示すことができない場合においては、報酬の額の算定方法及び受任時点における見積もりの金額を説明します。

相続税等の申告について受任する場合、土地の評価に対する報酬を加算して報酬額を算定することがあります。この点についても事前にきちんと説明しておきましょう。

評価対象地の状況によっては、不動産鑑定士による鑑定評価や測量が必要になることがありますが、このような場合に新たに生じる費用は、別途、請求する旨をきちんと伝えます。

契約内容を説明し、依頼者の理解を得られたならば、通常は、契約書2通に、相互に、契約書への署名又は記名・押印をし、それぞれが1通ずつ保管します。

アドバイス

○土地の評価を内容とする契約書に係る印紙税

財産評価基本通達に従って土地の評価額を算定することを内容とする契約書は、評価額の算定という仕事の完成に対して報酬の支払いがなされるものであり、請負に関する契約書（第2号文書）に該当します。

○税理士職業賠償責任保険への加入

土地の評価は、非常に複雑な場合もあり、また評価額が高額になることも多く、誤って過大又は過少に評価してしまった場合に依頼者に与える損害額も大きなものとなります。

そのための備えとして、土地の評価に従事する税理士は、税理士職業賠償責任保険に加入しておくべきでしょう。

【参考書式1】 受任契約書（土地の評価のみを依頼された場合）

土地評価に関する契約書

　○○○○（以下、甲という。）は、税理士○○○○（以下、乙という。）に対し、別紙「評価対象土地」に記載の土地（以下、本件土地という。）の価額の評価を依頼し、乙はこれを受諾した。

1　依頼の目的
　　令和○年○月○日に相続が開始した被相続人○○○○に係る相続税の課税価格を計算するために、相続財産である本件土地の同日における評価額の算定をする。

2　評価方法
　　乙は、依頼の目的を踏まえ、相続税法第22条及び財産評価基本通達（昭和39年4月25日直資58・直審（資）17）の定めに基づいた評価を行うものとする。

3　期限
　　乙は、令和○年○月○日までに、本件土地の評価額を算定し、5の②に定める報告書を甲に提出するものとする。

4　資料の提供等
　①　甲は、本件土地の評価をするために必要な説明、書類、記録その他の資料をその責任と費用負担において、乙に提供する。
　②　①の資料等は、乙から請求があった場合に、甲は速やかに乙に提供する。
　③　甲の資料提供の不足、遅延、誤りに基づく不利益は、甲において負担する。

5　説明責任
　①　乙は甲から求められた場合には、3に定める期限前であっても、評価作業の内容、進捗状況を甲に対して説明しなければならない。
　②　乙は、本件土地の評価額を算出した場合には、文書をもって甲に報告しなければならない。報告書には、評価額算出の過程、根拠その他参考となるべき事項を記載しなければならない。

6　報酬
　①　乙が5の②に定める報告書を甲に提出した後、1か月以内に、甲は、報酬○○○○円

第1章　相談・受任　　11

を、乙の指定する銀行口座に振り込むものとする。

② 評価作業において生じた特別の費用については、別途、請求することができるものとする。

7 守秘義務

乙は、業務上知りえた個人情報について正当な理由なく他に漏らしてはならない。

令和○年○月○日

住所　　○○県○○市○○町○丁目○番○号
(甲)　　○　○　○　○　㊞
住所　　○○県○○市○○町○丁目○番○号
(乙)　　○　○　○　○　㊞

別紙

評 価 対 象 土 地

項番	所在地	地目	地積(m²)	備考

第 2 章

現地確認調査・資料収集

14

＜フローチャート～現地確認調査・資料収集＞

1 現地確認調査の準備
- (1) 現地確認調査の目的
- (2) 地図等の準備
- (3) 事前の資料収集

2 現地確認調査
- (1) 評価対象地の確認
- (2) 評価対象地周辺の確認

3 評価対象地に対する規制等の確認

4 評価対象地に対する権利関係の確認
- (1) 契約書等の確認
- (2) 登記情報等の確認

第2章　現地確認調査・資料収集

1　現地確認調査の準備

> **（1）　現地確認調査の目的**
>
> 　現地確認調査を実施しなければ確認できない評価要素があるため、適正な評価を行うためには現地確認調査は不可欠です。
>
> **（2）　地図等の準備**
>
> 　効率的な現地確認調査を実施するため、事前に地図上で評価対象地を特定しておきます。
>
> **（3）　事前の資料収集**
>
> 　登記事項証明書、公図の写し、住宅地図などを現地確認調査を行う前に収集しておきます。

（1）　現地確認調査の目的 ■■■■■■■■■■■■■■■■■■■■■■■■

　土地の評価に当たっては、登記情報や公図を参考にしますが、登記情報に記載された面積や地目、公図上の地形が評価対象地の現況と異なることは珍しいことではありません。メジャーやレーザー距離計などを使用して間口距離や奥行距離その他およその面積を計算するのに必要な計測をします。現況が登記上の面積や公図とは異なることが確認された場合には、現況に従って評価をしなければなりません。

　評価対象地の接道の状況や利用状況についても確認します。また、道路との高低差や傾斜の度合い、騒音、震動、日照の状況など評価に影響を及ぼす要素の有無は現地確認調査を実施しなければ分かりません。

　このように適正な土地評価を行うためには、現地確認調査の実施が不可欠です。

（2）　地図等の準備 ■■■■■■■■■■■■■■■■■■■■■■■■■■

　評価対象地の現地確認調査を行う前にその土地の概況を確認するなど事前準備をしておかなければ、効率的な現地確認調査を行うことはできません。

　そのために、まず、評価対象地の所在場所を確認しておかなければなりません。住宅地図やブルーマップなどにより評価対象地を特定します。評価対象地に係る住居表

示が不明の場合や建物がない農地や山林の場合には、所在場所の特定が困難なことも
ありますが、依頼者に確認するなどして、事前に評価対象土地の所在場所を地図上で
特定しておきます。

(3) 事前の資料収集 ■■■■■■■■■■■■■■■■■■■■■■■■■

　次のような評価対象地の評価上必要な資料は可能な限り現地確認調査の前に入手し
ておきます。現地確認調査においては、これらの資料情報から確認できた事項と現況
に相違はないか確認します。

① 登記事項証明書、公図の写し

② 固定資産課税明細書

③ 住宅地図

④ 都市計画図

⑤ 道路図

⑥ 土地の利用に関する契約書類

2　現地確認調査

> **(1) 評価対象地の確認**
> 　評価対象地の現況を確認します。特に登記情報や公図との違いや現地で
> しか確認できない事項を注意深く観察します。
> **(2) 評価対象地周辺の確認**
> 　評価に影響を及ぼす要素の有無を確認します。

(1) 評価対象地の確認 ■■■■■■■■■■■■■■■■■■■■■■■■■

　現地確認調査においては、評価対象地の現況を確認します。実際の利用状況により、
評価対象地の地目や評価単位の判断をします。

　また、実際の地積が、登記上の地積とは異なることがあります。この場合、測量士
等の専門家に測量を依頼しなければならないこともありますが、まずは現地確認の段

階で隣地との境界を確認したうえで、間口距離や奥行距離を計測するなどして、地積の算定を試みます。道路との高低差や現地に傾斜がある場合には、斜度を求めるために複数の地点の高低差を計測しておくとよいでしょう。

現地確認調査には、できる限り依頼者にも立ち会ってもらいます。

なお、評価対象地上に貸家や共同住宅がある場合には、入居状況も確認します。

(2) 評価対象地周辺の確認 ■■■■■■■■■■■■■■■■■■■■■■■■■

現地確認調査においては、評価対象地だけではなく、その周辺の状況を確認することも必要です。

前面道路の幅員や高低差、騒音や震動、日照の状況、高圧電線の有無など現地確認調査を行わなければわからないような個別事情もありますので、注意深く観察してください。

3 評価対象地に対する規制等の確認

土地の評価を行うためには、土地の評価額に影響を与える各種規制等を確認します。現地確認調査を行う前に、依頼者から各種情報の提供を受けたり、インターネットで検索したりするなどして、できる限り資料情報を収集しますが、評価対象地が遠隔地に所在する場合には、現地確認に併せて地元の官公庁などで資料を収集することが効率的です。また、現地確認調査により把握した事項を基に、官公庁などの資料を収集することもあります。いずれにしろ評価に影響を与える事項を漏れなく把握しなければなりませんので細心の注意を払います。

確認をする必要のある主な資料としては、次のようなものが考えられます。

① 都市計画　都市計画図により、評価対象地が都市計画区域内にある土地かどうか、市街化区域内の土地か（あるいは市街化調整区域内の土地か、非線引き区域内の土地か）、用途地域や地域地区、評価対象地の所在する地域の容積率、都市計画道路の有無などを確認します。

② 道路　道路台帳、道路位置指定図、開発登録簿などにより評価対象地の接する道路が建築基準法上の道路であるかどうか及びその幅員について確認します。

第2章　現地確認調査・資料収集　　　19

③　生産緑地　都市計画図
④　水路　公図

4　評価対象地に対する権利関係の確認

> **（1）　契約書等の確認**
>   他人の権利が存在する場合には、その内容を契約書等により確認します。
> **（2）　登記情報等の確認**
>   登記事項証明書による確認も必要です。

（1）　契約書等の確認　■■■■■■■■■■■■■■■■■■■■■■■

　評価対象地が他人に貸し付けられている場合、評価対象地上の建物が他人に貸し付けられている場合には、その内容を賃貸借契約書等により確認します。アパートなどの構造上区分された数個の部分を有する建物を賃貸の用に供している場合、課税時期における「賃貸割合」を確認するため、契約書のほか解約通知書や賃料の入金状況を確認します。

　古い契約の場合には、契約書が作成されていなかったり、契約書を紛失していたりすることもあります。不動産所得の申告の状況などを確認するとともに、必要に応じて貸借の相手方に確認をとることもあります。

◆無償返還の届出書等の確認

　土地の賃貸借契約の当事者の一方又は双方が法人の場合に、賃貸借を開始するに際して、将来、賃借人が無償で土地を返還する旨の取決めをして、その旨を「土地の無償返還に関する届出書」により税務署に届け出ている場合があります。

　また、個人間の貸借に関して、「借地権の使用貸借に関する確認書」や「借地権者の地位に変更がない旨の申出書」が提出されていることがあります。

　これらの書類の提出の有無を確認することは、土地等の評価に不可欠です（詳細は第5章第3 2 を参照してください。）から、依頼者から確認を得られない場合には、税務署に確認をする必要があります。

┌─────────────────────────────────┐
│   アドバイス   │
└─────────────────────────────────┘

○賃貸借契約等の確認

　　賃貸借契約書を確認することにより、未収賃料の有無（支払時期の確認）、預かり敷金や保証金の有無などが分かりますので、相続税の申告書作成の一環として土地の評価を行う場合には、賃貸借契約書を必ず確認してください。

---

(2)　登記情報等の確認 ■■■■■■■■■■■■■■■■■■■■■■■

　評価対象地に係る所有権以外の権利は、登記事項証明書の「権利部（乙区）」に記載されています。地上権、区分地上権や地役権など評価に影響する権利が設定されている場合には、その記載により詳細を確認することができます。

第 3 章

土地評価の原則

22

第1 時価

<フローチャート～時価>

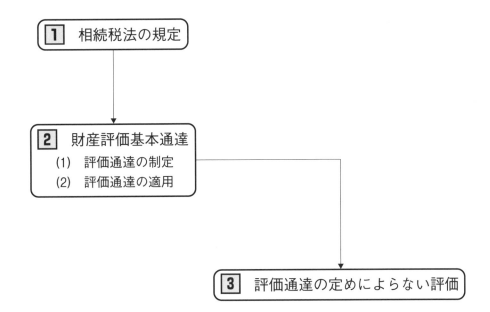

1 相続税法の規定

　相続税や贈与税（以下「相続税等」といいます。）の課税価格は、相続、遺贈又は贈与により取得した財産の価額により計算することとされており（相税11の2・21の2）、その財産の価額は、相続税法に特別の定めのある財産を除き、その財産の取得の時における時価によることとされています（相税22）。

　この場合の時価とは、不特定多数の当事者間で自由な取引が行われる場合に通常成立すると認められる価額、すなわち客観的交換価値をいうものと解されています。

　土地や土地の上に存する権利（以下「土地等」といいます。）に関しては、地上権（借地権や区分地上権に該当するものを除きます。）及び永小作権の評価（相税23）並びに配偶者居住権の目的となっている建物の敷地の用に供されている土地及び当該土地を配偶者居住権に基づき使用する権利の価額の評価（相税23の2③④）について、相続税法に規定が設けられていることから、これらの土地等については当該規定に従って相続税等の課税価格に算入される金額を計算することとなります。しかしながら、それ以外の土地等については、適正に時価評価を行わなければなりません。

2 財産評価基本通達

（1）　評価通達の制定
　課税実務においては、評価通達の定めに従って相続等により取得した土地等の価額を評価しています。
（2）　評価通達の適用
　特段の事情のある場合を除き、相続等により取得した土地等を評価通達にあらかじめ定められた評価方式によって画一的に評価する課税実務は、租税法律関係の確定に際して求められる種々の要請を満たし、国民の納税義務の適正な履行の確保に資するものと考えられます。

(1)　評価通達の制定 ■■■■■■■■■■■■■■■■■■■■■■■

　相続税等の申告に当たっては、相続税法に特別の定めがある財産以外の財産については、各財産ごとに、その客観的交換価値である時価を算定しなければなりません。

　しかしながら、相続税等の課税対象である土地等には多種多様なものがあり、その客観的な交換価値は必ずしも一義的に確定されるものではないために、相続税等の課税対象である土地等の客観的な交換価値（時価）を個別に評価することにすると、その評価方式、基礎資料の選択の方法などにより異なった金額が「時価」として導かれるおそれがあり、また、課税当局の事務負担も過重なものとなり課税事務の効率的な処理が困難となるおそれもあります。

　そこで、課税実務においては、財産評価基本通達に相続、遺贈又は贈与により取得した土地等についてその価額の評価に関する一義的基準を定め、画一的な評価方式によってその価額を評価することとされています。

◆財産評価基本通達と個別通達

　相続税等の課税を目的とした財産評価のために制定された通達の中心となるものは、財産評価基本通達（昭39・4・25直資56・直審（資）17）ですが、これだけでは相続税等における土地の評価を行うのには十分ではないため、「使用貸借に係る土地についての相続税及び贈与税の取扱いについて（昭48・11・1直資2-189・直所2-76・直法2-92）」、「相当の地代を支払っている場合等の借地権等についての相続税及び贈与税の取扱いについて（昭60・6・5直資2-58・直評9）」など多くの個別通達が制定されており、課税実務上、財産評価基本通達とこれらの個別通達の定めに従って大半の土地等の評価がされています（本書では、これらの個別通達も含めて「評価通達」といいます。）。

(2)　評価通達の適用 ■■■■■■■■■■■■■■■■■■■■■■■

　評価通達に定められた評価方式が取得の時における時価を算定するための手段として合理的なものであると認められる場合には、相続、遺贈又は贈与により取得した土地等を評価通達にあらかじめ定められた評価方式によって画一的に評価することとする課税実務は、納税者間の公平、納税者の便宜、効率的な徴税といった租税法律関係の確定に際して求められる種々の要請を満たし、国民の納税義務の適正な履行の確保に資するものとして、相続税法22条の規定の許容するところであると解されています。

　ところで、評価通達は、国税庁長官が国税局長等に相続税法22条に定める時価の解釈について示した法令解釈通達であり、納税者を直接拘束するものではありませんし、

課税財産の時価を争点とする税務訴訟において裁判所が評価通達の定めに従う必要はありません。

しかしながら、評価通達の定める評価方式が形式的に全ての納税者に係る財産の価額の評価において用いられることによって、基本的には租税負担の実質的な公平を実現することができるものと考えられています。相続税法22条の規定もいわゆる租税法の基本原則の1つである租税平等主義を当然の前提としているものと解されることに照らせば、特段の事情があるとき（下記 3 参照）を除き、特定の納税者あるいは特定の財産についてのみ同通達の定める評価方式以外の評価方式によってその価額を評価することは、たとえその評価方式によって算定された金額がそれ自体では同条の定める時価として許容範囲内にあるといい得るものであったとしても、租税平等主義に反するものとして許されないものといえます。

3 評価通達の定めによらない評価

相続税等の課税上、相続等により取得した土地等の全てについて、評価通達の定めに従って評価することが、租税平等主義にかなうとしても、評価通達の定めによって評価したのでは、適正な評価額を算定することができない特別の事情がある場合には、他の合理的な方法によって評価をすることができると考えられます。

◆総則6項

財産評価基本通達の第1章総則の第6項（以下「総則6項」といいます。）は、「この通達の定めによって評価することが著しく不適当と認められる財産の価額は、国税庁長官の指示を受けて評価する。」と定めています。

すなわち、評価通達に定められた評価方法を画一的に適用することによって、明らかに評価対象財産の客観的交換価値とは乖離した結果を導くこととなり、そのため、実質的な租税負担の公平を著しく害し、相続税法の趣旨及び評価通達の趣旨に反することとなるなど、評価通達に定める評価方式によらないことが正当として是認されるような特別な事情がある場合には、他の合理的な評価方式によって評価をすることができることとされています。

土地等については、財産評価基本通達の定めによれば、毎年、国税局長が公表する評価基準（路線価及び固定資産税評価額に乗ずる評価倍率）を適用して評価すること

第3章　土地評価の原則　　27

となります。しかしながら、この評価基準は1年間を通して適用されるものですが1年間のうちに大幅な地価の上昇又は下落があり得ること、評価対象土地等の価額に影響するすべての要素について評価通達に定めることが困難なことなどから、評価通達に定める評価方法や評価基準に基づいて評価したのでは、時価から著しく乖離した評価額が算定されてしまうことがあり得ます。このような場合には、評価通達や評価基準によらない評価方法により評価した価額で申告を行うこととなります。

◆不動産鑑定評価に基づく評価

　評価通達の定める評価方法により土地等を評価したのでは、時価を上回る評価額が算定されてしまう場合に、評価通達の定めによらず、別の方法により評価をすることとなります。その場合の評価方法としては、不動産鑑定士による不動産鑑定が考えられます。不動産鑑定評価基準の性格や精度に照らすと、これに準拠して行われた不動産鑑定は、一般的には客観的な根拠を有するものとして扱われるべきであり、その結果、不動産鑑定評価額が評価通達による評価額を下回るときは、原則として当該不動産鑑定評価額による申告が認められます。

　しかしながら、不動産鑑定士による不動産鑑定評価基準に従った客観的な交換価値の評価といっても、一義的に評価額が算定されるものではなく、現実には各不動産鑑定士がどのような要素をどの程度斟酌するかによって、同一の土地についても異なる評価額が算出され得ることは避けられません。したがって、ある土地について複数の異なる評価額の不動産鑑定が存在する場合は、まずそれらの合理性を比較検討した上で、より合理性が高いと判断できる鑑定の評価額をもって時価と評価すべきであり、その場合であっても評価通達により評価した価額との比較検証を怠ってはならないといえます。

第2 土地評価の基本要素

<フローチャート～土地評価の基本要素>

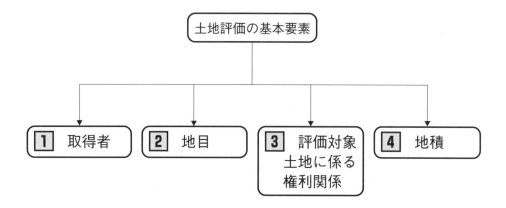

第3章　土地評価の原則　29

1 取得者

　現行の相続税の計算は、まず相続人又は受遺者ごとに相続又は遺贈により取得した財産の価額の合計額（相続税の課税価格）を求め、次に同一の被相続人から財産を取得したすべての相続人及び受遺者の課税価格の合計額を基に相続税の総額を計算し、この相続税の総額を各人の相続税の課税価格に応じて按分計算をするという方式を採用しています。この方式は遺産課税方式と遺産取得者課税方式の両方の要素を取り入れたものですが、各相続人又は受遺者が取得した財産の価額に対する課税であり、基本的には遺産取得者課税方式が採用されているといえます。

　このため、相続税の計算に当たっては、最初に、各相続人又は各受遺者が取得した財産の価額を評価しなければなりません。土地等の評価においては、被相続人の有していた土地等の価額を評価するのではなく、相続人又は受遺者が相続又は遺贈により取得した土地を評価することになります。したがって、例えば、被相続人が一体として利用してきた一つの土地の半分を一人の相続人が取得し、残りの半分を別の相続人が取得した場合には、それぞれが取得した土地ごとに評価をすることとなります。

　また、贈与税は、贈与を受けた者が、その年の1月1日から12月31日までの間に贈与により取得した財産の価額の合計額を課税価格とし、贈与税額を計算することとなりますので、贈与を受けた者が贈与により取得した土地ごとに評価することとなります。

　したがって、相続、遺贈又は贈与により土地等を取得した者が誰であるのか、被相続人又は贈与者の有していた土地等のうちのどの部分を取得したのかを特定することが必要となります。

　ただし、遺産分割や贈与などによる宅地の分割が親族間などで行われた場合において、その分割が著しく不合理であると認められるときは、上記の原則にかかわらず、その分割前の土地の形状に基づいて評価をすることになります（第4章第1 2 参照。）。

◆共有地の評価

　評価対象地が複数の者の共有となっている場合には、その共有地全体の価額を算出し、その価額に共有持分の割合を乗じて、各人の持分の価額を算出します。例えば共有地全体の価額が9,000万円の宅地を、甲が3分の2、乙が3分の1の割合で共有している場合には、甲の持分の価額は6,000万円（9,000万円×2/3）、乙の持分の価額は3,000万円（9,000万円×1/3）となります（評基通2、国税庁HP・質疑応答事例・財産の評価「共有地の評価」）。

2　地　目

　土地等の価格形成要因は、地目ごとに異なるものと考えられますので、評価通達においては、土地等を宅地、農地（田、畑）、山林、原野、牧場、池沼、鉱泉地及び雑種地に区分し、それぞれの地目ごとに評価方法を定めています。そのため、土地等の評価に際しては、まず、評価対象地の地目を特定しなければなりません。

　地目の判定は、登記上の地目ではなく、課税時期におけるその土地の現況によります（評基通7）。

　なお、固定資産税評価証明書には、現況地目の記載がありますが、実際の現況がこれとは異なることもありますので、土地等の評価に当たり現地確認調査は不可欠です。

◆地目の判定

　地目の判定は、不動産登記事務取扱手続準則（平17・2・25民二456法務省民事局長通達）68条及び69条に準じて行うこととされています（評基通7(注)）。なお、不動産登記事務取扱手続準則68条の12号から23号に掲げる土地は、相続税等における財産評価においては雑種地とされています（ただし、20号の保安林は山林とされています。）。

　同準則に定める地目の定め方を基にした評価通達における各地目の概要は次のとおりです（国税庁HP・質疑応答事例・財産の評価「土地の地目の判定」）。

（評価通達における地目の区分とその概要）

	地　　目	概　　要
1	宅地	建物の敷地及びその維持若しくは効用を果たすために必要な土地
2	農地（田）	農耕地で用水を利用して耕作する土地
3	農地（畑）	農耕地で用水を利用しないで耕作する土地
4	山林	耕作の方法によらないで竹木の生育する土地
5	原野	耕作の方法によらないで雑草、かん木類の生育する土地
6	牧場	家畜を放牧する土地
7	池沼	かんがい用水でない水の貯留池
8	鉱泉地	鉱泉（温泉を含みます。）の湧出口及びその維持に必要な土地

9	雑種地	以上のいずれにも該当しない土地
		（駐車場（宅地に該当するものを除きます。）、ゴルフ場、遊園地、運動場、鉄軌道等の用地は雑種地となります。）

（参考）不動産登記事務取扱手続準則（平17・2・25民二456法務省民事局長通達）

（地目）

第68条

　次の各号に掲げる地目は、当該各号に定める土地について定めるものとする。この場合には、土地の現況及び利用目的に重点を置き、部分的にわずかな差異の存するときでも、土地全体としての状況を観察して定めるものとする。

一　田　農耕地で用水を利用して耕作する土地

二　畑　農耕地で用水を利用しないで耕作する土地

三　宅地　建物の敷地及びその維持若しくは効用を果すために必要な土地

四　学校用地　校舎、附属施設の敷地及び運動場

五　鉄道用地　鉄道の駅舎、附属施設及び路線の敷地

六　塩田　海水を引き入れて塩を採取する土地

七　鉱泉地　鉱泉（温泉を含む。）の湧出口及びその維持に必要な土地

八　池沼　かんがい用水でない水の貯留池

九　山林　耕作の方法によらないで竹木の生育する土地

十　牧場　家畜を放牧する土地

十一　原野　耕作の方法によらないで雑草、かん木類の生育する土地

十二　墓地　人の遺体又は遺骨を埋葬する土地

十三　境内地　境内に属する土地であって、宗教法人法（昭和26年法律第126号）第3条第2号及び第3号に掲げる土地（宗教法人の所有に属しないものを含む。）

十四　運河用地　運河法（大正2年法律第16号）第12条第1項第1号又は第2号に掲げる土地

十五　水道用地　専ら給水の目的で敷設する水道の水源地、貯水池、ろ水場又は水道線路に要する土地

十六　用悪水路　かんがい用又は悪水はいせつ用の水路

十七　ため池　耕地かんがい用の用水貯留池

十八　堤　防水のために築造した堤防

十九　井溝　田畝又は村落の間にある通水路

二十　保安林　森林法（昭和26年法律第249号）に基づき農林水産大臣が保安林として指定した土地

二十一　公衆用道路　一般交通の用に供する道路（道路法（昭和27年法律第180号）によ

る道路であるかどうかを問わない。）

二十二　公園　公衆の遊楽のために供する土地

二十三　雑種地　以上のいずれにも該当しない土地

（地目の認定）

第69条

　土地の地目は、次に掲げるところによって定めるものとする。

一　牧草栽培地は、畑とする。

二　海産物を乾燥する場所の区域内に永久的設備と認められる建物がある場合には、その敷地の区域に属する部分だけを宅地とする。

三　耕作地の区域内にある農具小屋等の敷地は、その建物が永久的設備と認められるものに限り、宅地とする。

四　牧畜のために使用する建物の敷地、牧草栽培地及び林地等で牧場地域内にあるものは、すべて牧場とする。

五　水力発電のための水路又は排水路は、雑種地とする。

六　遊園地、運動場、ゴルフ場又は飛行場において、建物の利用を主とする建物敷地以外の部分が建物に附随する庭園に過ぎないと認められる場合には、その全部を一団として宅地とする。

七　遊園地、運動場、ゴルフ場又は飛行場において、一部に建物がある場合でも、建物敷地以外の土地の利用を主とし、建物はその附随的なものに過ぎないと認められるときは、その全部を一団として雑種地とする。ただし、道路、溝、堀その他により建物敷地として判然区分することができる状況にあるものは、これを区分して宅地としても差し支えない。

八　競馬場内の土地については、事務所、観覧席及びきゅう舎等永久的設備と認められる建物の敷地及びその附属する土地は宅地とし、馬場は雑種地とし、その他の土地は現況に応じてその地目を定める。

九　テニスコート又はプールについては、宅地に接続するものは宅地とし、その他は雑種地とする。

十　ガスタンク敷地又は石油タンク敷地は、宅地とする。

十一　工場又は営業場に接続する物干場又はさらし場は、宅地とする。

十二　火葬場については、その構内に建物の設備があるときは構内全部を宅地とし、建物の設備のないときは雑種地とする。

十三　高圧線の下の土地で他の目的に使用することができない区域は、雑種地とする。

十四　鉄塔敷地又は変電所敷地は、雑種地とする。

十五　坑口又はやぐら敷地は、雑種地とする。

十六　製錬所の煙道敷地は、雑種地とする。

十七　陶器かまどの設けられた土地については、永久的設備と認められる雨覆いがある

第3章　土地評価の原則　　33

　　ときは宅地とし、その設備がないときは雑種地とする。
　十八　木場（木ぼり）の区域内の土地は、建物がない限り、雑種地とする。

◆一体利用されている一団の土地が2以上の地目からなる場合

　土地の評価は、地目別に行うのが原則ですが、一体として利用されている一団の土地が2以上の地目からなる場合には、その一団の土地は、そのうちの主たる地目からなるものとして、その一団の土地ごとに評価します（評基通7ただし書）。

　大規模な工場用地やゴルフ練習場用地のように一体として利用されている一団の土地のうちに2以上の地目がある場合にも、地目別に評価するという原則に従うと、その一団の土地をそれぞれ地目ごとに区分して評価することとなってしまいますが、これでは一体として利用されていることによる効用が評価額に反映されません。そこで、このような場合には、実態に即するよう一体利用されている一団の土地ごとに評価することとしています。

　　　　　　　　　　　　ケーススタディ

【ケース1】

Q　次のような工場敷地は地目ごとに区分して評価をするのでしょうか。

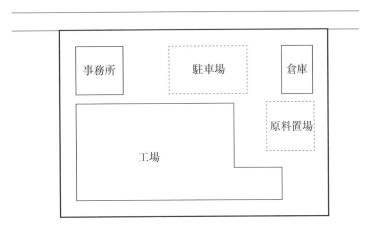

A　駐車場部分や原料置場の部分は、雑種地になりますが、この一団の土地の主たる地目は工場建物及び事務所建物の敷地である宅地であると認められますので、全体が宅地に該当するものとして一体的に評価をすることになります。

【ケース2】

Q 次のようなゴルフ練習場の評価上の地目区分はどうなりますか。

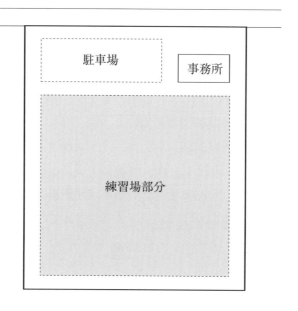

A 事務所建物の敷地部分は宅地となりますが、主たる地目は練習場部分の雑種地と認められますので、全体が雑種地に該当するものとして一体的に評価をすることになります。

◆市街化調整区域以外の都市計画区域内に所在する農地、山林、原野又は雑種地の例外的取扱い

市街化調整区域以外の都市計画区域で市街地的形態を形成する地域において、市街地農地（生産緑地を除きます。）、市街地山林、市街地原野又は宅地と状況が類似する雑種地のいずれか2以上の地目の土地が隣接しており、その形状、地積の大小、位置等からみてこれらを一団として評価することが合理的と認められる場合には、その一団の土地ごとに評価します（評基通7なお書）。

この場合の市街化調整区域とは、都市計画法7条3項に規定する「市街化調整区域」をいい、都市計画区域とは、同法4条2項に規定する「都市計画区域」をいいます。

宅地化が進んでいる地域において、市街地農地、市街地山林、市街地原野及び宅地と状況が類似する雑種地が隣接している場合、その規模、形状、位置関係などからみ

て、これらが一体として価格形成され、取引される一団の土地であると認められるときには、これらの土地はそもそも宅地比準方式という共通の評価方法により評価することとされていることにも鑑み、地目別評価の原則の例外として、当該一団の土地ごとに評価することとされたものです。

$$\boxed{\text{ケーススタディ}}$$

【ケース1】

Q 次のa土地、b土地及びc土地を評価する場合に、評価単位をどのように考えればよいでしょうか。なお、これらの土地は、市街化区域内に所在します。

	a 市街地山林	c 市街地農地
この地域の標準的な地積の宅地	b 雑種地（駐車場）	

道　　路

A a土地、b土地及びc土地は市街化区域内に所在する市街地山林、宅地と状況が類似する雑種地及び市街地農地であり、いずれも宅地比準方式で評価する土地です。これらの土地の地積、形状及び位置等から見ると、c土地は標準的な宅地と同程度の地積を有し、道路にも面していることから単独で宅地として利用することができますが、a土地は道路に接しておらず、a土地及びb土地は標準的な宅地の地積に比して小さいことから、それぞれ単独で宅地として利用するよりも一体として利用する方が合理的であると考えられます。したがって、c土地は単独で評価しますが、a土地及びb土地は、地目別評価の原則の例外として一団の土地として評価することが相当であるといえます。

【ケース2】

Q a土地は相続人甲の居住用家屋の敷地として利用し、b土地は相続人甲が別の場所で営む製造業のための資材置き場として利用しています。居住用家屋の敷地と資材置場の間にはブロック塀が設けられています。b土地の地積はこの地域の標準的な宅地の地積に比べて小さく、a土地と一体利用するのが合理的であると認められます。このような場合、評価単位をどのように考えればよいでしょうか。

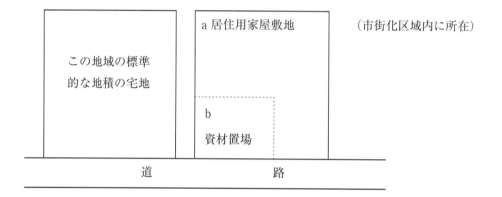

A 土地の評価は地目の別に評価します。

　財産評価基本通達7なお書では、市街化調整区域以外の都市計画区域で市街地的形態を形成する地域において、市街地農地（生産緑地を除きます。）、市街地山林、市街地原野又は宅地と状況が類似する雑種地のいずれか2以上の地目の土地が隣接しており、その形状、地積の大小、位置等からみてこれらを一団として評価することが合理的と認められる場合には、その一団の土地ごとに評価するとしていますが、宅地と他の地目の土地が同様の状況にある場合については、この取り扱いは適用されません（東京地判平26・1・24税資264・12395順号）。

　したがって、a土地とb土地は別個に評価することとなります。

（注）設例の場合において、居住用家屋の庭先に一時的に資材を置いているに過ぎない場合など、b土地部分が宅地と認定できるケースもあります。その場合には、一の宅地として一体評価することとなります。

第3章　土地評価の原則　　37

3　評価対象土地に係る権利関係

　土地の利用形態は、所有者が直接利用している場合、所有土地上に建物を建てその建物を他人に貸している場合、土地を他人に貸している場合など様々な利用形態があります。また、評価対象の土地や評価対象の土地上の建物が貸し付けられている場合であっても、その賃料が有償の場合もあれば無償の場合もあります。評価通達は、このような利用の形態により別々の評価単位としたり、異なった評価方法を採用したりしていますので、評価対象地がどのように利用されているのか、又は他人のためにどのような利用権が設定されているのかなどについて確認しなければなりません。

　土地の利用に関する権利の有無については、契約書の文言や登記内容等を確認し、民法、借地借家法、農地法等の法律に基づいて判断をすることが必要です。

　詳細は、宅地の評価や農地の評価など該当する箇所で説明します。

4　地　積

　土地等の評価における地積は、課税時期における実際の地積によることとされています（評基通8）。したがって、土地等の評価に当たっては、評価対象地の地積を確定しなければなりません。

　評価に当たっては、登記事項証明書や固定資産税評価証明書を参考にしますが、これらの書類に記載されて地積が評価対象地の実際の地積であるとは限りません。実際の面積が登記事項証明書に記載された地積よりも大きい場合（いわゆる縄伸びがある場合）や、反対に実際の地積の方が小さい場合（いわゆる縄縮みがある場合）もありますので注意が必要です。

◆相続税等の申告のための実測

　土地等の評価は、実際の地積によることとされていますが、これは相続税等の申告に当たり、すべての土地について実測を求めるものではありません。ただし、明らかな縄伸びや縄縮みが認められる土地等については、メジャー等により間口距離や奥行距離を計測したり、航空写真からおよその地積を求めるなどして実際の地積を推測し

て評価する必要があります。状況によっては実測を行うことも検討すべきでしょう（国税庁HP・質疑応答事例・財産の評価「「実際の地積」によることの意義」）。

　なお、相続税等の申告後に、評価の対象となった土地を売却することとなり、実測を行ったところ、申告した地積が実際の地積と異なることが判明することがあります。このような場合には、相続税等の修正申告又は更正の請求を行います。

第４章

宅地の評価
（自用地価額の評価）

40

第1 宅地の評価方法

＜フローチャート～宅地の評価方法＞

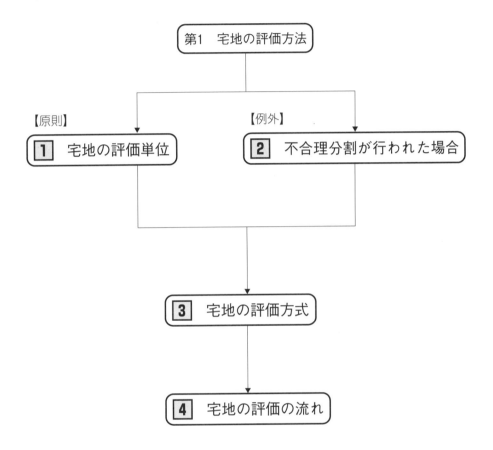

1 宅地の評価単位

　第3章で説明したように、土地は、相続等により取得した者ごと、かつ、地目ごとに評価することとされています。

　さらに、1人の者が取得した宅地については、1画地の宅地（利用の単位となっている1区画の宅地をいいます。）ごとに区分して評価することとなります。

　この場合における「1画地の宅地」の判定は、原則として、①宅地の所有者による自由な使用収益を制約する他人の権利（原則として使用貸借による使用借権を除きます。）の存在の有無により区分し、②他人の権利が存在する場合には、その権利の種類及び権利者の異なるごとに区分することとなります。

　具体的には、つぎのように判定します。

　ア　所有する宅地を自ら使用している場合
　　（例1）

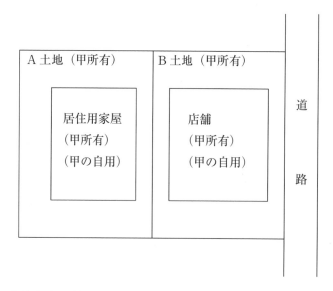

　　所有する宅地を自ら使用している場合には、居住の用か事業の用かにかかわらず、その全体を1画地の宅地として評価します。したがって、図のように、所有する宅地をいずれも自用建物の敷地の用に供している場合には、その全体を1画地の宅地として評価します。

　イ　所有する宅地の一部を自ら使用し、他の部分を使用貸借により貸し付けている場合

(例2)

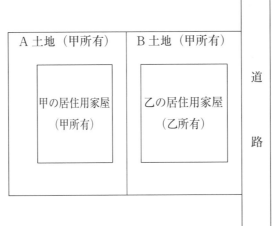

※　乙はB土地を使用貸借により甲から借り受けている。

　所有する宅地の一部を自ら使用し、他の部分を使用貸借により貸し付けている場合には、その全体を1画地の宅地として評価します。したがって、図の場合には、A土地及びB土地を併せて1画地の宅地として評価します。
　なお、使用貸借に係る使用借権の価額は、零として取り扱い、使用貸借により貸し付けている宅地の価額は自用地価額で評価します（第5章第3 3 ・ 4 参照）。
ウ　所有する宅地の一部を自己が使用し、他の部分について普通借地権又は定期借地権等を設定させている場合

(例3)

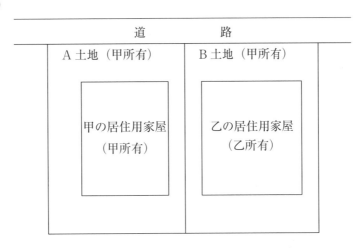

※　乙はB土地を賃貸借により甲から借り受けている。

　所有する宅地の一部を自己が使用し、他の部分について普通借地権又は定期借地権等を設定させている場合には、それぞれの部分を1画地の宅地として評価します。したがって、図の場合には、A土地とB土地はそれぞれを1画地の宅地として評価します。

エ 所有する宅地の一部を自己が使用し、他の部分を貸家の敷地としている場合
　（例4）

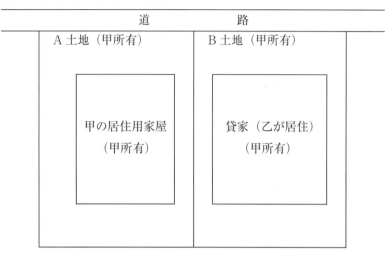

　　※　甲はＢ土地上の建物を貸家として乙に賃貸している。

　所有する宅地の一部を自己が使用し、他の部分を貸家の敷地としている場合には、それぞれの部分を1画地の宅地として評価します。したがって、図の場合には、Ａ土地とＢ土地はそれぞれを1画地の宅地として評価します。

オ 所有する宅地の一部について普通借地権又は定期借地権等を設定させ、他の部分を貸家の敷地の用に供している場合
　（例5）

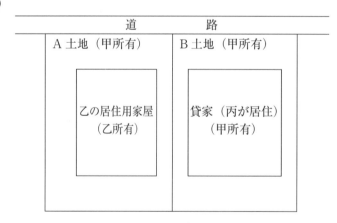

　　※　甲はＡ土地を賃貸借により乙に貸し付けている。
　　※　甲はＢ土地上の建物を貸家として丙に賃貸している。

　所有する宅地の一部について普通借地権又は定期借地権等を設定させ、他の部分を貸家の敷地の用に供している場合には、それぞれの部分を1画地の宅地とします。したがって、図の場合には、Ａ土地とＢ土地はそれぞれを1画地の宅地として評価します。

第4章　宅地の評価（自用地価額の評価）　　45

カ　普通借地権又は定期借地権等の目的となっている宅地を評価する場合において、貸付先が複数であるとき
　（例6）

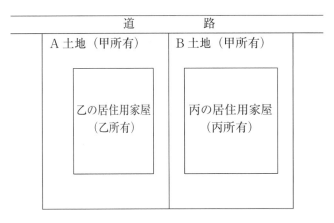

　　　※　甲はＡ土地を賃貸借により乙に貸し付け、
　　　　　Ｂ土地を賃貸借により丙に貸し付けている。

　普通借地権又は定期借地権等の目的となっている宅地を評価する場合において、貸付先が複数であるときには、同一人に貸し付けられている部分ごとに1画地の宅地とします。したがって、図の場合には、Ａ土地とＢ土地はそれぞれを1画地の宅地として評価します。

キ　貸家建付地を評価する場合において、貸家が数棟あるとき
　（例7）

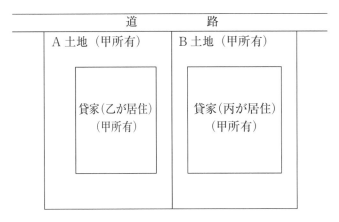

　　　※　甲はＡ土地上の建物を貸家として乙に賃貸し、
　　　　　Ｂ土地上の建物を貸家として丙に賃貸している。

　貸家建付地を評価する場合において、貸家が数棟あるときには、原則として、各棟の敷地ごとに1画地の宅地として評価します。したがって、図の場合には、Ａ土地とＢ土地はそれぞれを1画地の宅地として評価します。

ク　2以上の者から隣接している土地を借りて、これを一体として利用している場合
　　（例8）

　　　※　甲はA土地を乙から、B土地を丙からそれぞれ賃貸借契約により借受け、自宅を建築している。

　2以上の者から隣接している土地を借りて、これを一体として利用している場合には、その借主の普通借地権又は定期借地権等の評価に当たっては、その全体を1画地として評価します。したがって、図の場合に甲の借地権を評価する場合には、A土地及びB土地を併せて1画地として評価します。
　なお、乙が有する宅地（貸宅地）及び丙が有する宅地（貸宅地）を評価する場合には、A土地及びB土地をそれぞれ1画地の宅地として評価します。

ケ　共同ビルの敷地の用に供されている宅地
　　（例9）

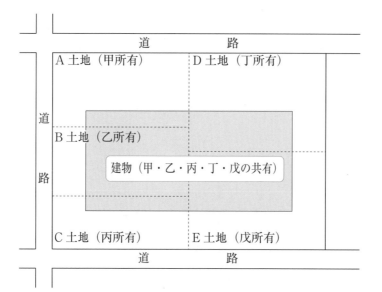

第4章 宅地の評価（自用地価額の評価）

　他の者の有する土地と一体として共同ビルなどの敷地として利用している宅地は、他の者の有する宅地と併せて、全体を1画地の宅地として評価し、その価額を各土地の価額の比により按分します。この場合の価額の比は次の算式により計算します。

（算式）

$$価額の比 = \frac{各土地ごとに財産評価基本通達により評価した価額}{各土地ごとに財産評価基本通達により評価した価額の合計額}$$

　なお、全体を1画地の宅地として評価し、その価額を各土地の地積の比により按分する方法によって評価しても差し支えありません（国税庁HP・質疑応答事例・財産の評価「宅地の評価単位－共同ビルの敷地」）。

ケーススタディ

【ケース1】

Q　下の図のような宅地はどのように評価しますか。なお、A土地及びB土地は同一の者が相続により取得しました。A土地は被相続人の居住用家屋の敷地、B土地は1階部分を被相続人が店舗として利用し、2階部分を賃貸の用に供する建物の敷地でした。

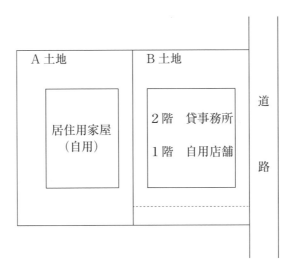

A　A土地は被相続人が自ら使用する他者の権利が存しない土地ですが、B土地は被相続人が自ら使用する一方で他人の権利（借家権）も存する土地であり、A土

地とB土地は利用の単位が異なっているといえますから、別個の評価単位となります。

なお、これらの土地は次のように評価することになります。

① A土地については、通路部分が明確に区分されている場合には、その通路部分も含めたところで不整形地として評価します。

　通路部分が明確に区分されていない場合には、原則として、接道義務を満たす最小の幅員の通路が設置されている土地（不整形地）として評価しますが、この場合には、当該通路部分の面積はA土地には算入しません。また、無道路地としての補正は行いません。

② B土地については、B土地を一体として評価した価額を、原則として、建物の自用部分と貸付部分との床面積の比により按分し、自用部分の自用地としての価額と貸付部分の貸家建付地としての価額を算出し、その合計金額をもって評価額とします。

（国税庁HP・質疑応答事例・財産の評価「宅地の評価単位－自用地と自用地以外の宅地が連接している場合」）

【ケース2】

Q 下の図のような宅地はどのように評価しますか。

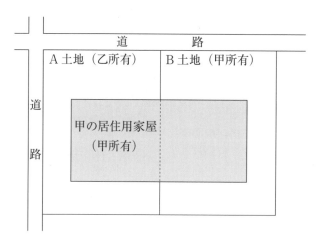

※ 甲は、A土地に借地権を設定しています。

A (1) 甲

甲の所有する借地権（A土地）及び宅地（B土地）の評価額は、いずれも甲が

第4章　宅地の評価（自用地価額の評価）　49

　これらの宅地についての権利を有し甲の建物の敷地として一体利用していることから、Ａ土地とＢ土地を併せて全体を1画地として算出した評価額を基に、次の算式によって求めます（国税庁HP・質疑応答事例・財産の評価「宅地の評価単位－自用地と借地権」）。
（算式）

$$\text{Ａ土地の価額} = \begin{pmatrix} \text{Ａ、Ｂ土地全体を} \\ \text{1画地の宅地とし} \\ \text{て評価した価額} \end{pmatrix} \times \frac{\text{Ａ土地の地積}}{\text{Ａ、Ｂ土地の地積の合計}} \times \text{借地権割合}$$

$$\text{Ｂ借地権の価額} = \begin{pmatrix} \text{Ａ、Ｂ土地全体を} \\ \text{1画地の宅地とし} \\ \text{て評価した価額} \end{pmatrix} \times \frac{\text{Ｂ土地の地積}}{\text{Ａ、Ｂ土地の地積の合計}}$$

（2）　乙

　乙の貸宅地の評価額は、Ａ土地を1画地の宅地として評価して自用地としての価額を求め、この価額に「1－借地権割合」を乗じて求めます。

アドバイス

〇一団の宅地を評価単位ごとに区分する方法

　一団の宅地が、例えば自宅の敷地と貸家の敷地など2以上の評価単位とされる場合において、それぞれの部分を特定するのが難しいことがありますが、次のような方法によって区分することができます。ただし、次の①から③によって判定することが、土地の利用状況、各建物等の使用目的、建物等の規模・構造等からみて適当でないと認められるときは、それらの事実を総合的に勘案して合理的に判定するものとします。

①　当該一団の土地等のうち、通路、さく、生け垣等により専ら一の建物等の用に供されている土地等として他の土地等と区分されている部分　当該一の建物等の敷地部分とします。

②　当該一団の土地等のうち、2以上の建物等の用に一体的に利用されている部分（③の部分を除きます。）　当該部分の土地等のうち、当該部分の土地等の面積を基礎としてその上に存する各建物等の建築基準法施行令2条1項2号に規定する建築面積の比によりあん分して計算した当該各建物等に係る面積に相当する部分を当該各建物等の敷地部分とします。

③　当該一団の土地等のうち、通路その他の各建物等の共用の施設の用に供されている部分　当該部分の土地等のうち、当該部分の土地等の面積を基礎として①及び②の各建物等の敷地部分の面積の比によりあん分して計算した当該各建物等に係る面積に相当する部分は、それぞれ①及び②の各建物等の敷地部分に含めます。

（注）　この判定方法は、地価税法取扱通達6-3（あん分計算の基礎となる土地等）を参考とした方法です。

2　不合理分割が行われた場合

　贈与、遺産分割等による宅地の分割が親族間等で行われた場合において、例えば、無道路地、帯状地又は著しく狭あいな画地を創出するなどして分割後の画地では、宅地として通常の用途に供することができないなどその分割が著しく不合理であると認められるときは、その分割前の画地を「1画地の宅地」として評価します（評基通7-2(1)（注））。

（例1）

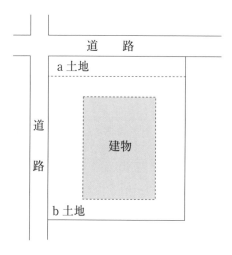

　a土地は、帯状の宅地で、その形状及び地積からみて、宅地として通常の用途に供することができないと認められますので、a土地及びb土地を併せて1画地の宅地として評価します。

（例2）

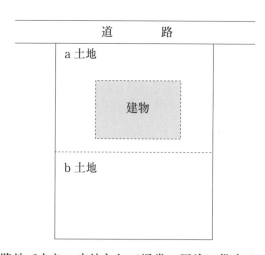

　b土地は、無道路地であり、宅地として通常の用途に供することができないと認められますので、a土地と併せて1画地の宅地として評価します。

(例3)

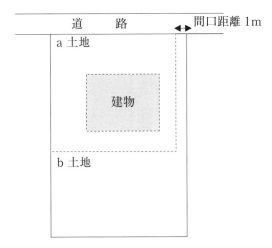

　b土地は、間口距離が1mの宅地であり接道義務を満たさないことから宅地として通常の用途に供することができないと認められますので、a土地と併せて1画地の宅地として評価します。

(例4)

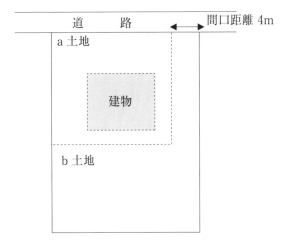

　b土地は、不整形地となりますが、間口距離は4mあり、宅地として通常の用途に供することができます。したがって、b土地及びa土地は、それぞれを1画地の宅地として評価します。

52   第4章　宅地の評価（自用地価額の評価）

ケーススタディ

Q　甲は、昨年、父乙から乙所有の建物の敷地のうちA土地の贈与を受けました。本年、乙が亡くなり乙が所有していたB土地を乙が相続することとなりました。B土地をどのように評価すればよいでしょうか。

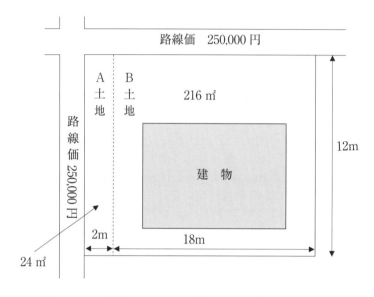

（注）　A土地及びB土地は、普通住宅地区に所在します。

A　A土地は単独では通常の宅地として利用できない宅地であり、A土地部分のみの贈与は不合理分割に該当するものと認められます。したがって、A土地の贈与前の建物の敷地全体を「1画地の宅地」とし、その価額を評価した上で個々の宅地を評価するのが相当と考えられます。したがって、乙が相続により取得したB土地は、A土地及びB土地を併せて全体を1画地の宅地として評価した価額に、A土地及びB土地をそれぞれ評価した価額の合計額に占めるB土地の価額の比を乗じて評価することとなります（国税庁HP・質疑応答事例・財産の評価「宅地の評価単位－不合理分割(2)」）。

　本ケースの場合には、次のように評価します。

① A土地及びB土地全体を1画地として評価した価額

　　正面路線価　奥行価格補正率　　側方　　奥行価格　側方路線
　　　　　　　　　　　　　　　　路線価　補正率　影響加算率　　地積
　　（250,000円 ×　1.00　＋　250,000円 × 1.00 × 0.03　）× 240m²
　　　　　　　　　　　　　　　　　　　　　　　　　　　　　　　　＝ 61,800,000円

第4章　宅地の評価（自用地価額の評価）　　53

②　A土地を単独で評価した価額

正面路線価　　奥行価格補正率　　側方路線価　　奥行価格補正率　　側方路線影響加算率　　地積

（250,000円　×　1.00　＋　250,000円　×　0.90　×　0.03　）×　24m²
＝6,162,000円

③　B土地を単独で評価した価額

正面路線価　　奥行価格補正率　　地積

250,000円　×　1.00　×　216m²　＝　54,000,000円

④　B土地の評価額

$$61,800,000円 \times \frac{54,000,000円}{6,162,000円 \ + \ 54,000,000円} = 55,470,230円$$

アドバイス

○同族法人等を介して通常の用途に供することができない宅地を創出した場合

　　財産評価基本通達では、贈与、遺産分割等による宅地の分割が親族間等で行われた場合に、その分割が著しく不合理であると認められるときは、その分割前の画地を「1画地の宅地」として評価することとしています。この「贈与、遺産分割等」及び「親族間等」は例示に過ぎませんので、例えば、遺贈や売買により宅地として通常の用途に供することができない宅地を創出した場合や、同族会社に宅地の一部を贈与することにより同様の状態を創出したような場合にも、遺贈や売買又は贈与前の画地を1画地の宅地として評価すべきであると考えられます（国税庁HP・質疑応答事例・財産の評価「宅地の評価単位－不合理分割(1)」）。

　　このように宅地の評価に当たっては、評価対象地の形状のみに捉われず、当該形状に至った経緯についても注意を払う必要があります。

3　宅地の評価方式

　評価通達は、宅地の評価方法として、路線価方式及び倍率方式の2つの方法を定めています（評基通11）。

　路線価方式とは、評価対象の宅地の面する路線に付された「路線価」を基として、奥行価格補正等の調整計算を行い、その金額に評価対象地の地積を乗じて評価額を算出する方法であり、市街地的形態を形成する地域の宅地を評価する方法です（評基通

13)。

　路線価は、その路線のみに面する標準的な宅地を想定して付されていますので、評価対象地が標準的な宅地に比して奥行距離が長いもの、2以上の路線に面するもの、形状が整っていないものなどである場合には、路線価をそのまま適用するのではなく、一定の画地調整計算が必要になります。

　一方、倍率方式は、固定資産税評価額に国税局長が一定の地域ごとにその地域の実情に即するように定める「倍率（評価倍率）」を乗じて計算した金額によって評価する方法で、路線価方式が適用されない地域の宅地を評価する方法です（評基通21）。固定資産税評価額は、その宅地の形状等を考慮して評価された価額ですから、路線価方式のような画地調整計算は必要ありません。

◆宅地の評価水準

　宅地の評価に使用する「路線価」及び「評価倍率」は、地価公示価格と同水準の価格の80%程度を目途に定められています。これは、土地等の価額には相当の値幅があることや、路線価や評価倍率は相続税等の課税に当たって1年間適用されるため、評価時点であるその年の1月1日以後の1年間の地価変動にも耐え得るものであることが必要であること等の評価上の安全性を配慮したものであると説明されています（北村厚『平成30年版　財産評価基本通達逐条解説』52頁（大蔵財務協会、2018））。

4　宅地の評価の流れ

　宅地の評価に当たっては、まず、財産評価基準書により、評価対象地が路線価方式により評価する地域に存する宅地であるのか、あるいは倍率方式により評価する地域にある宅地であるのかを「財産評価基準書」により確認します。

　次に、評価対象地を路線価方式又は倍率方式により評価しますが、路線価方式における路線価や倍率方式における固定資産税評価額の評定の過程で考慮されていない要素で、評価対象地の価額形成に影響するものについては、一定の調整計算を行うことが合理的であると考えられます。この調整計算が必要な宅地として評価通達等で定められている項目には、次のようなものがあります。これらの調整計算については、**本章第4**で説明します。

①　私道として利用されている土地

② セットバックを必要とする宅地

③ 都市計画道路予定地の区域内にある宅地

④ 土地区画整理事業施行中の宅地

⑤ 造成中の宅地

⑥ 余剰容積率の移転が行われている宅地

⑦ 農業用施設用地となっている宅地

⑧ 大規模工場用地

⑨ 文化財建造物である家屋の敷地である宅地

⑩ 利用価値の著しく低下している宅地の評価

⑪ 土壌汚染のある宅地

　上記の調整計算を行うことによって、評価対象地の評価額を求めますが、この価額は、宅地の所有者が自らその宅地及びその宅地上の建物を利用している場合の価額です。これを「自用地としての評価額」といいます。土地所有者が、評価対象地を別の者に貸している場合や評価対象地上に有する建物を別の者に貸している場合には、土地所有者の有する宅地の評価額は、自用地としての評価額から当該別の者が評価対象地に対して有する権利の価額を控除する必要があります。また、土地所有者から評価対象地を借りている者の評価対象地上に有する権利の価額は、自用地としての評価額を基にその者の有する権利の割合を乗じて求めることとなります。これらの場合については、第5章で説明します。

◆財産評価基準書

　財産評価基準は、各年において相続、遺贈又は贈与により取得した財産に係る相続税等の財産を評価する場合に適用するもので、毎年7月上旬に公表され、国税庁のホームページから閲覧することができます。

　この中には、土地の評価に使用する路線価図や評価倍率のほか、相続税等の課税財産の評価を行うための宅地造成費の金額、耕作権割合及び借家権割合など並びに農地等に係る相続税の納税猶予税額を計算するために使用する農業投資価格の金額などが掲載されています。

第2 路線価方式による宅地の評価

＜フローチャート～路線価方式による宅地の評価＞

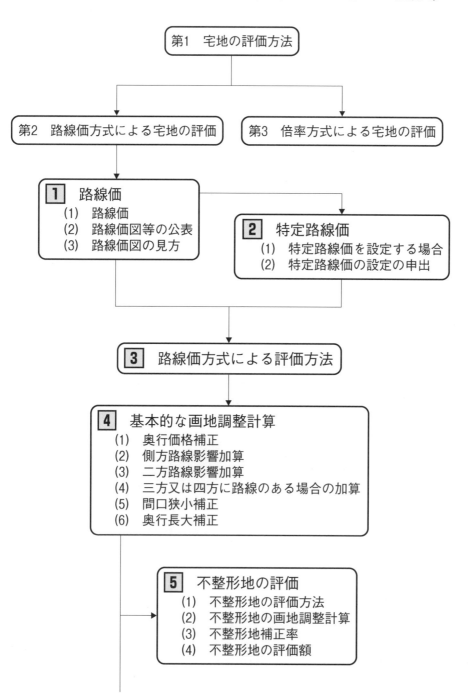

第4章　宅地の評価（自用地価額の評価）

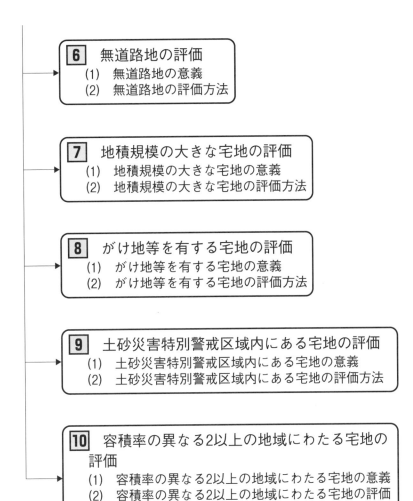

58 第4章 宅地の評価（自用地価額の評価）

1 路線価

> （1） 路線価
>
> 　路線価は、宅地の価額がおおむね同一と認められる一連の宅地が面している不特定多数の者の通行の用に供されている道路ごとに設定されます。
>
> （2） 路線価図等の公表
>
> 　路線価図等は、毎年7月上旬に公表されます。
>
> （3） 路線価図の見方
>
> 　路線価図には各路線ごとに1m²当たりの価額（路線価）が千円単位で表示されているほか、借地権割合や地区区分の表示もされています。

（1） 路線価 ■■■■■■■■■■■■■■■■■■■■■■■■■■■■■

　路線価は、宅地の価額がおおむね同一と認められる一連の宅地が面している路線（不特定多数の者の通行の用に供されている道路）ごとに設定されます（評基通14）。

◆路線価の評定

　路線価は、その路線に接する宅地で次に掲げるすべての事項に該当するものについて、売買実例価額、公示価格、不動産鑑定士等による鑑定評価額、精通者意見価格などを基としてその路線ごとに1m²当たりの価額として評定されます（評基通14）。

① 　その路線のほぼ中央部にあること
② 　その一連の宅地に共通している地勢にあること
③ 　その路線だけに接していること
④ 　その路線に面している宅地の標準的な間口距離及び奥行距離を有する長方形又は正方形のものであること

（2） 路線価図等の公表 ■■■■■■■■■■■■■■■■■■■■■■

　「路線価」及び「評価倍率」は、毎年7月初めに、その年分の評価基準書として公表されます。公表された「路線価」及び「評価倍率」は、その年の1月1日から12月31日までの間に開始した相続に係る相続税及びその間に受けた贈与に係る贈与税の課税価

第4章　宅地の評価（自用地価額の評価）　　59

格の計算に使用します。

　全国の評価基準書は、過去のものも含め国税庁のホームページから確認することができます。

アドバイス

○路線価図へのアクセス

　評価対象地の所在する地域の路線価図は、次の手順で確認します。

①　国税庁ホームページにアクセスします。

②　国税庁ホームページ上の関連サイト 路線価図・評価倍率表 をクリックしますと、 財産評価基準書（路線価図・評価倍率表） のサイトにジャンプします。

　（注）　直接、 財産評価基準書（路線価図・評価倍率表） のサイトにアクセスすることもできます。

③　課税時期の属する年分を選択します。

④　評価対象地の所在する都道府県を選択します。

⑤　選択した都道府県の 財産評価基準書目次 が表示されますので、 路線価図 を選択します。

　（注）　倍率方式により評価する場合には、 評価倍率表 の該当する項目を選択します。

⑥　評価対象地の所在する市区町村を選択します。

⑦　町丁名索引により、評価対象地の所在する町丁の路線価図のページを選択します。1つの町丁に複数の路線価図がある場合には、順次、ページを開きそのページに評価対象地が含まれているかどうかを確認します。この場合、市区町村の索引図を利用すると便利です（ この市区町村の索引図ページへ をクリックすることにより索引図に移動することができます。）。

⑧　評価対象地の存する地域の路線価図を開き、街区番号、道路の形状、表示されている建物などを参考に、路線価図上で、評価対象地の所在地を探します。評価対象地の所在地の確認を誤ると適用する路線価を誤ることになり、正しい評価額の算定ができません。住宅地図、公図、現地確認を行った際の記録などと照らし合わせ、また、必要に応じて依頼者に確認してもらうなどして正確に評価対象地を特定することが必要です。

---

(3)　路線価図の見方 ■■■■■■■■■■■■■■■■■■■■■■■■

　路線価方式により宅地を評価するために必要な路線価は、地図上に各路線ごとの路線価を表示した「路線価図」により確認します。

◆路線価及び借地権割合

　路線価は、路線価図に各路線ごとに1m²当たりの価額を千円単位で表示しています。

　路線価図では、その路線に面する宅地に係る借地権割合をAからGまでの記号で表示しています。AからGまでの記号で表示された借地権割合は次のとおりです。

記号	借地権割合
A	90%
B	80%
C	70%
D	60%
E	50%
F	40%
G	30%

　例えば、評価対象地の面する路線に「550C」の表示がされている場合には、この路線の路線価は、1m²当たり550,000円で、借地権割合は70%であることを示しています。

◆地区区分

　路線価方式においては、地区区分ごとに奥行価格補正率等の各種の画地調整率が定められています。そこで、路線価図においては、路線ごとに次の表示により地区区分が示されています。

地区	表示方法
ビル街地区	←――――⬡ 12,500C ⬡――――→
高度商業地区	←――――◯ 6,200 C ◯――――→
繁華街地区	←――――⬠ 4,800C ⬠――――→
普通商業・併用住宅地区	←――――◯ 900C ◯――――→

普通住宅地区	←————— 400 D —————→
中小工場地区	←——◇ 300 D ◇——→
大工場地区	←—— 70 D ——→

　その地区及び借地権割合を道路沿いの宅地に限定して適用する場合や道路の一方の側のみに適用する場合には、次のような表示がされています（ここに掲げたものは、普通商業・併用住宅地区の例ですが、他の地区区分においても、これに準じた表示がされています。）。

区分	表示方法
道路を中心として全地域	900C
道路を中心として斜線のない側全地域	900C
道路沿いのみの地域	900C
道路を中心として黒塗り側の道路沿いと反対側全地域	900C
道路を中心として黒塗り側の道路沿いのみの地域	900C

　なお、上記の表示は、路線価図の各ページの上部に凡例として示されています。

◆土地区画整理事業等の施行中の地区の表示

　宅地を路線価で評価することとされている地域内において土地区画整理事業や市街地再開発事業が施行中である場合、路線価図上にその全部又は一部が斜線で囲まれ「個別評価」と表示されていることがあります。このような地区は、地区内の道路が整備されていなかったり、1年間のうちに地区内の状況が変化したりすることから、一般の地域のように1年間適用する路線価として公開することは適当ではありません。そこでこのような地区内の宅地については、個別に所轄税務署に評価方法を照会し、その

回答により評価することとされています。

個別評価の申出には、「個別評価申出書」を使用します（後掲【参考書式2】参照）。

（参考）　路線価図の例

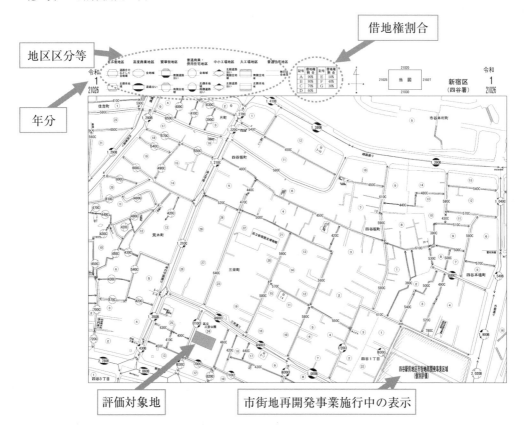

対象地の前面の路線には、「710С」と表示されています。つまり、この路線の路線価が、1m²当たり710,000円で、借地権割合が70％であることを示しています。

第4章　宅地の評価（自用地価額の評価）　　63

【参考書式2】　個別評価申出書

（注）　国税局ごとに様式が定められています。ここに掲げたものは東京国税局の様式です。

整理簿
※

平成
令和＿＿＿＿年分　個　別　評　価　申　出　書

※印欄は記入しないでください。

＿＿＿＿＿＿＿＿税務署長

令和＿＿年＿＿月＿＿日　　申　出　者　住所(所在地)＿＿＿＿＿＿＿＿＿＿＿＿＿＿＿＿
　　　　　　　　　　　　（納税義務者）　　　〒

　　　　　　　　　　　　　　　　　氏名(名称)＿＿＿＿＿＿＿＿＿＿＿＿＿＿印

　　　　　　　　　　　　　　　　　職業(業種)＿＿＿＿＿＿＿電話番号＿＿＿＿＿＿＿

　　相続税等の申告のため、財産評価基準書に「個別評価」と表示されている土地等を評価する必要があるので、次のとおり申し出ます。

1　個別評価を必要とする理由	□　相続税申告のため（相続開始日＿＿＿＿年＿＿月＿＿日） 　　被相続人┌住所＿＿＿＿＿＿＿＿＿＿＿＿＿＿＿┐ 　　　　　　│氏名＿＿＿＿＿＿＿＿＿＿＿＿＿＿＿│ 　　　　　　└職業＿＿＿＿＿＿＿＿┘ □　贈与税申告のため（受贈日＿＿＿＿年＿＿月＿＿日）
2　個別評価する土地等の所在地、状況等	「別紙1　個別評価により評価する土地等の所在地、状況等の明細書」のとおり
3　添付資料	「別紙2　個別評価申出書添付資料一覧表」のとおり
4　連絡先	〒 住　所＿＿＿＿＿＿＿＿＿＿＿＿＿＿＿＿＿＿＿＿＿＿＿ 氏　名＿＿＿＿＿＿＿＿＿＿＿＿＿＿＿＿＿＿＿＿＿＿＿ 職　業＿＿＿＿＿＿＿＿＿＿＿電話番号＿＿＿＿＿＿＿＿＿
5　送付先	□　申出者に送付 □　連絡先に送付

＊　□欄には、該当するものにレ点を付してください。

別紙1　個別評価により評価する土地等の所在地、状況等の明細書

評価する土地等の所在地〔住居表示〕	〔　　　　　　　　　　〕	〔　　　　　　　　　　〕
評価する土地等の利用者名、利用状況及び地積	(利用者名) (利用状況) (地積) 　　　　　　　　　㎡	(利用者名) (利用状況) (地積) 　　　　　　　　　㎡

【土地区画整理事業の場合】

仮換地の指定の有無及び指定日	有　・　無 平成・令和　　年　　月　　日	有　・　無 平成・令和　　年　　月　　日
(仮換地の指定がある場合)仮換地の所在地		
仮換地の使用収益開始の有無	有　・　無 (使用収益の開始日) 平成・令和　　年　　月　　日	有　・　無 (使用収益の開始日) 平成・令和　　年　　月　　日
(仮換地の使用収益が開始されている場合)利用者名、利用状況及び地積	(利用者名) (利用状況) (地積) 　　　　　　　　　㎡	(利用者名) (利用状況) (地積) 　　　　　　　　　㎡
(仮換地の使用収益が開始されていない場合)使用収益が開始されていない理由及び使用収益の開始予定日	(理由) (使用収益の開始予定日) 平成・令和　　年　　月　　日	(理由) (使用収益の開始予定日) 平成・令和　　年　　月　　日
仮換地の造成工事	工事完了・工事中・未着手	工事完了・工事中・未着手
従前地の工事の状況	工事完了・工事中・未着手	工事完了・工事中・未着手
清算金の有無等	有・無　　　　　　　　円	有・無　　　　　　　　円
減歩割合	％	％

【市街地再開発事業の場合】

市街地再開発事業名		
権利変換期日	平成・令和　　年　　月　　日	平成・令和　　年　　月　　日

【その他】

参考事項		

第4章　宅地の評価（自用地価額の評価）　　65

別紙2　個別評価申出書添付資料一覧表

資 料 の 名 称 等	添 付 の 有 無
評価する土地等の案内図	□あり　□一部あり　□なし（添付できない理由等は以下のとおり）

【土地区画整理事業の場合】

資 料 の 名 称 等	添 付 の 有 無
仮換地指定通知書	□あり　□一部あり　□なし（添付できない理由等は以下のとおり）
仮換地位置図	□あり　□一部あり　□なし（添付できない理由等は以下のとおり）
仮換地の公図又は実測図	□あり　□一部あり　□なし（添付できない理由等は以下のとおり）
従前地位置図	□あり　□一部あり　□なし（添付できない理由等は以下のとおり）
従前地の公図又は実測図	□あり　□一部あり　□なし（添付できない理由等は以下のとおり）
重ね図	□あり　□一部あり　□なし（添付できない理由等は以下のとおり）
仮換地の使用収益開始の日の通知書	□あり　□一部あり　□なし（添付できない理由等は以下のとおり）
（評価対象の土地が倍率地域に存する場合）固定資産税評価証明書	□あり　□一部あり　□なし（添付できない理由等は以下のとおり）
（評価対象の土地が倍率地域に存する土地で、宅地以外の場合）近傍宅地の1㎡当たりの固定資産税評価額の表示	□あり　□一部あり　□なし（添付できない理由等は以下のとおり）

【市街地再開発事業の場合】

資 料 の 名 称 等	添 付 の 有 無
権利変換計画書等	□あり　□一部あり　□なし（添付できない理由等は以下のとおり）
権利変換期日等の通知書	□あり　□一部あり　□なし（添付できない理由等は以下のとおり）
権利変換登記後の登記事項証明書等	□あり　□一部あり　□なし（添付できない理由等は以下のとおり）

【その他】

資 料 の 名 称 等	添 付 の 有 無
参考資料	

66   第4章　宅地の評価（自用地価額の評価）

記　載　方　法　等

　この申出書は、課税の対象となる土地等について、財産評価基準書の表示が「個別評価」と表示されている場合、又は評価倍率表に「個別」若しくは「個」と表示されている場合に、その土地等の評価を申し出るときに使用します。

1　この申出書は、相続税又は贈与税の申告のため、路線価図に「個別評価」と表示されている場合、又は評価倍率表に「個別」若しくは「個」と表示されている土地等を評価することが必要な場合に提出してください。

2　この申出書は、原則として、評価する土地等の所在する地域の個別評価の評定を行う税務署に提出してください。

3　個別評価により評価する土地等の所在地、状況等については、「別紙1　個別評価により評価する土地等の所在地、状況等の明細書」に記載してください。
　⑴　「評価する土地等の所在地（住居表示）」欄は、個別評価により評価する土地等（従前の土地）の所在地を1画地ごとに記載し、「評価する土地等の利用者名、利用状況及び地積」欄の利用状況は、「宅地（自用地）」、「宅地（貸地）」、「畑（自用）」などと記載してください。
　⑵　評価する土地等が土地区画整理事業地内の場合は、【土地区画整理事業の場合】の各欄へ以下の事項に留意の上、記載してください。
　　イ　「仮換地の指定の有無及び指定日」欄は、該当するものを○で囲んでください。
　　ロ　仮換地の指定がある場合は、「仮換地の指定の有無及び指定日」欄にその指定日を記載し、「仮換地の所在地」欄に仮換地の所在地の街区番号及び画地番号を記載してください。
　　ハ　「仮換地の使用収益開始の有無」欄は、該当するものを○で囲んでください。
　　ニ　使用収益が開始されている場合は、「仮換地の使用収益開始の有無」欄にその開始日を記載し、「利用者名、利用状況及び地積」欄に、その仮換地等の利用者名、利用状況及び地積を記載してください。
　　ホ　仮換地の使用収益が開始されていない場合には、「使用収益が開始されていない理由及び使用収益の開始予定日」欄に、その仮換地等の使用収益が開始されていない理由及び使用収益の開始予定日を記載してください。
　　ヘ　「仮換地の造成工事」及び「従前地の工事の状況」欄は、該当するものを○で囲んでください。
　　ト　「清算金の有無等」欄は、該当するものを○で囲み、有の場合は、交付又は徴収される清算金の額（徴収される場合は金額の頭に△を付してください。）を記載してください。
　　チ　「減歩割合」欄は、仮換地の地積を従前地の地積で除した割合（小数点以下2位未満四捨五入）を記載してください。
　⑶　評価する土地等が市街地再開発事業地内の場合は、【市街地再開発事業の場合】の各欄へ市街地再開発事業名及び権利変換期日を記載してください。
　⑷　「【その他】（参考事項）」欄は、上記⑴から⑶以外に土地の価格に影響を及ぼすと認められる事項がある場合に記載してください。

4　「5　送付先」欄は、希望する回答書の送付先にチェックしてください。

5　個別評価により評価する土地等の状況等が分かる資料（「別紙2　個別評価申出書　添付資料一覧表」を参照してください。）を添付してください。

第4章　宅地の評価（自用地価額の評価）　　67

2　特定路線価

> **(1)　特定路線価を設定する場合**
> 　路線価の設定されていない道路のみに面する宅地を評価する場合に、特定路線価の設定の申出をすることができます。
> **(2)　特定路線価の設定の申出**
> 　特定路線価の設定の申し出は、特定路線価設定申出書に参考資料を添付して行います。

(1)　特定路線価を設定する場合　■■■■■■■■■■■■■■■■■■

　路線価は、不特定多数の者の通行の用に供されている道路に設定されることとされています。したがって、行き止まりの私道など特定の者の通行の用に供される道路には、路線価は設定されません。そこで、路線価の設定されていない道路のみに面する宅地を評価する必要がある場合には、当該宅地を評価するための路線価の設定を税務署長に申し出ることができることとされています（評基通14-3前段）。この路線価を「特定路線価」といいます。

(2)　特定路線価の設定の申出　■■■■■■■■■■■■■■■■■■■■

　相続税又は贈与税の申告のために特定路線価の設定が必要となる者は、特定路線価設定申出書（後掲【参考書式3】参照）に物件案内図、地形図、写真等の資料を添付して、税務署長に特定路線価の設定を申し出ることができます。なお、特定路線価が設定されるのは「道路」に限られますので、例えばその部分が建物の敷地の一部であるような場合には、特定路線価は設定されません。

　税務署長は、特定路線価を設定しようとする道路に接続する路線及び当該道路の付近の路線に設定されている路線価を基に、当該道路の状況や地区区分などを考慮して特定路線価を評定します（評基通14-3後段）。

◆特定路線価の設定の申出ができない場合
　特定路線価の設定は、実際に相続が開始し、又は贈与が行われ、相続税又は贈与税

の申告のために土地の評価をする場合に限って申出をすることができます。したがって、将来の相続や今後行われる贈与に係る相続税や贈与税の試算目的で特定路線価の設定を申し出ることはできません。

◆申出によらない特定路線価の設定

特定路線価は、通常、納税者からの設定の申出に基づいて設定されます。しかし、税務署長が必要と認めた場合には、納税者からの設定の申出がない場合であっても、特定路線価を設定することができます（評基通14-3）。すなわち、特定路線価の設定の申出をすることなく宅地の評価を行い、相続税等の申告が行われた場合に、その評価方法が合理的ではないと認められた場合には、申出に基づかずに税務署長が設定した特定路線価による評価額で更正がされる場合があります。

第4章　宅地の評価（自用地価額の評価）　　69

【参考書式3】　特定路線価設定申出書

	整理簿
	※

平成
令和＿＿年分　　特定路線価設定申出書

＿＿＿＿＿＿＿＿＿＿税務署長

〒

令和＿＿年＿＿月＿＿日　　申 出 者　住所(所在地)＿＿＿＿＿＿＿＿＿＿＿＿＿＿＿＿
（納税義務者）

氏名(名称)＿＿＿＿＿＿＿＿＿＿＿＿＿＿印

職業(業種)＿＿＿＿＿＿＿電話番号＿＿＿＿＿＿＿

　相続税等の申告のため、路線価の設定されていない道路のみに接している土地等を評価する必要があるので、特定路線価の設定について、次のとおり申し出ます。

1　特定路線価の設定を必要とする理由	□　相続税申告のため（相続開始日＿＿＿＿年＿＿月＿＿日） 　被相続人 住所＿＿＿＿＿＿＿＿＿＿＿＿＿＿＿＿ 　　　　　 氏名＿＿＿＿＿＿＿＿＿＿＿＿＿＿＿＿ 　　　　　 職業＿＿＿＿＿＿＿＿＿＿＿＿＿＿ □　贈与税申告のため（受贈日＿＿＿＿年＿＿月＿＿日）
2　評価する土地等及び特定路線価を設定する道路の所在地、状況等	「別紙　特定路線価により評価する土地等及び特定路線価を設定する道路の所在地、状況等の明細書」のとおり
3　添付資料	(1)　物件案内図（住宅地図の写し） (2)　地形図(公図、実測図の写し) (3)　写真　　撮影日＿＿＿＿年＿＿月＿＿日 (4)　その他　〔　　　　　　　　　　　　　　　〕
4　連絡先	〒 住　所＿＿＿＿＿＿＿＿＿＿＿＿＿＿＿＿＿＿＿＿＿＿ 氏　名＿＿＿＿＿＿＿＿＿＿＿＿＿＿＿＿＿＿＿＿＿＿ 職　業＿＿＿＿＿＿＿＿＿＿＿電話番号＿＿＿＿＿＿＿
5　送付先	□　申出者に送付 □　連絡先に送付
＊　□欄には、該当するものにレ点を付してください。	

※印欄は記入しないでください。

（資９－29－Ａ４統一）

70　第4章　宅地の評価（自用地価額の評価）

別紙　特定路線価により評価する土地等及び特定路線価を設定する道路の所在地、状況等の明細書

土地等の所在地 （住居表示）	[　　　　　　　　　　]	[　　　　　　　　　　]
土地等の利用者名、 利用状況及び地積	（利用者名） （利用状況）　　　　㎡	（利用者名） （利用状況）　　　　㎡
道路の所在地		
道路の幅員及び奥行	（幅員）　　　m　（奥行）　　　m	（幅員）　　　m　（奥行）　　　m
舗装の状況	□舗装済　・　□未舗装	□舗装済　・　□未舗装
道路の連続性	□通抜け可能 　（□車の進入可能・□不可能） □行止まり 　（□車の進入可能・□不可能）	□通抜け可能 　（□車の進入可能・□不可能） □行止まり 　（□車の進入可能・□不可能）
道路のこう配	度	度
上　　水　　道	□有 □無（□引込み可能・□不可能）	□有 □無（□引込み可能・□不可能）
下　　水　　道	□有 □無（□引込み可能・□不可能）	□有 □無（□引込み可能・□不可能）
都　市　ガ　ス	□有 □無（□引込み可能・□不可能）	□有 □無（□引込み可能・□不可能）
用途地域等の制限	（　　　　　　　　　）地域 建蔽率（　　　　　　）％ 容積率（　　　　　　）％	（　　　　　　　　　）地域 建蔽率（　　　　　　）％ 容積率（　　　　　　）％
その他（参考事項）		

（資9－30－A4統一）

第4章　宅地の評価（自用地価額の評価）

記載方法等

　この申出書は、課税の対象となる路線価地域内に存する土地等について、その土地等に接している道路に路線価が設定されていないため、路線価を基に評価することができない場合に、その土地等を評価するための路線価（特定路線価）の設定を申し出るときに使用します。

1　この申出書は、相続税、贈与税の申告のため、路線価の設定されていない道路のみに接している土地等を評価することが必要な場合に提出してください。
2　この申出書は、原則として、納税地を所轄する税務署に提出してください。
3　「特定路線価により評価する土地等」、「特定路線価を設定する道路」及び「特定路線価を設定する道路に接続する路線価の設定されている路線」の状況等がわかる資料（物件案内図、地形図、写真等）を添付してください。

4　「特定路線価により評価する土地等」及び「特定路線価を設定する道路」の所在地、状況等については、「別紙　特定路線価により評価する土地等及び特定路線価を設定する道路の所在地、状況等の明細書」に記載してください。
(1)　「土地等の所在地（住居表示）」欄には、「特定路線価により評価する土地等」の所在地を画地ごとに記載してください。
(2)　「土地等の利用者名、利用状況及び地積」欄には、その土地等の利用者名、利用状況及び地積を記載してください。土地等の利用状況については、「宅地（自用地）」、「宅地（貸地）」などと記載してください。
(3)　「道路の所在地」欄は、「特定路線価を設定する道路」の所在地の地番を記載してください。
(4)　「道路の幅員及び奥行」欄には、「特定路線価を設定する道路」の幅員及び「特定路線価を設定する道路に接続する路線価の設定されている路線」からその土地等の最も奥までの奥行距離を記載してください。
(5)　「舗装の状況」欄は、該当するものにレ点を付してください。
(6)　「道路の連続性」欄は、該当するものにレ点を付してください。
(7)　「道路のこう配」欄には、傾斜度を記載してください。
(8)　「上水道」、「下水道」、「都市ガス」欄は、該当するものにレ点を付してください。各欄の「引込み可能」とは、「特定路線価を設定する道路」に上下水道、都市ガスが敷設されている場合及び「特定路線価を設定する道路」にはないが、引込距離約50ｍ程度のもので、容易に引込み可能な場合をいいます。
(9)　「用途地域等の制限」欄には、その土地等の存する地域の都市計画法による用途地域（例えば、第1種低層住居専用地域等）、建蔽率及び容積率を記載してください。
(10)　「その他（参考事項）」欄には、上記以外に土地の価格に影響を及ぼすと認められる事項がある場合に記載してください。
　　（注）この申出書を提出した場合でも、路線価を基に課税の対象となる土地等を評価することができるときには、特定路線価を設定しないことになりますので留意してください。

3 路線価方式による評価方法

　路線価地域における宅地の価額は、原則として、評価対象地の面する道路（路線）に設定された路線価に、評価対象地の地積を乗じて求めた価額により評価します。

　しかしながら、路線価は、その路線のほぼ中央部にあり、その路線に面する一連の宅地に共通している地勢にあり、その路線だけに接しており、その路線に面している宅地の標準的な間口距離及び奥行距離を有する長方形又は正方形の宅地（標準的な宅地）を想定して設定されています。そのため、評価対象地が、このような標準的な宅地と状況が異なる場合には、その差異が価額に影響を及ぼす割合を考慮して、一定の加算又は減額をすることが合理的であると考えられます。

　そこで、評価通達は、評価対象地の面する路線に付された路線価を基に、一定の調整計算を施した後の価額に地積を乗じて、その評価額を算定することとしています。

　路線価方式において、調整計算が必要となる宅地は次の宅地です。後掲 4 以下で、その内容及び具体的な調整計算の方法を説明します。

① 　奥行距離の長い宅地又は短い宅地

② 　角地又は準角地である宅地

③ 　2以上の路線に面する宅地

④ 　不整形地

⑤ 　地積規模の大きな宅地

⑥ 　無道路地

⑦ 　間口が狭小な宅地

⑧ 　間口距離に比較して奥行距離の長い宅地

⑨ 　がけ地等を有する宅地

⑩ 　土砂災害特別警戒区域内にある宅地

⑪ 　容積率の異なる2以上の地域にわたる宅地

◆評価明細書の使用

　路線価方式において、各種の画地調整計算を行う場合には、「土地及び土地の上に存する権利の評価明細書」を使用して評価額の計算過程を明らかにします。

第4章　宅地の評価（自用地価額の評価）　　73

【参考書式4】　土地及び土地の上に存する権利の評価明細書

土地及び土地の上に存する権利の評価明細書（第1表）

	局(所)	署	年分	ページ

（平成三十一年一月分以降用）

（住居表示）	（　　　　　）	所有者	住　所 （所在地）		使用者	住　所 （所在地）	
所在地番			氏　名 （法人名）			氏　名 （法人名）	

地　　目	地　積	路　　　　線　　　　価	地形図及び参考事項
宅地　山林 田　　雑種地 畑　（　　）	㎡	正　面　　　　側　方　　　　側　方　　　　裏　面 円　　　　　円　　　　　円　　　　　円	

間口距離	m	利用区分	自用地　私道 貸宅地　貸家建付借地権 貸家建付地　転貸借地権 借地権（　　　　　）	地区区分	ビル街地区　普通住宅地区 高度商業地区　中小工場地区 繁華街地区　大工場地区 普通商業・併用住宅地区	
奥行距離	m					

			（1㎡当たりの価額）	円	
自 用 地 1 平 方 メ ー ト ル 当 た り の 価 額	1　一路線に面する宅地 　　（正面路線価）　　　　　（奥行価格補正率） 　　　　　　　円　×　.				A
	2　二路線に面する宅地 　　　　（A）　　　　　［側方・裏面 路線価］　（奥行価格補正率）　［側方・二方 路線影響加算率］ 　　　　円　＋　（　　　円　×　.　　　×　0.　　　）		（1㎡当たりの価額）　　円		B
	3　三路線に面する宅地 　　　　（B）　　　　　［側方・裏面 路線価］　（奥行価格補正率）　［側方・二方 路線影響加算率］ 　　　　円　＋　（　　　円　×　.　　　×　0.　　　）		（1㎡当たりの価額）　　円		C
	4　四路線に面する宅地 　　　　（C）　　　　　［側方・裏面 路線価］　（奥行価格補正率）　［側方・二方 路線影響加算率］ 　　　　円　＋　（　　　円　×　.　　　×　0.　　　）		（1㎡当たりの価額）　　円		D
	5-1　間口が狭小な宅地等 　　（AからDまでのうち該当するもの）　（間口狭小補正率）　（奥行長大補正率） 　　　　円　×　（　.　　　×　.　　　）		（1㎡当たりの価額）　　円		E
	5-2　不整形地 　　（AからDまでのうち該当するもの）　　不整形地補正率※ 　　　　円　×　0. 　　※不整形地補正率の計算 　（想定整形地の間口距離）　（想定整形地の奥行距離）　（想定整形地の地積） 　　　　m　×　　　　　　m　＝　　　　　㎡ 　（想定整形地の地積）　（不整形地の地積）　　（想定整形地の地積）　　（かげ地割合） 　（　　　㎡　－　　　　㎡）　÷　　　　　㎡　＝　　　　　％ 　（不整形地補正率表の補正率）（間口狭小補正率）　　（小数点以下2位未満切捨て） 　　　0.　　　　　　　.　　　＝　0.　　　① 　（奥行長大補正率）　　（間口狭小補正率） 　　　.　　　　　　　.　　　＝　0.　　　②			不整形地補正率 （①、②のいずれか低い 率、0.6を下限とする。） 0.	F
	6　地積規模の大きな宅地 　　（AからFまでのうち該当するもの）　　規模格差補正率※ 　　　　円　×　0. 　　※規模格差補正率の計算 　（地積（Ⓐ））　（Ⓑ）　　（Ⓒ）　　（地積（Ⓐ））　　（小数点以下2位未満切捨て） 　｛（　　㎡×　　　　＋　　　）÷　　　　㎡｝×　0.8　＝　0.		（1㎡当たりの価額）　　円		G
	7　無　道　路　地 　　（F又はGのうち該当するもの）　　　　　　（※） 　　　　円　×　（　1　－　0.　　　） 　　※割合の計算（0.4を上限とする。） 　（正面路線価）　　　（通路部分の地積）　（F又はGのうち該当するもの）　（評価対象地の地積） 　（　　円　×　　　㎡）÷　（　　　円　×　　　㎡）＝ 0.		（1㎡当たりの価額）　　円		H
	8-1　がけ地等を有する宅地　　〔南　、東　、西　、北〕 　　（AからHまでのうち該当するもの）　（がけ地補正率） 　　　　円　×　0.		（1㎡当たりの価額）　　円		I
	8-2　土砂災害特別警戒区域内にある宅地 　　（AからHまでのうち該当するもの）　　特別警戒区域補正率※ 　　　　円　×　0. 　　※がけ地補正率の適用がある場合の特別警戒区域補正率の計算（0.5を下限とする。） 　　　　　　　　　　〔南　、東　、西　、北〕 　（特別警戒区域補正率表の補正率）　（がけ地補正率）　（小数点以下2位未満切捨て） 　　0.　　　　　　　×　0.　　　　＝　0.		（1㎡当たりの価額）　　円		J
	9　容積率の異なる2以上の地域にわたる宅地 　　（AからJまでのうち該当するもの）　　（控除割合（小数点以下3位未満四捨五入）） 　　　　円　×　（　1　－　0.　　　）		（1㎡当たりの価額）　　円		K
	10　私　　道 　　（AからKまでのうち該当するもの） 　　　　円　×　0.3		（1㎡当たりの価額）　　円		L

自用地の評価額	自用地1平方メートル当たりの価額 （AからLまでのうちの該当記号） （　　）　　　　　　円	地　積 ㎡	総　　　　　　　　　額 （自用地1㎡当たりの価額）×（地積） 円	M

（注）1　5-1の「間口が狭小な宅地等」と5-2の「不整形地」は重複して適用できません。
　　　2　5-2の「不整形地」の「AからDまでのうち該当するもの」欄の価額について、AからDまでの欄で計算できない場合には、（第2表）の「備考」欄で計算してください。
　　　3　「がけ地等を有する宅地」であり、かつ、「土砂災害特別警戒区域内にある宅地」である場合については、8-1の「がけ地等を有する宅地」欄ではなく、8-2の「土砂災害特別警戒区域内にある宅地」欄で計算してください。

（資4−25−1−A4統一）

74　第４章　宅地の評価（自用地価額の評価）

土地及び土地の上に存する権利の評価明細書（第２表）

セットバックを必要とする宅地の評価額	（自用地の評価額）　　　　（自用地の評価額）　　　　（該当地積） 　　　円　－　（　　　　　　円　×　$\dfrac{　　　㎡}{（総地積）　　㎡}$　×　0.7　）		（自用地の評価額） 　　　円	N
都市計画道路予定地の区域内にある宅地の評価額	（自用地の評価額）　　（補正率） 　　　円　×　0.		（自用地の評価額） 　　　円	O

大規模工場用地等の評価額	○　大規模工場用地等 　（正面路線価）　　（地積）　　　（地積が20万㎡以上の場合は0.95） 　　　円　×　　　㎡　×	円	P
	○　ゴルフ場用地等 　（宅地とした場合の価額）（地積）　　$\binom{1㎡当たり}{の造成費}$　　　（地積） 　（　　円　×　　㎡×0.6）　－　（　　円×　　㎡）	円	Q

	利用区分	算　　　　　　　式	総　　額	記号
総額計算による価額	貸宅地	（自用地の評価額）　　　　（借地権割合） 　　　円　×　（1－　0.　　）	円	R
	貸家建付地	（自用地の評価額又はT）　（借地権割合）（借家権割合）（賃貸割合） 　　　円　×　（1－　0.　　×0.　　×$\dfrac{　㎡}{　㎡}$）	円	S
	目的となっている土地（権の）	（自用地の評価額）　　　（　　割合） 　　　円　×　（1－　0.　　）	円	T
	借地権	（自用地の評価額）　　　（借地権割合） 　　　円　×　　0.	円	U
	貸家建付借地権	（U,ABのうちの該当記号）　（借家権割合）　（賃貸割合） （　　） 　　　円　×　（1－　0.　　×$\dfrac{　㎡}{　㎡}$）	円	V
	転貸借地権	（U,ABのうちの該当記号）　（借地権割合） （　　） 　　　円　×　（1－　0.　　）	円	W
	転借権	（U,V,ABのうちの該当記号）　（借地権割合） （　　） 　　　円　×　　0.	円	X
	借家人の有する権利	（U,X,ABのうちの該当記号）　（借家権割合）　（賃借割合） （　　） 　　　円　×　0.　　×$\dfrac{　㎡}{　㎡}$	円	Y
	（　　）権	（自用地の評価額）　　　（　　割合） 　　　円　×　　0.	円	Z
	権利が競合する場合の土地に関する権利	（R,Tのうちの該当記号）　（　　割合） （　　） 　　　円　×　（1－　0.　　）	円	AA
	他の権利と競合する場合の権利	（U,Zのうちの該当記号）　（　　割合） （　　） 　　　円　×　（1－　0.　　）	円	AB
備考				

（注）　区分地上権と区分地上権に準ずる地役権とが競合する場合については、備考欄等で計算してください。

（資4－25－2－A4統一）

第4章　宅地の評価（自用地価額の評価）　　75

4　基本的な画地調整計算

> **（1）　奥行価格補正**
> 　評価対象地の奥行距離に応じた奥行価格補正を行います。
> **（2）　側方路線影響加算**
> 　角地又は準角地については、側方路線影響加算を行います。
> **（3）　二方路線影響加算**
> 　裏面に路線がある宅地については、二方路線影響加算を行います。
> **（4）　三方又は四方に路線のある場合の加算**
> 　三方又は四方に路線のある宅地については、側方路線影響加算及び二方路線影響加算を行います。
> **（5）　間口狭小補正**
> 　間口距離の短い宅地については、間口狭小補正を行います。
> **（6）　奥行長大補正**
> 　間口距離に比して奥行距離の長い宅地については、奥行長大補正を行います。

（1）　奥行価格補正 ■■■■■■■■■■■■■■■■■■■■■■■■■

　路線価は、その路線に面している宅地の標準的な間口距離及び奥行距離を有する宅地を想定して設定されています。このような標準的な宅地に比べて、奥行距離の長い宅地は、路線からみて奥の部分の利用価値が下がることから全体として単価が下がると考えられます。また、奥行距離の短い宅地については、その地域の標準的な使用ができないため、その価額は低くなるものと考えられます。そこで、評価通達は、評価対象地の路線（道路）からの奥行距離の長短に応じて定められた奥行価額補正率を路線価に乗じて求めた価額を、評価対象地の1m²当たりの価額とすることとしています（評基通15）。

　評価対象地の価額は、この奥行価格補正率を乗じて修正を行った路線価にその宅地の地積を乗じて求めます。

◆奥行価格補正率

奥行価格補正率は、評価対象地の所在する地区区分ごとに、次のとおり定められています（評基通付表1）。

（奥行価格補正率表）

奥行距離（メートル）＼地区区分	ビル街地区	高度商業地区	繁華街地区	普通商業・併用住宅地区	普通住宅地区	中小工場地区	大工場地区
4未満	0.80	0.90	0.90	0.90	0.90	0.85	0.85
4以上6未満		0.92	0.92	0.92	0.92	0.90	0.90
6 〃 8 〃	0.84	0.94	0.95	0.95	0.95	0.93	0.93
8 〃 10 〃	0.88	0.96	0.97	0.97	0.97	0.95	0.95
10 〃 12 〃	0.90	0.98	0.99	0.99	1.00	0.96	0.96
12 〃 14 〃	0.91	0.99	1.00	1.00		0.97	0.97
14 〃 16 〃	0.92	1.00				0.98	0.98
16 〃 20 〃	0.93					0.99	0.99
20 〃 24 〃	0.94					1.00	1.00
24 〃 28 〃	0.95				0.97		
28 〃 32 〃	0.96		0.98		0.95		
32 〃 36 〃	0.97		0.96	0.97	0.93		
36 〃 40 〃	0.98		0.94	0.95	0.92		
40 〃 44 〃	0.99		0.92	0.93	0.91		
44 〃 48 〃	1.00		0.90	0.91	0.90		
48 〃 52 〃		0.99	0.88	0.89	0.89		
52 〃 56 〃		0.98	0.87	0.88	0.88		

56 〃 60 〃		0.97	0.86	0.87	0.87	
60 〃 64 〃		0.96	0.85	0.86	0.86	0.99
64 〃 68 〃		0.95	0.84	0.85	0.85	0.98
68 〃 72 〃		0.94	0.83	0.84	0.84	0.97
72 〃 76 〃		0.93	0.82	0.83	0.83	0.96
76 〃 80 〃		0.92	0.81	0.82		
80 〃 84 〃		0.90	0.80	0.81	0.82	0.93
84 〃 88 〃		0.88		0.80		
88 〃 92 〃		0.86			0.81	0.90
92 〃 96 〃	0.99	0.84				
96 〃 100 〃	0.97	0.82				
100 〃	0.95	0.80			0.80	

◆奥行距離

奥行価格補正率を求めるために必要な奥行距離は、原則として路線に対して垂直な直線により測りますが、奥行距離が一定でない場合には平均的な奥行距離によります。

具体的には、評価対象地に係る想定整形地の奥行距離を限度として、その宅地の地積を間口距離で除して求めた距離とします。

◆間口距離

間口距離は、奥行距離が一定でない場合に奥行価格補正率を求めるための奥行距離を算定する場合のほか、間口狭小補正率及び奥行長大補正率を求める場合に必要になります。

間口距離は、原則として道路と接する部分の距離によります。いわゆる角地などで角切がされている宅地については、角切がないものとした場合の道路に接する部分の距離によります。

78　第4章　宅地の評価（自用地価額の評価）

ケーススタディ

Q 次の宅地はどのように評価しますか。

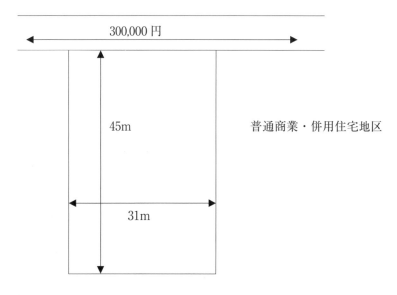

A 普通商業・併用住宅地区における奥行距離45mの奥行価格補正率は、0.91です。

　（路線価）　　（奥行距離45mの奥行価格補正率）　　（地積）
　300,000円　×　　　　　0.91　　　　　× 1,395m² ＝ 380,835,000円

　評価対象地の評価額は、380,835,000円になります。

(2)　側方路線影響加算

　路線価は、その路線に面する標準的な宅地で、その路線だけに接しているものを基準に評定されています。一般に、2以上の路線に面している宅地については、1の路線のみに面している宅地よりも利用価値は高いと考えられますので、評価対象地が2以上の路線に面する場合には、一定の調整計算が必要になります。

　評価通達では、正面と側方に路線がある宅地（角地又は準角地）については、2つの路線に付された路線価のうち高い方の路線価を基に、これに他方の路線価に一定の率（この率を「側方路線影響加算率」といいます。）を乗じて求めた金額を加算して評価対象地の価額とすることとされています。具体的には、側方路線がある評価対象地については、次のとおり1m²当たりの価額を求めることとされています（評基通16）。

側方路線を有する宅地の価額（1m²当たりの評価額）＝ a + b

a　正面路線の路線価に奥行距離に応じた奥行価格補正率を乗じて求めた価額

b　側方路線（正面路線以外の路線をいいます。）の路線価を正面路線の路線価とみなして、その路線価に基づき奥行価格補正率を乗じて計算した価額に側方路線影響加算率を乗じて計算した価額

◆正面路線

　正面路線は、2以上の路線に面する宅地について、各路線に付された路線価に当該路線からの奥行距離に応じた奥行価格補正率を乗じて求めた1m²当たりの価額が最も高い路線をいいます。なお、角地又は準角地である宅地において、正面路線以外の路線を側方路線といいます。

◆側方路線影響加算率

　側方路線影響加算率は、評価対象地の所在する地区区分及び角地又は準角地の別に、次のとおり定められています（評基通付表2）。

（側方路線影響加算率表）

地区区分	加算率	
	角地の場合	準角地の場合
ビル街地区	0.07	0.03
高度商業地区 繁華街地区	0.10	0.05
普通商業・併用住宅地区	0.08	0.04
普通住宅地区 中小工場地区	0.03	0.02
大工場地区	0.02	0.01

◆正面路線と側方路線の地区区分が異なる場合

　正面路線の地区区分と側方路線の地区区分が異なる場合には、すべて正面路線の地区区分により奥行価格補正率及び側方路線影響加算率を適用します。

◆角地と準角地

　正面路線のほかに側方路線がある宅地を一般に角地といいますが、側方路線影響加算においては、一系統の路線の屈折部の内側に位置する宅地は準角地とし、一般の角地とは別に側方路線影響加算率が設定されています。

（角地の例）

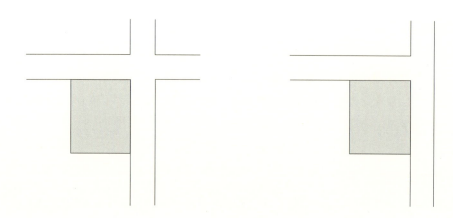

（準角地の例）

第4章　宅地の評価（自用地価額の評価）　　81

ケーススタディ

【ケース1】

Q 次の宅地の正面路線はａ路線とｂ路線のいずれになりますか。またこの土地はどのように評価しますか。なお、地積規模の大きな宅地には該当しないものとします。

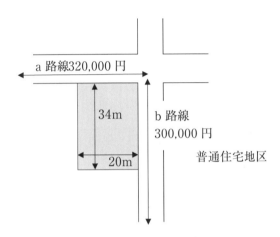

A(1) 奥行価格補正後の価額（正面路線の判定）

　　　　　　　　　　　　（奥行距離34mの奥行価格補正率）
　ａ路線　320,000円 ×　　　0.93　　　＝ 297,600円
　　　　　　　　　　　　（奥行距離20mの奥行価格補正率）
　ｂ路線　300,000円 ×　　　1.00　　　＝ 300,000円

　ａ路線の奥行価格補正後の価額 ＜ ｂ路線の奥行価格補正後の価額

　したがって、ｂ路線が正面路線となります。

(2) 評価対象地の価額

　　　（ｂ路線の路線価）（奥行距離20mの奥行価格補正率）
　① 　300,000円　　×　　　1.00　　　＝ 300,000円
　　　（ａ路線の路線価）（奥行距離34mの奥行価格補正率）（側方路線影響加算率）
　② 　320,000円　　×　　　0.93　　　×　　　0.03
　　＝ 8,928円
　　　（①の金額）　（②の金額）
　③ 　300,000円 ＋ 8,928円 ＝ 308,928円
　　　（③の金額）　（地積）
　④ 　308,928円 × 680m^2 ＝ 210,071,040円

　評価対象地の評価額は、210,071,040円になります。

【ケース2】

Q 次の宅地はどのように評価しますか。なお、地積規模の大きな宅地には該当しないものとします。

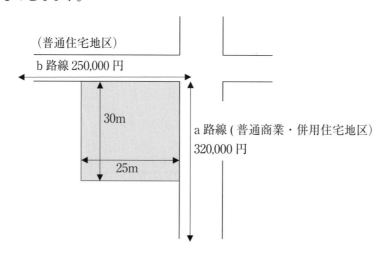

A 次のように評価します。

　　　　(a路線の路線価)　(奥行距離25mの奥行価格補正率)
① 　320,000円　×　　1.00　　＝ 320,000円

　　　　(b路線の路線価)　(奥行距離30mの奥行価格補正率)　(側方路線影響加算率)
② 　250,000円　×　　1.00　　×　　0.08

＝ 20,000円

(注) 奥行価格補正率は、正面路線の地区区分である普通商業・併用住宅地区のものを適用します。また、側方路線影響加算率も、正面路線の地区区分である普通商業・併用住宅地区のものを適用します。

　　　(①の金額)　(②の金額)
③ 　320,000円　＋　20,000円　＝　340,000円

　　　(③の金額)　　(地積)
④ 　340,000円　×　750m^2　＝　255,000,000円

評価対象地の評価額は、255,000,000円になります。

(3) 二方路線影響加算

評価通達では、正面と裏面に路線がある宅地については、2つの路線に付された路線

価のうち高い方の路線価を基に、これに他方の路線価に一定の率（この率を「二方路線影響加算率」といいます。）を乗じて求めた金額を加算して評価対象地の価額とすることとされています。

　具体的には、側方路線がある評価対象地については、次のとおり1m²当たりの価額を求めることとされています（評基通17）。

　二方路線を有する宅地の価額（1m²当たりの評価額）＝ a + b

a　正面路線の路線価に奥行距離に応じた奥行価格補正率を乗じて求めた価額
b　裏面路線（正面路線以外の路線をいいます。）の路線価を正面路線の路線価とみなして、その路線価に基づき奥行価格補正率を乗じて計算した価額に二方路線影響加算率を乗じて計算した価額

◆二方路線影響加算率

　二方路線影響加算率は、評価対象地の所在する地区区分の別に、次のとおり定められています（評基通付表3）。

（二方路線影響加算率表）

地区区分	加算率
ビル街地区	0.03
高度商業地区 繁華街地区	0.07
普通商業・併用住宅地区	0.05
普通住宅地区 中小工場地区 大工場地区	0.02

◆正面路線と裏面路線の地区区分が異なる場合

　正面路線の地区区分と裏面路線の地区区分が異なる場合には、すべて正面路線の地区区分により奥行価格補正率及び側方路線影響加算率を適用します。

ケーススタディ

Q 次の宅地はどのように評価しますか。

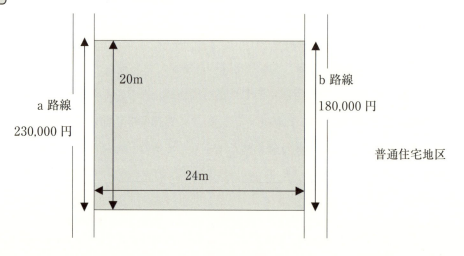

A (1) 奥行価格補正後の価額（正面路線の判定）

　　　　　　　　　　　（奥行距離24mの奥行価格補正率）
　　a路線　230,000円 ×　　　0.97　　　＝ 223,100円

　　　　　　　　　　　（奥行距離24mの奥行価格補正率）
　　b路線　180,000円 ×　　　0.97　　　＝ 174,600円

　　a路線の奥行価格補正後の価額 ＞ b路線の奥行価格補正後の価額

　したがって、a路線が正面路線となります。

(2) 評価対象地の価額

　　　　（a路線の路線価）（奥行距離24mの奥行価格補正率）
　① 　230,000円　×　　　0.97　　　＝ 223,100円

　　　　（b路線の路線価）（奥行距離24mの奥行価格補正率）（二方路線影響加算率）
　② 　180,000円　×　　　0.97　　　×　　0.02
　　＝ 3,492円

　　　（①の金額）（②の金額）
　③ 223,100円 ＋ 3,492円 ＝ 226,592円

　　　（③の金額）　（地積）
　④ 226,592円 × 480m² ＝ 108,764,160円

評価対象地の評価額は、108,764,160円になります。

(4) 三方又は四方に路線のある場合の加算

　三方又は四方に路線のある宅地の価額は、側方路線影響加算及び二方路線影響加算を併用して計算したその宅地1m²当たりの価額に、その宅地の地積を乗じて計算した金額によって評価します。

ケーススタディ

Q 次の宅地はどのように評価しますか。

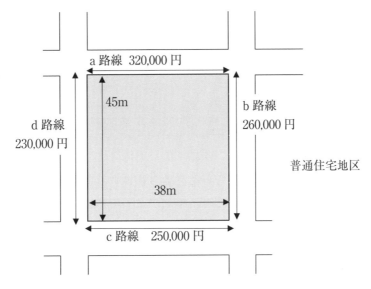

A (1) 奥行価格補正後の価額（正面路線の判定）

　　　　　　　　　　（奥行距離45mの奥行価格補正率）
　　　a路線　320,000円　×　　　　0.90　　　　＝　288,000円
　　　　　　　　　　（奥行距離38mの奥行価格補正率）
　　　b路線　260,000円　×　　　　0.92　　　　＝　239,200円
　　　　　　　　　　（奥行距離45mの奥行価格補正率）
　　　c路線　250,000円　×　　　　0.90　　　　＝　225,000円
　　　　　　　　　　（奥行距離38mの奥行価格補正率）
　　　d路線　230,000円　×　　　　0.92　　　　＝　211,600円

　a路線が、奥行価格補正後の価額が最も高いので、a路線が正面路線となります。

(2) 評価対象地の価額

　　　（a路線の路線価）（奥行距離45mの奥行価格補正率）
　①　　320,000円　　×　　　　0.90　　　　　＝　288,000円

86 第4章　宅地の評価（自用地価額の評価）

　　　　　　（b路線の路線価）　（奥行距離38mの奥行価格補正率）　（側方路線影響加算率）
②　　　260,000円　　×　　　　　0.92　　　　×　　　　0.03

　　= 7,176円

　　　　　　（c路線の路線価）　（奥行距離45mの奥行価格補正率）　（二方路線影響加算率）
③　　　250,000円　　×　　　　　0.90　　　　×　　　　0.02

　　= 4,500円

　　　　　　（d路線の路線価）　（奥行距離38mの奥行価格補正率）　（側方路線影響加算率）
④　　　230,000円　　×　　　　　0.92　　　　×　　　　0.03

　　= 6,348円

　　　　（①の金額）　　（②の金額）　（③の金額）　（④の金額）
⑤　　288,000円　+　7,176円　+　4,500円　+　6,348円　=　306,024円

　　　　（⑤の金額）　　　　（地積）
⑥　　306,024円　×　1,710m²　=　523,301,040円

評価対象地の評価額は、523,301,040円になります。

(5)　間口狭小補正 ■■■■■■■■■■■■■■■■■■■■■■■■■■■

　正面路線に接する距離（間口距離）が標準的な宅地に比して短小である宅地は、標準的な宅地に比してその価値は低くなると考えられます。そこで、間口距離の短い宅地（ただし、不整形地及び無道路地を除きます。）については、正面路線価に奥行価格補正を行い、側方路線影響加算、二方（三方、四方）路線影響加算を行った後の1m²当たりの価額に、「間口狭小補正率表」に定める地区区分ごとの間口狭小補正率を乗じて求めた価額に、その地積を乗じて計算した価額によって評価することとされています（評基通20-4・付表6）。

　なお、評価対象地が、地積規模の大きな宅地としての評価をすることができる宅地である場合には、上記により求めた価額に、さらに規模格差補正率を乗じて評価することとなります（評基通20-4なお書）。

（間口狭小補正率表）

間口距離 （m） ＼ 地区区分	ビル街地区	高度商業地区	繁華街地区	普通商業・併用住宅地区	普通住宅地区	中小工場地区	大工場地区
4未満	―	0.85	0.90	0.90	0.90	0.80	0.80
4以上6未満	―	0.94	1.00	0.97	0.94	0.85	0.85
6 〃 8 〃	―	0.97		1.00	0.97	0.90	0.90

8 〃 10 〃	0.95	1.00			1.00	0.95	0.95
10 〃 16 〃	0.97					1.00	0.97
16 〃 22 〃	0.98						0.98
22 〃 28 〃	0.99						0.99
28 〃	1.00						1.00

(6) 奥行長大補正 ■■■■■■■■■■■■■■■■■■■■■■■■■■

　間口距離に比して奥行距離が長大な宅地は、その地域における標準的な宅地に比してその価値は低くなると考えられます。そこで、間口距離に比して奥行距離が長大な宅地（ただし、不整形地及び無道路地を除きます。）については、正面路線価に奥行価格補正を行い、側方路線影響加算、二方（三方、四方）路線影響加算及び間口狭小補正を行った後の1m²当たりの価額に、「奥行長大補正率表」に定める地区区分ごとの奥行長大補正率を乗じて求めた価額に、その地積を乗じて計算した価額によって評価することとされています（評基通20-4・付表7）。

　なお、評価対象地が、地積規模の大きな宅地としての評価をすることができる宅地である場合には、上記により求めた価額に、さらに規模格差補正率を乗じて評価することとなります（評基通20-4なお書）。

（奥行長大補正率表）

地区区分 奥行距離 間口距離	ビル街地区	高度商業地区 繁華街地区 普通商業・ 併用住宅地区	普通住宅地区	中小工場地区	大工場地区
2以上3未満	1.00	1.00	0.98	1.00	1.00
3 〃 4 〃		0.99	0.96	0.99	
4 〃 5 〃		0.98	0.94	0.98	
5 〃 6 〃		0.96	0.92	0.96	
6 〃 7 〃		0.94	0.90	0.94	
7 〃 8 〃		0.92		0.92	
8 〃		0.90		0.90	

第4章　宅地の評価（自用地価額の評価）

ケーススタディ

【ケース1】

Q 次の宅地はどのように評価しますか。

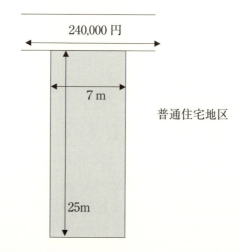

A 次のとおり評価します。

(1) 奥行価格補正

　　　（路線価）　　（奥行距離25mの
　　　　　　　　　　奥行価格補正率）
　　240,000円　×　　　1.00　　＝　240,000円

(2) 間口狭小補正

　　間口距離7mの場合の間口狭小補正率　⇒　0.97

　　　　　　　（間口狭小補正率表で確認します。）

(3) 奥行長大補正率

$$\frac{奥行距離}{間口距離} = \frac{25m}{7m} \fallingdotseq 3.6$$

　　奥行長大補正率は、0.96になります。

　　　　　　　（奥行長大補正率表で確認します。）

(4) 評価額

　　　　　　（間口狭小補正率）　（奥行長大補正率）　（地積）
　　240,000円　×　　0.97　　×　　0.96　　×　175m² ＝ 39,110,400円

第4章　宅地の評価（自用地価額の評価）

【ケース2】

Q 次の宅地はどのように評価しますか。

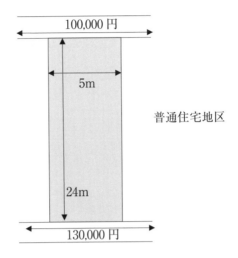

A 次のとおり評価します。

(1) 二方路線影響加算後の価額

　　　　　（正面路線の路線価）　（奥行距離24mの奥行価格補正率）
　① 　　130,000円　　×　　　　0.97　　　　＝ 126,100円

　　　　（裏面路線の路線価）　（奥行距離24mの奥行価格補正率）（二方路線影響加算率）
　② 　　100,000円　　×　　　　0.97　　　　×　　　0.02

　　＝ 1,940円

　　　　（①の金額）　（②の金額）
　③ 　126,100円 ＋ 1,940円 ＝ 128,040円

(2) 間口狭小補正

間口距離5mの場合の間口狭小補正率 ⇒ 0.94

　　　　　　　（間口狭小補正率表で確認します。）

(3) 奥行長大補正率

$\dfrac{奥行距離}{間口距離} = \dfrac{24m}{5m} = 4.8$

奥行長大補正率は、0.94になります。

　　　　　　　（奥行長大補正率表で確認します。）

(4) 評価額

　　　　　　　（間口狭小補正率）（奥行長大補正率）　（地積）
　　128,040円 ×　　0.94　　×　　0.94　　× 120m² ＝ 13,576,337円

【ケース3】

Q 次の宅地はどのように評価しますか。

A 次のとおり評価します。

(1) 奥行価格補正後の価額（正面路線の判定）

　　　　　　　　　　　（奥行距離23mの奥行価格補正率）
　　a 路線　250,000円 ×　　　1.00　　　＝ 250,000円

　　　　　　　　　　　（奥行距離8mの奥行価格補正率）
　　b 路線　200,000円 ×　　　0.97　　　＝ 194,000円

　　a 路線の奥行価格補正後の価額 ＞ b 路線の奥行価格補正後の価額

　　したがって、a 路線が正面路線となります。

(2) 側方路線影響加算後の価額

　　　（a 路線の路線価）（奥行距離23mの奥行価格補正率）
　① 　250,000円　 ×　　　　1.00　　　　＝ 250,000円
　　　（b 路線の路線価）（奥行距離8mの奥行価格補正率）（側方路線影響加算率）
　② 　200,000円　 ×　　　　0.97　　　　×　　0.03
　　　＝ 5,820円

　　　（①の金額）（②の金額）
　③ 　250,000円 ＋ 5,820円 ＝ 255,820円

第4章　宅地の評価（自用地価額の評価）　　91

(3)　間口狭小補正

　　間口距離8mの場合の間口狭小補正率　⇒　1.00

　　　　　　　（間口狭小補正率表で確認します。）

(4)　奥行長大補正率

$$\frac{奥行距離}{間口距離} = \frac{23m}{8m} ≒ 2.8$$

　　奥行長大補正率は、0.98になります。

　　　　　　　（奥行長大補正率表で確認します。）

(5)　評価額

　　　　　　　　（間口狭小補正率）　（奥行長大補正率）　（地積）
　　255,820円　×　　1.00　　×　　0.98　　×　184m² ＝ 46,129,462円

【ケース4】

Q　次の宅地はどのように評価しますか。

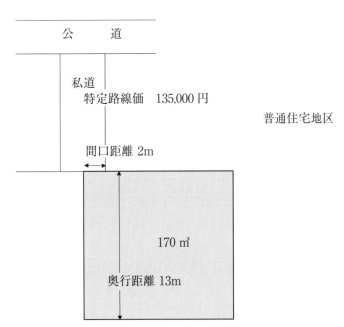

A　次のとおり評価します。

(1)　奥行価格補正

　　　（特定路線価）　（奥行距離13mの奥行価格補正率）
　　　135,000円　×　　　　1.00　　　　＝　135,000円

(2)　間口狭小補正

　　間口距離2mの場合の間口狭小補正率　⇒　0.90

　　　　　　　　　　　（間口狭小補正率表で確認します。）

(3)　奥行長大補正率

$$\frac{奥行距離}{間口距離} = \frac{13m}{2m} = 6.5$$

　　奥行長大補正率は、0.90になります。

　　　　　　　　　　　（奥行長大補正率表で確認します。）

(4)　評価額

　　　　　　　（間口狭小補正率）　（奥行長大補正率）　（地積）
　135,000円×　　　0.90　　×　　　0.90　　×　170m² ＝ 18,589,500円

5 　不整形地の評価

（1）　不整形地の評価方法

　不整形地の価額は、一定の方法により奥行価格補正を行った後、評価対象地の不整形の程度、位置する地区区分及び地積の大小に応じて定められている不整形地補正率を乗じて計算した1m²当たりの価額に地積を乗じて求めます。

（2）　不整形地の画地調整計算

　評価対象の不整形地の形状に応じて、正面路線価を基に奥行価格補正等を行い、不整形地補正を行う前の1m²当たりの価額を求めます。

（3）　不整形地補正率

　評価対象地の不整形の程度、位置する地区区分及び地積の大小に応じて、地積区分表と不整形地補正率表により、評価対象地に適用される不整形地補正率を求めます。

（4）　不整形地の評価額

　不整形地の評価額は、原則として、奥行価格補正後の不整形地の価額に、不整形地補正率を乗じて求めます。

第4章　宅地の評価（自用地価額の評価）　93

(1)　不整形地の評価方法　■■■■■■■■■■■■■■■■■■■■■■■■

　路線価は、その路線のみに面する標準的な間口距離及び奥行距離を有する長方形又
は正方形の宅地を想定して付されています（評基通14）。不整形地とは、このような路
線価地域における標準的な形状の宅地、すなわち長方形又は正方形の宅地ではない形
状の宅地をいいます。不整形地は、前掲 4 の画地調整計算を行うだけでは適正な評価
額を求めることができないため、次の手順により評価をすることとされています（評
基通20）。

　ア　第1段階

　評価対象地について、下記(2)のいずれかの方法により奥行価格補正の計算を行い
ます。基本的な宅地の価額の評価方法は、評価対象地の奥行距離に応じて求めた奥行
価格補正率を正面路線価に乗じて1m²当たりの価額を求めるものですが、不整形地は、
奥行距離が一様ではないため、何らかの合理的な方法により、奥行価格補正を行わな
ければなりません。評価通達は、奥行価格補正を行うための4つの方法を示していま
すので、この4つの方法から評価対象地の形状等に照らして最も合理的であると認め
られる方法を選択して、奥行価格補正を行い、不整形地補正を行う前の1m²当たりの
価額を求めます。

　イ　第2段階

　評価対象地の不整形の程度、位置する地区区分及び地積の大小に応じて、後記(3)に
より不整形地補正率を求めます。

　ウ　第3段階

　アで求めた評価対象地の1m²当たりの価額に、イで求めた不整形地補正率及び地積
を乗じて、評価対象地の評価額を算出します。

(2)　不整形地の画地調整計算　■■■■■■■■■■■■■■■■■■■■■■■■

　正面路線価を基に、次のいずれかの方法により、不整形地について奥行価格補正を
行い、不整形地補正を行う前の1m²当たりの価額を求めます。

　ア　不整形地を区分して求めた整形地を基として評価する方法

　評価対象の不整形地を長方形又は正方形の土地に区分できる場合には、区分された
それぞれの土地ごとに奥行価格補正を行って求めた価額を合計して、評価対象地全体
の奥行価格補正後の価額を求めます。下の図の不整形地の場合には、①、②及び③の
3つの整形地に区分して評価します。

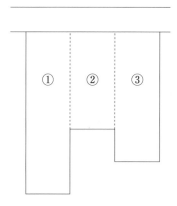

　イ　不整形地の地積を間口距離で除して算出した計算上の奥行距離を基として求めた整形地により計算する方法

　評価対象地の地積を間口距離で除して算出した数値を、評価対象地の奥行価格補正をする際の計算上の奥行距離とします。

　ただし、計算上の奥行距離は、不整形地の全域を囲む正面路線に接する長方形又は正方形の土地（想定整形地）の奥行距離を限度とします。下の図の不整形地の場合、評価対象地の地積を間口距離 a で除して求めた計算上の奥行距離 b により奥行価格補正を行います。

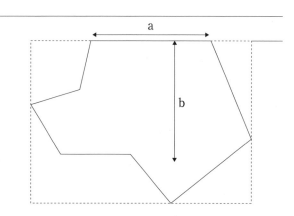

　ウ　不整形地に近似する整形地（近似整形地）を求め、その設定した近似整形地を基として計算する方法

　評価対象地である不整形地に近似する整形地を求め、その近似整形地を評価対象地として奥行価格補正を行います。この場合、近似整形地は、近似整形地からはみ出す不整形地の部分の地積と近似整形地に含まれる不整形地以外の部分の地積がおおむね等しく、かつ、その合計地積ができる限り小さくなるように求めます。下の図の場合、a を奥行距離として奥行価格補正を行います。

第4章　宅地の評価（自用地価額の評価）　　95

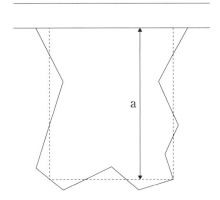

エ　近似整形地を求め、隣接する整形地と合わせて全体の整形地の価額を計算してから、隣接する整形地の価額を差し引いた価額を基として計算する方法

　下の図のような不整形地については、評価対象地の近似整形地①と隣接する整形地②とを併せて全体の整形地の価額を計算し、その価額から隣接する整形地②の価額を控除することにより、評価対象地の奥行価格補正後の価額を求めます。

　なお、近似整形地を設定する場合には、その屈折角は90度とします。

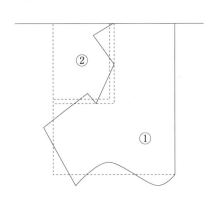

(3) 不整形地補正率

　評価対象地の不整形の程度、位置する地区区分及び地積の大小に応じて、次に掲げる地積区分表と不整形地補正率表により、評価対象地に適用される不整形地補正率を求めます（評基通付表4・付表5）。

　不整形地補正率を求めるためには、まず、地積区分表により、評価対象地の所在する地区区分と評価対象地の地積により、評価対象地の地積区分が「A」、「B」又は「C」のいずれに該当するのかを確認します。

次に、不整形地補正率表により、評価対象地の所在する地区区分、地積区分及び「かげ地割合」から、評価対象地に適用される不整形地補正率を求めます。

不整形地補正率表を適用する場合の「かげ地割合」は次の算式により計算します。

$$かげ地割合 \ = \ \frac{想定整形地の地積 \ - \ 評価対象地の地積}{想定整形地の地積}$$

（注）　想定整形地とは、不整形地の全体を囲む正面路線に接する長方形又は正方形の土地をいいます（評基通20(2)(注)）。

（地積区分表）

地積区分　地区区分	A	B	C
高度商業地区	1,000m²未満	1,000m²以上 1,500m²未満	1,500m²以上
繁華街地区	450m²未満	450m²以上 700m²未満	700m²以上
普通商業・併用住宅地区	650m²未満	650m²以上 1,000m²未満	1,000m²以上
普通住宅地区	500m²未満	500m²以上 750m²未満	750m²以上
中小工場地区	3,500m²未満	3,500m²以上 5,000m²未満	5,000m²以上

（不整形地補正率表）

地区区分	高度商業地区、繁華街地区、普通商業・併用住宅地区、中小工場地区			普通住宅地区		
地積区分　かげ地割合	A	B	C	A	B	C
10%以上	0.99	0.99	1.00	0.98	0.99	0.99
15% 〃	0.98	0.99	0.99	0.96	0.98	0.99
20% 〃	0.97	0.98	0.99	0.94	0.97	0.98
25% 〃	0.96	0.98	0.99	0.92	0.95	0.97
30% 〃	0.94	0.97	0.98	0.90	0.93	0.96

第4章　宅地の評価（自用地価額の評価）

35% 〃	0.92	0.95	0.98	0.88	0.91	0.94
40% 〃	0.90	0.93	0.97	0.85	0.88	0.92
45% 〃	0.87	0.91	0.95	0.82	0.85	0.90
50% 〃	0.84	0.89	0.93	0.79	0.82	0.87
55% 〃	0.80	0.87	0.90	0.75	0.78	0.83
60% 〃	0.76	0.84	0.86	0.70	0.73	0.78
65% 〃	0.70	0.75	0.80	0.60	0.65	0.70

◆屈折路に面する不整形地に係る想定整形地

　評価対象地が、屈折路に面する場合には、①いずれかの路線からの垂線を基に、又は②路線に接する両端を結ぶ直線を基に、評価対象地の全体を囲む長方形又は正方形を作図し、そのうち最も面積の小さいものを想定整形地とします。

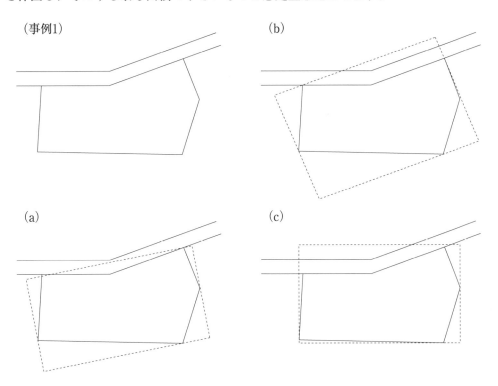

　※　(a)、(b)又は(c)により求めた長方形のうち、その面積が最小になるものが、不整形地補正率を求める際の想定整形地となります。

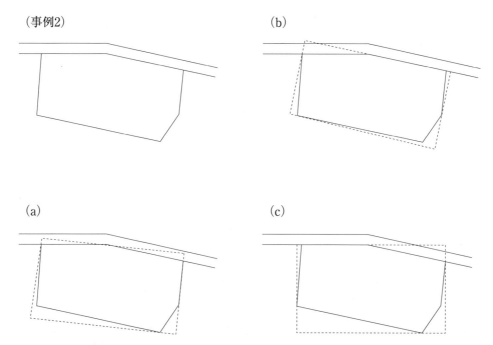

※ (a)、(b)又は(c)により求めた長方形のうち、その面積が最小になるものが、不整形地補正率を求める際の想定整形地となります。

◆間口狭小補正率の不整形地への適用

　不整形地である評価対象地が間口が狭小な宅地である場合に、直接、間口狭小補正を行うことはありませんが、不整形地補正率表により求めた不整形地補正率に間口狭小補正率を乗じて求めた数値を不整形地補正率とすることとされています（評基通付表5(注)3）ので、事実上、間口狭小補正率を適用できることとなります。

　不整形地補正率表により求めた不整形地補正率に間口狭小補正率を乗じて求めた数値に小数点以下2位未満の端数がある場合には端数を切り捨てます（土地及び土地の上に存する権利の評価明細書第1表）。

◆　奥行長大補正率の不整形地への適用

　不整形地の評価をする場合には、奥行長大補正率を適用することはできませんが、納税者の選択により、不整形地補正率の適用に代えて、間口狭小補正率に奥行長大補正率を乗じて得た数値によることができます（評基通付表5(注)3）。

第4章　宅地の評価（自用地価額の評価）　　99

> ケーススタディ

Q 次の宅地は不整形地補正率を適用して評価すべきでしょうか。

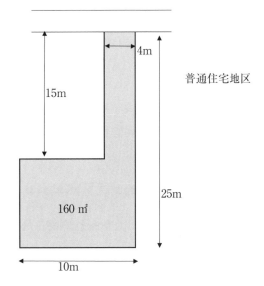

普通住宅地区

A ①不整形地補正率と②間口狭小補正率に奥行長大補正率を乗じて得た数値を比較して、有利な方を選択します。

(1) 不整形地補正率

① 評価対象地の地積　160m²　⇒　地積区分はAとなります。
　　　　　　　　　　　　　　　　　　　（地積区分表により確認します。）

② 想定整形地の地積　250m²

③ かげ地割合

$$かげ地割合 = \frac{（想定整形地の地積）250m^2 - （評価対象地の地積）160m^2}{（想定整形地の地積）250m^2} = 36\%$$

④ 不整形地補正率表で求めた不整形地補正率

　　普通住宅地区で地積区分A、かげ地割合36%　⇒　0.88
　　　　　　　　　　　　　　　　（不整形地補正率表により確認します。）

⑤ 不整形地補正率

　　（④の率）　（間口距離4mの場合の間口狭小補正率）
　　　0.88　×　　　　　0.94　　　　　　　　　　＝ 0.82
　　　　　　　　　　　　　　　（小数点以下2位未満切捨て）

(2) 間口狭小補正率に奥行長大補正率を乗じて得た数値
① 間口距離4mの場合の間口狭小補正率　⇒　0.94
② 間口距離4m、奥行距離25mの場合の奥行長大補正率
$\dfrac{25m}{4m}$ = 6.25　⇒　0.90
③ 間口狭小補正率に奥行長大補正率を乗じて得た数値
0.94 × 0.90 = 0.846
(3) 補正率の比較
不整形地補正率 0.82 ＜ 間口狭小補正率に奥行長大補正率を乗じて得た数値 0.846
したがって、本ケースの場合には、不整形地補正率を適用します。

(4) 不整形地の評価額

不整形地の評価額は、前記(2)により求めた奥行価格補正後の不整形地の価額に上記(3)で求めた不整形地補正率を乗じて求めます。

不整形地が、地積規模の大きな宅地に該当する場合には、更に**本章第2 7**で説明する地積規模の大きな宅地としての評価をします。

ケーススタディ

【ケース1】

Q 次の不整形地はどのように評価しますか。

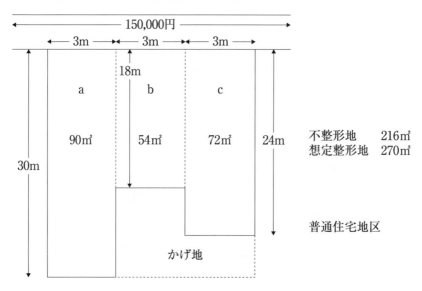

第4章　宅地の評価（自用地価額の評価）　　　101

A　評価対象地を区分して求めた整形地を基として計算した価額の合計額に、不整形地補正率を乗じて評価します。

(1)　不整形地を整形地に区分して、各整形地ごとに奥行価格補正を行って求めた価額の合計額を求めます。

　　　　　　　　　（路線価）　　（奥行距離30mの場合　（地積）
　　　　　　　　　　　　　　　　の奥行価格補正率）
①　a宅地　150,000円　×　　　　0.95　　　　× 90m² ＝ 12,825,000円

　　　　　　　　　（路線価）　　（奥行距離18mの場合　（地積）
　　　　　　　　　　　　　　　　の奥行価格補正率）
②　b宅地　150,000円　×　　　　1.00　　　　× 54m² ＝ 8,100,000円

　　　　　　　　　（路線価）　　（奥行距離24mの場合　（地積）
　　　　　　　　　　　　　　　　の奥行価格補正率）
③　c宅地　150,000円　×　　　　0.97　　　　× 72m² ＝ 10,476,000円

④　a宅地、b宅地及びc宅地の価額の合計額

　　12,825,000円　＋　8,100,000円　＋　10,476,000円　＝　31,401,000円

(2)　不整形地補正率を求めます。

①　評価対象地の地積　216m²　⇒　地積区分はAとなります。

　　　　　　　　　　　　　　　　　　　（地積区分表により確認します。）

②　想定整形地の地積　270m²

③　かげ地割合

　　　　　　　　　　（想定整形地の地積）　（評価対象地の地積）

$$\text{かげ地割合} = \frac{270\text{m}^2 - 216\text{m}^2}{270\text{m}^2} = 20\%$$

　　　　　　　　　　　　　　　　（想定整形地の地積）

④　不整形地補正率

　　普通住宅地区で地積区分A、かげ地割合20％　⇒　0.94

　　　　　　　　　　　　　　　　（不整形地補正率表により確認します。）

(3)　評価額を求めます。

　　　　　　　　　　（不整形地補正率）
　　31,401,000円　×　　　0.94　　　＝　29,516,940円

【ケース2】

Q 次の不整形地はどのように評価しますか。

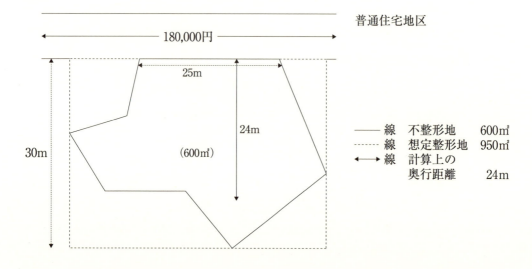

A 評価対象地の地積を間口距離で除して求めた計算上の奥行距離を基として算出した整形地としての価額に、不整形地補正率を乗じて評価します。

(1) 評価対象地の地積を間口距離で除して求めた計算上の奥行距離を基として整形地としての価額（評価対象地の奥行価格補正後の価額）を求めます。

① 評価対象地の計算上の奥行距離

(地積)　　(間口距離)
600m² ÷ 25m ＝ 24m

(注) 計算上の奥行距離は、評価対象地の想定整形地の奥行距離を上限とします。本ケースの場合、想定整形地の奥行距離は30mですから、計算上の奥行距離は、上記算式で求めた24mとなります。

② 整形地としての価額

(路線価)　(奥行距離24mの場合の奥行価格補正率)　(1m²当たりの価額)
180,000円 × 1.00 ＝ 180,000円

(2) 不整形地補正率を求めます。

① 評価対象地の地積　600m² ⇒ 地積区分はBとなります。
（地積区分表により確認します。）

② 想定整形地の地積　950m²

③ かげ地割合

$$かげ地割合 = \frac{950\text{m}^2 - 600\text{m}^2}{950\text{m}^2} = 36.84\%$$

（分子左：想定整形地の地積、分子右：評価対象地の地積、分母：想定整形地の地積）

④ 不整形地補正率

普通住宅地区で地積区分B、かげ地割合36.84％ ⇒ 0.91

（不整形地補正率表により確認します。）

(3) 評価額を求めます。

（1m²当たりの価額）　（地積）　（不整形地補正率）
180,000円　×　600m²　×　0.91　＝　98,280,000円

(注)　「地積規模の大きな宅地」に該当する場合には、本章第2 7 の「地積規模の大きな宅地の評価」を行います。

【ケース3】

Q　次の不整形地はどのように評価しますか。

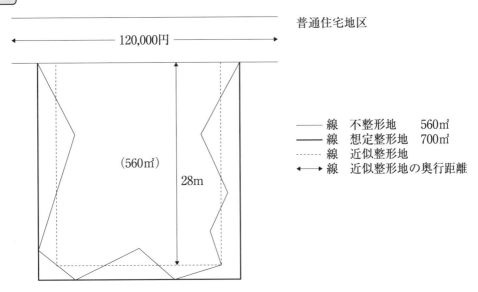

普通住宅地区

―――― 線　不整形地　　560㎡
━━━━ 線　想定整形地　700㎡
------ 線　近似整形地
←――→ 線　近似整形地の奥行距離

A　評価対象地に近似する整形地を求め、その近似整形地を基として求めた価額に不整形地補正率を乗じて評価します。

(1) 近似整形地の奥行価格補正後の1m²当たりの価額（評価対象地の奥行価格補

正後の1m²当たりの価額）

① 近似整形地を求めます。

　　近似整形地は、近似整形地からはみ出す不整形地の部分の地積と、近似整形地に含まれる不整形地以外の部分の地積がおおむね等しく、かつ、その合計地積ができる限り小さくなるように求めます。

　　なお、近似整形地の屈折角は90度とします。

② 整形地としての価額

$$\underset{(路線価)}{120,000円} \times \underset{\substack{(奥行距離28mの場合\\の奥行価格補正率)}}{0.95} = \underset{(1m²当たりの価額)}{114,000円}$$

(2) 不整形地補正率を求めます。

① 評価対象地の地積　560m²　⇒　地積区分はBとなります。

　　　　　　　　　　　　　　　（地積区分表により確認します。）

② 想定整形地の地積　700m²

　　(注)　近似整形地と想定整形地の地積は一致しません。

③ かげ地割合

$$かげ地割合 = \frac{\overset{(想定整形地の地積)}{700m²} - \overset{(評価対象地の地積)}{560m²}}{\underset{(想定整形地の地積)}{700m²}} = 20\%$$

④ 不整形地補正率

　　普通住宅地区で地積区分B、かげ地割合20%　⇒　0.97

　　　　　　　　　　　　　　（不整形地補正率表により確認します。）

(3) 評価額を求めます。

$$\underset{(1m²当たりの価額)}{114,000円} \times \underset{(地積)}{560m²} \times \underset{(不整形地補正率)}{0.97} = 61,924,800円$$

(注)　「地積規模の大きな宅地」に該当する場合には、**本章第2 7** の「地積規模の大きな宅地の評価」を行います。

第4章　宅地の評価（自用地価額の評価）　　105

【ケース4】

Q 次の不整形地はどのように評価しますか。

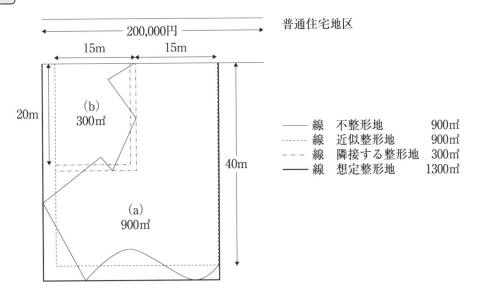

普通住宅地区

―――線　不整形地　　　900㎡
┄┄┄線　近似整形地　　900㎡
―・―線　隣接する整形地　300㎡
━━━線　想定整形地　1300㎡

A 近似整形地(a)を求め、隣接する整形地(b)と併せた全体の整形地の価額を計算した後に、隣接する整形地(b)の価額を差し引いて計算した価額（評価対象地の奥行価格補正後の価額）に、不整形地補正率を乗じて評価します。

(1) 評価対象地の奥行価格補正後の価額を求めます。

　① 近似整形地(a)を求め、隣接する整形地(b)と併せた全体の整形地の価額

　　　（路線価）　（奥行距離40mの場合の奥行価格補正率）　（(a)と(b)の合計地積）
　　　200,000円　×　　0.91　　×　　1,200㎡　　＝　218,400,000円

　　（注）　近似整形地の屈折角は90度とします。

　② 隣接する整形地(b)の価額

　　　（路線価）　（奥行距離20mの場合の奥行価格補正率）　（(b)の地積）
　　　200,000円　×　　1.00　　×　　300㎡　　＝　60,000,000円

　　（注）　全体の整形地の価額から控除する隣接する整形地の価額の計算に当たり、当該隣接する整形地の奥行距離が短いため奥行価格補正率が1.00未満となる場合には、当該隣接する整形地の奥行価格補正率は1.00とします。

③ 近似整形地(a)の奥行価格補正後の価額（評価対象地の奥行価格補正後の価額）

（①の価額）　　　（②の価額）
218,400,000円 － 60,000,000 ＝ 158,400,000円

④ 近似整形地(a)の奥行価格補正後の1m²当たりの価額（評価対象地の奥行価格補正後の1m²当たりの価額）

（近似整形地(a)の価額）　（近似整形地(a)の地積）
158,400,000円 ÷ 900m² ＝ 176,000円

(2) 不整形地補正率を求めます。

① 評価対象地の地積　900m²　⇒　地積区分はCとなります。

（地積区分表により確認します。）

② 想定整形地の地積　1,300m²

（注）　想定整形地の地積は、近似整形地(a)と隣接する整形地(b)の地積の合計とは一致しません。

③ かげ地割合

$$\text{かげ地割合} = \frac{\overset{\text{（想定整形地の地積）}}{1,300m^2} - \overset{\text{（評価対象地の地積）}}{900m^2}}{\underset{\text{（想定整形地の地積）}}{1,300m^2}} = 30.76\%$$

④ 不整形地補正率

普通住宅地区で地積区分C、かげ地割合30.76%　⇒　0.96

（不整形地補正率表により確認します。）

(3) 評価額を求めます。

（1m²当たりの価額）　（地積）　（不整形地補正率）
176,000円 × 900m² × 0.96 ＝ 152,064,000円

（注）　「地積規模の大きな宅地」に該当する場合には、**本章第2 7** の「地積規模の大きな宅地の評価」を行います。

6　無道路地の評価

(1)　無道路地の意義

　宅地の評価における無道路地とは、①道路に接しない宅地及び②道路に接しているものの接道義務を満たしていない宅地をいいます。

第4章　宅地の評価（自用地価額の評価）　　107

(2)　無道路地の評価方法

　評価対象地が無道路地ではないものとして評価した価額から、その価額の100分の40の範囲内において相当と認める金額（建築基準法等の法令において規定されている建築物を建築するために必要な最小限度の通路を開設する場合のその通路に相当する部分の価額）を控除した価額によって評価します。

(1)　無道路地の意義 ■■■■■■■■■■■■■■■■■■■■■■■■■■

　無道路地とは、①道路に接しない宅地及び②道路に接しているものの接道義務を満たしていない宅地をいいます。この場合の道路は、公道であるか私道であるかを問いません。また、位置指定道路（建築基準法42条1項5号に規定する土地を建築物の敷地として利用するため、道路法及び都市計画法等によらないで築造する一定の基準に適合する道で、これを築造しようとする者が特定行政庁からその位置の指定を受けたもの）も含まれます（平23・12・6裁決　裁事85・347）。

　建築物の敷地は、原則として道路に2m以上接しなければならないこととされています（建基43①）が、建築物の敷地が路地状部分のみによって道路に接する場合には、その路地状部分は各自治体の条例で定められた幅員以上の幅員を有しなければなりません。例えば、東京都の場合には、建築物の敷地が路地状部分のみによって道路に接する場合には、その敷地の路地状部分の幅員は、路地状部分の長さが20m以下の場合には2m、20mを超える場合には3mとされています（東京都建築安全条例3）ので、道路からの距離が20m以下の宅地の場合には幅員2mの路地状部分を有すれば建物の建築をすることができますが、道路からの距離が20mを超える場合には幅員3mの路地状部分を確保しなければ建物を建築することはできないこととなります。この基準は、自治体ごとに異なりますので、無道路地（接道義務を満たしていない宅地）に該当するかどうかの判定のためには、評価対象地が所在する各自治体の条例等を確認する必要があります。

ケーススタディ

Ｑ　次のような宅地を相続により取得しました。従前は、全体を居住用家屋の敷地として使用していましたが、被相続人が道路側に共同住宅を建築したため、奥側

の居住用家屋の敷地は道路に直接接しない宅地になってしまいました。A土地を無道路地として評価することができますか。

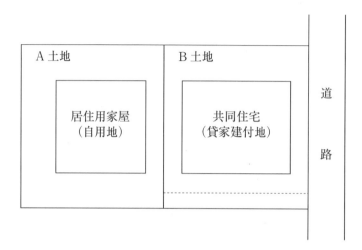

A A土地は自用地であり、B土地は貸家建付地に該当するため、これらの宅地は、2つの評価単位となります。そうするとA土地は、道路に接していない宅地となります。しかしながら、A土地もB土地も同一の者により取得された土地であり、居住用家屋を利用するために囲繞地通行権を主張したり、B土地の一部に舗装等を施した通路を開設したりするまでもなく、その一部を通行の用に供していると考えられますので、A土地は無道路地には当たらないといえます（東京地判平26・1・24税資264（順号12395））。

このような場合、A土地及びB土地のうちA土地を利用するために通行の用に供している部分（ただし、A土地の接道義務を満たす幅員を有するものとします。）を併せて不整形地として評価することが相当と考えられます。

(2) 無道路地の評価方法

無道路地の評価は、まず、**本章第2 5** までで説明したところにより、評価対象地が無道路地ではないものとして評価額を算出します。その無道路地が地積規模の大きな宅地である場合には**本章第2 7** で説明する地積規模の大きな宅地としての評価をします（第1段階）。

次に、第1段階で計算した価額からその価額の100分の40の範囲内において相当と認

める金額を控除した価額によって評価します（第2段階）。

　ア　第1段階

　路線価図により評価対象地について実際に利用している路線価を確認し、その路線価を基に不整形地としての評価をします。この場合、評価対象地が、地積規模の大きな宅地に該当するときには、さらに地積規模の大きな宅地としての評価（本章第2 7 参照）を行います。

　不整形地としての評価をする場合の不整形地補正率は、「不整形地補正率表」（評基通付表5）によって求めた不整形地補正率に、無道路地が接道義務に基づく最小限度の間口距離を有するものとした場合の間口狭小補正率を乗じて得た数値になります。

　イ　第2段階

　第1段階で求めた価額からその価額の100分の40の範囲内において相当と認める金額を控除した価額によって無道路地を評価します。

　この「100分の40の範囲内において相当と認める金額」は、無道路地について建築基準法その他の法令において規定されている建築物を建築するために必要な道路に接すべき最小限の間口距離の要件（以下「接道義務」といいます。）に基づき最小限度の通路を開設する場合のその通路に相当する部分の価額とします。その通路に相当する部分の価額は、第1段階で確認した路線価に地積を乗じた価額とします。

　なお、評価をしようとする無道路地に実際に利用している路線が2つ以上存在することがありますが、通路開設費用は接道義務に基づき最小限度の通路を開設する場合のその通路に相当する部分の価額とする旨定めていることから、開設通路の価額の低い方の路線が利用路線であると解することが相当であると考えられます（平18・3・15裁決　裁事71・533）。

アドバイス

○最小限度の通路を開設する場合の通路に相当する部分

　　無道路地のうち接道義務を満たさない宅地に該当するかどうかの判定においては、評価対象地の所在する自治体の条例を確認する必要があります（前記(1)参照）が、接道義務を満たさない宅地を評価する場合の最小限度の通路を開設する場合の通路相当部分は、その評価対象地の所在する地域によって異なりますので、評価に当たっては、市役所等で評価対象地の所在する自治体の条例を確認してください。

ケーススタディ

【ケース1】

Q 次のような宅地はどのように評価すればよいでしょうか。

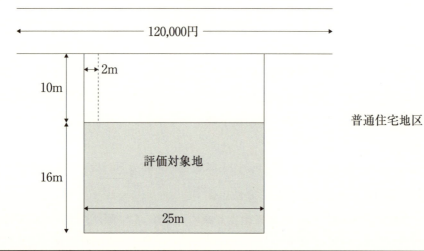

普通住宅地区

A 次のとおり評価します。

（第1段階）

(1) 評価対象地の奥行価格補正後の価額

① 評価対象地と前面宅地を合せた土地の奥行価格補正後の価額

（路線価）　（奥行距離26mの場合の奥行価格補正率）　（地積）
120,000円 × 0.97 × 650m² = 75,660,000円

② 前面宅地の奥行価格補正後の価額

（路線価）　（奥行距離10mの場合の奥行価格補正率）　（地積）
120,000円 × 1.00 × 250m² = 30,000,000円

③ ①の価額から②の価額を控除して求めた評価対象地の奥行価格補正後の価額

（①の価額）　（②の価額）
75,660,000円 − 30,000,000円 = 45,660,000円

(2) 不整形地補正

① かげ地割合

不整形地補正率0.88

② 間口狭小補正率等
　最小限の通路を開設する場合の通路の幅員　2m
　間口狭小補正率　0.90
　奥行長大補正率　0.90　$\left(\dfrac{奥行距離\ 26m}{間口距離\ 2m} = 13m\right)$

③ 補正率の比較
　（不整形地補正率）　（間口狭小補正率）　　　（間口狭小補正率）　（奥行長大補正率）
　　　0.88　　×　　0.90　＝ 0.79 ＜　　0.90　　×　　0.90
　＝ 0.81

④ 不整形地補正後の価額
　（奥行価格補正後の価額）　（間口狭小補正率を乗じた後の不整形地補正率）　（不整形地補正後の価額）
　　　45,660,000円　　×　　0.79　　＝　　36,071,400円

（第2段階）
(1) 通路部分の価額
　① 通路部分の地積
　　（幅員）（長さ）
　　2m × 10m ＝ 20m²
　② 通路部分の価額
　　（路線価）　（地積）　　　　　（限度額）
　　120,000円 × 20m² ＝ 2,400,000円 ＜ 36,071,400円 × 0.4
(2) 評価対象地の評価額
　（不整形地補正後の価額）（通路部分の価額）　（評価額）
　　36,071,400円　－　2,400,000円 ＝ 33,671,400円

【ケース2】

Q 次のような宅地はどのように評価すればよいでしょうか。

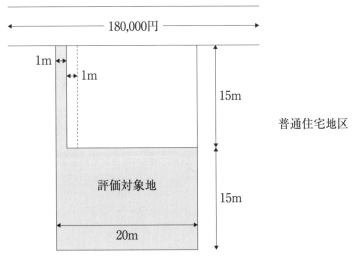

112　　　第4章　宅地の評価（自用地価額の評価）

A 　次のとおり評価します。

（第1段階）

(1)　評価対象地の奥行価格補正後の価額

　①　評価対象地と前面宅地を合せた土地の奥行価格補正後の価額

　　（路線価）　（奥行距離30mの場合の奥行価格補正率）　（地積）
　　180,000円　×　　　　0.95　　　　×　600m^2　=　102,600,000円

　②　前面宅地の奥行価格補正後の価額

　　（路線価）　（奥行距離15mの場合の奥行価格補正率）　（地積）
　　180,000円　×　　　　1.00　　　　×　285m^2　=　51,300,000円

　③　①の価額から②の価額を控除して求めた評価対象地の奥行価格補正後の価額

　　（①の価額）　　　（②の価額）
　　102,600,000円　−　51,300,000円　=　51,300,000円

(2)　不整形地補正

　①　かげ地割合

$$\frac{\overset{\text{（想定整形地の地積）}}{600\text{m}^2} - \overset{\text{（評価対象地の地積）}}{315\text{m}^2}}{\underset{\text{（想定整形地の地積）}}{600\text{m}^2}} = 47.5\%$$

　　　　　　　　　　　　　　　　↓
　　　　　　　　　不整形地補正率0.82

　②　間口狭小補正率等

　　最小限の通路を確保した場合の通路の幅員　2m

　　間口狭小補正率　0.90

　　奥行長大補正率　0.90 $\left(\dfrac{\text{奥行距離}\quad 30\text{m}}{\text{間口距離}\quad 2\text{m}} = 15\right)$

　③　補正率の比較

　　（不整形地補正率）　（間口狭小補正率）　　　　（間口狭小補正率）　（奥行長大補正率）
　　　　0.82　　×　　0.90　≒ 0.73 ＜　　0.90　　×　　0.90　　= 0.81

　　　　　　　　　　　　　　↑

　　　　　　　　　小数点第2位
　　　　　　　　　未満切捨て

　④　不整形地補正後の価額

　　（奥行価格補正後の価額）　（間口狭小補正率を乗じた後の不整形地補正率）
　　　　51,300,000円　　×　　　　0.73　　　　= 37,449,000円

第4章　宅地の評価（自用地価額の評価）　113

（第2段階）

(1)　通路拡幅部分の地積

①　通路部分の地積

（拡幅部分の幅員）（長さ）

$$1\text{m} \times 15\text{m} = 15\text{m}^2$$

②　通路拡幅部分の価額

（路線価）　　　（地積）

$$180,000\text{円} \times 15\text{m}^2 = 2,700,000\text{円} < 37,449,000\text{円} \times 0.4$$

(2)　評価対象地の評価額

（不整形地補正後の評価額）（通路拡幅部分の価額）

$$37,449,000\text{円} - 2,700,000\text{円} = 34,749,000\text{円}$$

7　地積規模の大きな宅地の評価

(1)　地積規模の大きな宅地の意義

　路線価地域において、地積規模の大きな宅地として評価をすることができる宅地は次のいずれにも該当する宅地です。

ア　三大都市圏においては500m²以上、それ以外の地域においては1000m²以上の面積を有する宅地であること

イ　市街化調整区域内（ただし、都市計画法34条10号又は11号の規定に基づき宅地分譲に係る同法4条12項に規定する開発行為を行うことができる区域を除きます。）に所在する宅地ではないこと

ウ　都市計画法8条1項1号に規定する工業専用地域に所在する宅地ではないこと

エ　容積率が400％（東京都の特別区においては300％）以上の地域に所在する宅地ではないこと

オ　普通商業・併用住宅地区又は普通住宅地区に所在する宅地であること

(2)　地積規模の大きな宅地の評価方法

　地積規模の大きな宅地は、その宅地が地積規模の大きな宅地ではないものとして評価した価額に、評価対象地の所在場所と地積を基に計算した規模格差補正率を乗じて評価します。

（1）　地積規模の大きな宅地の意義 ■■■■■■■■■■■■■■■■■

　その地域の標準的な面積の宅地に比して面積が大きな宅地の価額は、戸建住宅用地として利用しようとした場合に道路等の負担が必要になることから、標準的な面積の宅地に比して減価が生じることとなります。評価通達ではこの点を考慮し、地積規模の大きな宅地の評価方法を定めています（評価通20-2）。

　路線価地域において、地積規模の大きな宅地として評価をすることができる宅地は次のいずれにも該当する宅地です（倍率地域に所在する地積規模の大きな宅地の評価については、**本章第3を参照してください**。）。

　ア　三大都市圏においては500㎡以上、それ以外の地域においては1000㎡以上の面積を有する宅地であること

　この場合の面積は、登記上の面積又は固定資産税の土地課税台帳に記載された面積ではなく、実際の面積によります。

　また、地積規模の判定上、複数の者の共有となっている宅地の面積は、その宅地の面積にその者の共有持分を乗じて求めた面積ではなく、共有持分を乗ずる前の共有地全体の地積によります。例えば、3名が面積1200㎡の宅地を3分の1ずつの共有で所有している場合、地積規模の大きな宅地に該当するかどうかの判定は、全体の面積に各人の共有持分を乗じて算出した400㎡（1200㎡×1/3）ではなく、全体の面積1200㎡により判定することとなります（国税庁HP・質疑応答事例・財産の評価「地積規模の大きな宅地の評価－共有地の場合の地積規模の判定」）。

　イ　市街化調整区域内（ただし、都市計画法34条10号又は11号の規定に基づき宅地分譲に係る同法4条12項に規定する開発行為を行うことができる区域を除きます。）に所在する宅地ではないこと

　市街化調整区域であっても、都市計画法12条の4第1項1号に規定する地区計画の区域（地区整備計画が定められている区域に限ります。）内又は集落地域整備法5条1項の規定による集落地区計画の区域（集落地区整備計画が定められている区域に限ります。）内においては、当該地区計画又は集落地区計画に適合する開発行為を行うことができることとされています（都計34十）。また、いわゆる条例指定区域内においても、同様に開発行為を行うことができることとされています（都計34十一）。これらの区域については、戸建住宅用地としての分割分譲が法的に可能であることから、これらの区域内に所在する宅地について、地積規模を満たす場合には「地積規模の大きな宅地」に該当するものとされました。ただし、これらの区域内で開発許可の対象とされる建

第4章　宅地の評価（自用地価額の評価）　　115

築物の用途等は、地区計画、集落地区計画又は条例により定められるため、それぞれの地域によってその内容が異なることになります。したがって、地区計画又は集落地区計画の区域内、及び条例指定区域内に所在する宅地であっても、例えば、一定規模以上の店舗等の開発は認められるが、宅地分譲に係る開発は認められていないような場合には、「地積規模の大きな宅地の評価」の適用対象となりません（平成29年10月3日国税庁資産評価企画官情報5号・資産課税課情報17号「「財産評価基本通達の一部改正について」通達等のあらましについて（情報）」4頁）。

　ウ　都市計画法8条1項1号に規定する工業専用地域に所在する宅地ではないこと

　エ　容積率が400％（東京都の特別区においては300％）以上の地域に所在する宅地ではないこと

　「容積率」とは、建築物の延べ床面積の敷地面積に対する割合をいいます。建築基準法には、都市計画により定められた指定容積率（建基52①）と前面道路の幅員に応じて求められる基準容積率（建基52②）が定められていますが、「地積規模の大きな宅地」に該当するかどうかの判定は指定容積率によってのみ行うこととされています。したがって、指定容積率が400％以上（東京都の特別区においては300％以上）である場合には、基準容積率が400％未満（東京都の特別区においては300％未満）であったとしても、地積規模の大きな宅地として評価することはできません（国税庁HP・質疑応答事例・財産の評価「地積規模の大きな宅地の評価―基準容積率が指定容積率を下回る場合の容積率の判定」）。

　オ　普通商業・併用住宅地区又は普通住宅地区に所在する宅地であること

　評価対象となる宅地の接する正面路線が2以上の地区にわたる場合には、その宅地の過半の属する地区をもって、その宅地の全部が所在する地区と判定します（国税庁HP・質疑応答事例・財産の評価「地積規模の大きな宅地の評価―正面路線が2以上の地区にわたる場合の地区の判定」）。

┌─────────────── アドバイス ───────────────┐

○面積の大きな宅地について

　面積の大きな宅地については、従来、「広大地」の評価方法（平成29年9月20日課評2-46による改正前の評基通24-4）により評価することとされていましたが、広大地に該当するかどうかの判定が困難であるとの指摘が多かったことなどを受け、広大地の評価方法の定めは削除され、新たに地積規模の大きな宅地の評価方法が設けられました。地積規模の大きな宅地に該当するかどうかの判定は客観的な要素により行うことができますので、実務

上、その判定を巡って疑義が生じることは少なくなったと考えられます。

ただし、地積規模の大きな宅地に該当するかどうかの判定の前提として、宅地の評価単位についての判断が必要です。一団の宅地が1の評価単位となるのか、2以上の評価単位となるのかにより、地積規模の大きな宅地に該当するかしないかの結論が異なることがあり得ます。評価単位の判断は慎重に行わなければなりません。

ケーススタディ

【ケース1】

Q 地積規模の大きな宅地に該当するかどうかの判定において、次の宅地の容積率は何％になりますか。なお、この宅地は、大阪市A区に所在します。

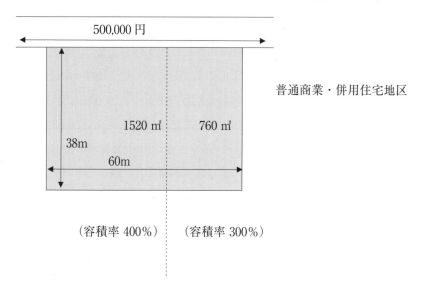

A 評価対象地が建築基準法52条1項に規定する指定容積率の異なる2以上の地域にわたる場合には、各地域の指定容積率に、その宅地の当該地域内にある各部分の面積の敷地面積に対する割合を乗じて得たものの合計により容積率を判定します
（国税庁HP・質疑応答事例・財産の評価「地積規模の大きな宅地の評価―指定容積率の異なる2以上の地域にわたる場合の容積率の判定」）。

事例の場合には、次のように計算します。

$$\frac{400\% \times 1520\mathrm{m}^2 + 300\% \times 760\mathrm{m}^2}{2280\mathrm{m}^2} \fallingdotseq 366.6\%$$

第4章　宅地の評価（自用地価額の評価）　　117

　評価対象地は東京都の特別区の区域以外の区域に所在し、その容積率は366.6％であり400％未満となるため、その全部が「地積規模の大きな宅地の評価」の適用対象となります。

【ケース2】

Q　地積規模の大きな宅地に該当するかどうかの判定において、次の宅地の所在する地域は普通住宅地区になりますか、あるいは中小工場地区になりますか。

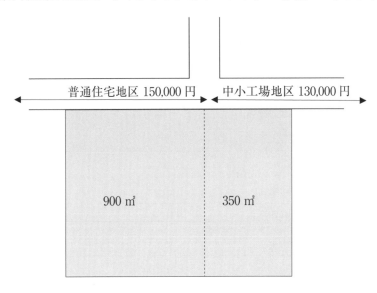

A　評価対象地の接する正面路線が2以上の地区にわたる場合には、その宅地の過半の属する地区をもって、その宅地の全部が所在する地区と判定します。本ケースの場合には、評価対象地の過半が普通住宅地区に所在しますので、地積規模の大きな宅地に該当するかどうかの判定においては、普通住宅地区に所在する宅地に該当し、全体について地積規模の大きな宅地の評価をすることができます。

(2)　地積規模の大きな宅地の評価方法　■■■■■■■■■■■■■■■

　地積規模の大きな宅地の評価は、まず、**本章第2 5**までで説明したところにより、評価対象地が地積規模の大きな宅地ではないものとして評価額を算出します（第1段階）。次に、第1段階で算出された評価額に、評価対象地の所在場所と地積を基に計算した規模格差補正率を乗じて、評価対象地の評価額を求めます（第2段階）。

118   第4章　宅地の評価（自用地価額の評価）

　ア　第1段階

　路線価図により評価対象地の正面路線価等を確認し、奥行価格補正、側方路線影響加算、二方路線影響加算、三方路線影響加算、四方路線影響加算を行い、更に評価対象地が不整形地に該当する場合には、不整形地としての評価をします。

　イ　第2段階

　第1段階で求めた評価額に規模格差を乗じて、評価対象地の評価額を算定します（評価通20-2）。

　規模格差補正率は、次の算式により求めます。

（算式）

$$規模格差補正率 ＝ \frac{Ⓐ × Ⓑ ＋ Ⓒ}{地積規模の大きな宅地の地積（Ⓐ）} × 0.8$$

（注1）　算式中の「Ⓑ」及び「Ⓒ」は、地積規模の大きな宅地が所在する地域に応じ、それぞれ次に掲げる表のとおりです。

（注2）　算式により計算した規模格差補正率は、小数点以下第2位未満を切り捨てます。

（ア）　三大都市圏の所在する宅地

評価対象地の地積（m²）	Ⓑ	Ⓒ
500m²以上1,000m²未満	0.95	25
1,000m²以上3,000m²未満	0.90	75
3,000m²以上5,000m²未満	0.85	225
5,000m²以上	0.80	475

（イ）　三大都市圏以外の地域に所在する宅地

評価対象地の地積（m²）	Ⓑ	Ⓒ
1,000m²以上3,000m²未満	0.90	100
3,000m²以上5,000m²未満	0.85	250
5,000m²以上	0.80	500

（注）　「三大都市圏」とは次の地域をいいます。

　　①　首都圏整備法2条（（定義））3項に規定する既成市街地又は同条4項に規定する近郊整備地帯

　　②　近畿圏整備法2条（（定義））3項に規定する既成都市区域又は同条4項に規定する近郊整備区域

　　③　中部圏開発整備法2条（（定義））3項に規定する都市整備区域

◆地積規模の大きな宅地に該当し、かつ、無道路地である宅地の評価

　地積規模の大きな宅地に該当し、かつ、無道路地である宅地については、地積規模

第4章　宅地の評価（自用地価額の評価）　　119

の大きな宅地としての減額評価を行った後に、無道路地としての減額評価（**本章第2**　**6**参照）を行います（評基通20-3）。これは、無道路地に係る減額は、最小限度の通路開設する場合の通路相当部分の価額を控除する方法がとられているところ、無道路地に係る減額を地積規模の大きな宅地に係る減額より先に行うこととすると、結果的に最小限度の通路開設する場合の通路相当部分の価額の控除を行うことができなくなってしまうためです。

◆適用時期

　地積規模の大きな宅地の評価は、平成30年1月1日以後に相続、遺贈又は贈与により取得した宅地の評価に適用することとされています。

　なお、平成29年12月31日までに相続、遺贈又は贈与により取得した広大地については、平成29年9月20日課評2-46ほか「財産評価基本通達の一部改正について」（法令解釈通達）による廃止前の財産評価基本通達24-4《広大地の評価》が適用されます。

ケーススタディ

【ケース1】

Q　三大都市圏に所在する次の宅地は、どのように評価しますか。
　　なお、地積規模の大きな宅地に該当するための要件は満たしています。

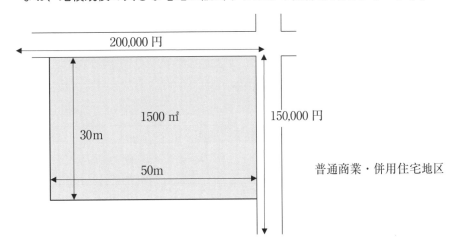

A　次のとおり計算します。
　(1)　規模格差補正率の計算

$$\text{規模格差補正率} = \frac{1{,}500\text{m}^2 \times 0.90 + 75}{1{,}500\text{m}^2} \times 0.8 = 0.76$$

(2) 評価額の計算

（正面路線価）（奥行価格補正率）（側方路線価）（奥行価格補正率）（側方路線影響加算率）
(200,000円 × 1.00 ＋ 150,000円 × 0.89 × 0.08)
（規模格差補正率）（地積）
× 0.76 × 1,500m²
＝ 240,175,200円

【ケース2】

Q 三大都市圏に所在する次の宅地は、どのように評価しますか。
なお、地積規模の大きな宅地に該当するための要件は満たしています。

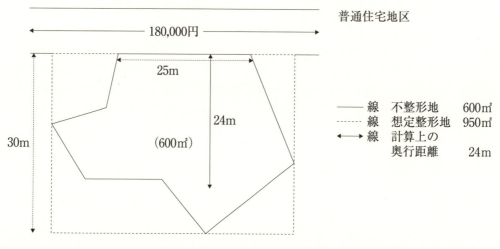

A 次のとおり計算します。

(1) 規模格差補正率の計算

$$規模格差補正率 = \frac{600m² \times 0.95 + 25}{600m²} \times 0.8 = 0.79$$

（小数点以下2位未満切捨て）

(2) 評価額の計算

① 不整形地補正まで行った評価額　98,280,000円

（本章第2 5 (4)【ケース2】参照）

② 規模格差補正率の適用

（規模格差補正率）
98,280,000円 × 0.79 ＝ 77,641,200円

第4章　宅地の評価（自用地価額の評価）　　121

8　がけ地等を有する宅地の評価

> **（1）　がけ地等を有する宅地の意義**
>
> 　がけ地等を有する宅地とは、自然のものであるか人工のものであるかを問わず、宅地の一部ががけ地や法面（がけ地等）となっており、その部分を宅地としての通常の用途に供することのできないものをいいます。
>
> **（2）　がけ地等を有する宅地の評価方法**
>
> 　がけ地等を有する宅地は、がけ地割合とがけ地の方位を基に定められたがけ地補正率により減額評価します。

（1）　がけ地等を有する宅地の意義 ■■■■■■■■■■■■■■■■■■

　がけ地等を有する宅地とは、宅地の一部ががけ地や法面（がけ地等）となっており、その部分を宅地としての通常の用途に供することのできないものをいいます。

　がけ地部分や法面は、自然のものであるか、宅地造成工事などにより生じた人工のものであるかを問いません。ただし、宅地と山林が隣接しており、その山林が傾斜地である場合など、平たんな宅地とその宅地に隣接する土地が評価単位を異にする場合には、宅地部分を単独で評価することとなりますので、「がけ地等を有する宅地」とはなりません。

　なお、本章第2 9 の土砂災害特別警戒区域内にある宅地に該当する場合には、「がけ地等を有する宅地」には該当しません（このような宅地は、 9 の土砂災害特別警戒区域内にある宅地の評価において、がけ地補正を織り込んだ調整計算をすることとされています。）。

（2）　がけ地等を有する宅地の評価方法 ■■■■■■■■■■■■■■■■■■

　がけ地等を有する宅地は、平たんな部分とがけ地等の部分を有していますが、がけ地等の部分は通常の宅地としての利用をすることができませんので、全体が平たんな標準的な宅地に比して、減価が生じていると考えられます。

　そこで、がけ地等で通常の用途に供することができないと認められる部分を有する

第4章　宅地の評価（自用地価額の評価）

　宅地の価額は、その宅地のうちに存するがけ地等ががけ地等でないとした場合の価額
に、その宅地の総地積に対するがけ地部分等通常の用途に供することができないと認
められる部分の地積の割合及びがけ地の方位に応じて「がけ地補正率表」に定める補
正率を乗じて計算した価額によって評価することとされています（評基通20-5・付表8）。
　（がけ地補正率表）

がけ地の方位　　がけ地地積／総地積	南	東	西	北
0.10以上	0.96	0.95	0.94	0.93
0.20 〃	0.92	0.91	0.90	0.88
0.30 〃	0.88	0.87	0.86	0.83
0.40 〃	0.85	0.84	0.82	0.78
0.50 〃	0.82	0.81	0.78	0.73
0.60 〃	0.79	0.77	0.74	0.68
0.70 〃	0.76	0.74	0.70	0.63
0.80 〃	0.73	0.70	0.66	0.58
0.90 〃	0.70	0.65	0.60	0.53

　（注）　がけ地の方位については、次により判定します。
　　　①　がけ地の方位は、斜面の向きによります。
　　　②　2方位以上のがけ地がある場合は、次の算式により計算した割合をがけ地補正率としま
　　　　す。

第4章　宅地の評価（自用地価額の評価）　　123

$$\frac{\begin{pmatrix}総地積に対するが\\け地部分の全地積\\の割合に応ずるA\\方位のがけ地補正\\率\end{pmatrix} \times \begin{matrix}A方位\\のがけ\\地の地\\積\end{matrix} + \begin{matrix}総地積に対するがけ\\地部分の全地積の割\\合に応ずるB方位の\\がけ地補正率\end{matrix} \times \begin{matrix}B方位\\のがけ\\地の地\\積\end{matrix} + \cdots\cdots}{がけ地部分の全地積}$$

③　この表に定められた方位に該当しない「東南斜面」などについては、がけ地の方位の東と南に応ずるがけ地補正率を平均して求めることとして差し支えないこととされています。

アドバイス

○がけ地等を有する宅地の評価と造成費の控除

　市街地農地や市街地山林などを評価する場合には、宅地造成費を控除します。宅地造成費は、評価対象地が平たんな土地であるか、あるいは傾斜地であるかにより定められています（第6章第1 6 (2)参照）。ところで、宅地の一部に傾斜部分がある場合に、宅地造成費をしている例がありますが、宅地となっている土地について宅地造成費の控除をすることはできませんので、注意する必要があります。

ケーススタディ

Q　次の宅地はどのように評価しますか。
　　なお、地積規模の大きな宅地には該当しません。

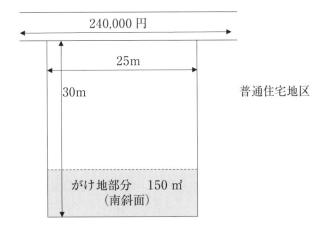

A 次のように評価します。

(1) がけ地部分がないものとした場合の評価額（1m²当たりの価額）

$$\underset{\substack{（路線価）\\240{,}000円}}{240{,}000円} \times \underset{\substack{（奥行距離30mの場合の奥行価格補正率）\\0.95}}{0.95} = 228{,}000円$$

(2) がけ地補正率

がけ地の方位　　南

$$がけ地割合 = \frac{がけ地部分の地積}{総地積} = \frac{150m²}{750m²} = 0.20$$

がけ地割合0.20に応ずる南方位のがけ地補正率　⇒　0.92

(3) 評価額

$$\underset{\substack{（1m²当たりの価額）\\228{,}000円}}{228{,}000円} \times \underset{\substack{（がけ地補正率）\\0.92}}{0.92} \times \underset{\substack{（地積）\\750m²}}{750m²} = 157{,}320{,}000円$$

9　土砂災害特別警戒区域内にある宅地の評価

> (1)　土砂災害特別警戒区域内にある宅地の意義
>
> 　土砂災害特別警戒区域内にある宅地とは、原則として、土砂災害警戒区域等における土砂災害防止対策の推進に関する法律に規定する土砂災害特別警戒区域内に存する宅地をいいます。
>
> (2)　土砂災害特別警戒区域内にある宅地の評価方法
>
> 　土砂災害特別警戒区域内となる部分を有する宅地の価額は、土砂災害特別警戒区域内となる部分がないものとして評価した場合の価額に、特別警戒区域補正率を乗じて計算した価額によって評価します。

(1)　土砂災害特別警戒区域内にある宅地の意義 ■■■■■■■■■■■

　土砂災害特別警戒区域内にある宅地とは、土砂災害警戒区域等における土砂災害防止対策の推進に関する法律9条1項に規定する土砂災害特別警戒区域の区域内に評価対象地の全部又は一部が存する場合のその評価対象地をいいます。

ただし、土砂災害特別警戒区域内にあった宅地であっても、土砂災害の防止のための工事が行われたことなどにより、土砂災害特別警戒区域の指定の理由が解消した場合には、土砂災害特別警戒区域の指定が解除されますので、以後は土砂災害特別警戒区域内にある宅地としての評価をすることができません。

　なお、土砂災害警戒区域等における土砂災害防止対策の推進に関する法律7条に規定する土砂災害警戒区域内にある宅地であっても土砂災害特別警戒区域内にない宅地については、宅地としての利用に法的な制限はないことから、土砂災害特別警戒区域内にある宅地の評価を適用することはできません。

(2)　土砂災害特別警戒区域内にある宅地の評価方法　■■■■■■■■■

　土砂災害特別警戒区域の指定を受けますと、その区域内の建築物には構造規制が課され、宅地としての通常の用途に制約が生じると認められます。そこで、土砂災害特別警戒区域内となる部分を有する宅地の価額は、その宅地のうち土砂災害特別警戒区域内となる部分が、土砂災害特別警戒区域内となる部分ではないものとした場合の価額に、その宅地の総地積に対する土砂災害特別警戒区域内となる部分の地積の割合に応じて、「特別警戒区域補正率表」に定める補正率を乗じて計算した価額によって評価します（評基通20-6・付表9）。

　なお、土砂災害特別警戒区域内にある宅地についての減額評価は、平成31年1月1日以後に相続、遺贈又は贈与により取得した宅地の評価に適用することとされています。
（特別警戒区域補正率表）

特別警戒区域の地積 ──────── 総地積	補正率
0.10以上	0.90
0.40 〃	0.80
0.70 〃	0.70

　（注）　がけ地補正率の適用がある場合には、この表により求めた補正率にがけ地補正率を乗じて得た数値を特別警戒区域補正率とし、その最小値は0.50とされています。

第4章　宅地の評価（自用地価額の評価）

ケーススタディ

【ケース1】

Q 次の宅地はどのように評価しますか。なお、地積規模の大きな宅地には該当しません。

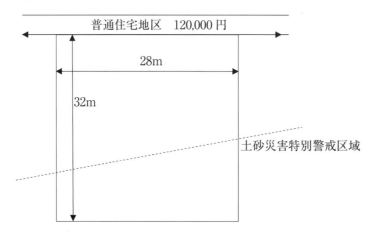

評価対象地の地積　896㎡
うち土砂災害特別警戒区域内となる部分の地積　290㎡

A 次のとおり評価します。
(1) 土砂災害特別警戒区域内の部分がないものとした場合の評価額（1㎡当たりの価額）

$$\underset{120,000円}{(路線価)} \times \underset{0.93}{(奥行距離32mの場合の奥行価格補正率)} = 111,600円$$

(2) 総地積に対する特別警戒区域となる部分の地積の割合

$$\frac{特別警戒区域の地積}{総地積} = \frac{290㎡}{896㎡} ≒ 0.32$$

総地積に対する特別警戒区域となる部分の地積の割合が0.32の場合の特別警戒区域補正率　⇒　0.90

(3) 評価額

$$\underset{111,600円}{(1㎡当たりの価額)} \times \underset{0.90}{(特別警戒区域補正率)} \times \underset{896㎡}{(地積)} = 89,994,240円$$

【ケース2】

Q 次の宅地はどのように評価しますか。なお、地積規模の大きな宅地には該当しません。

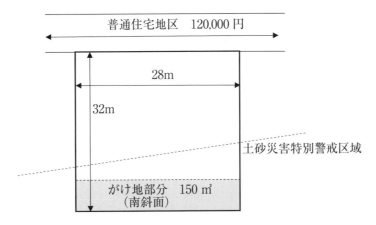

評価対象地の地積　896㎡
　うち土砂災害特別警戒区域内となる部分の地積　290㎡
　　　がけ地部分　　　　　　　　　　　　　　150㎡

A 次のとおり評価します。

(1) 土砂災害特別警戒区域内の部分及びがけ地がないものとした場合の評価額（1㎡当たりの価額）

$$\underset{120,000円}{(路線価)} \times \underset{0.93}{(奥行距離32mの場合の奥行価格補正率)} = 111,600円$$

(2) 総地積に対する特別警戒区域となる部分の地積の割合

$$\frac{特別警戒区域の地積}{総地積} = \frac{290m^2}{896m^2} ≒ 0.32$$

総地積に対する特別警戒区域となる部分の地積の割合が0.32の場合の特別警戒区域補正率（特別警戒区域補正率表の率）　⇒　0.90

(3) がけ地補正率

がけ地の方位　　南

$$がけ地割合 = \frac{がけ地部分の地積}{総地積} = \frac{150m^2}{896m^2} ≒ 0.16$$

がけ地割合0.16に応ずる南方位のがけ地補正率　⇒　0.96

(4) 特別警戒区域補正率

$$\underset{0.90}{(特別警戒区域補正率表の率)} \times \underset{0.96}{(南方位のがけ地補正率)} = \underset{(小数点以下2位未満切捨て)}{0.86}$$

(5) 評価額

$$\underset{111,600円}{(1㎡当たりの価額)} \times \underset{0.86}{(特別警戒区域補正率)} \times \underset{896m^2}{(地積)} = 85,994,496円$$

128　　第4章　宅地の評価（自用地価額の評価）

10　容積率の異なる2以上の地域にわたる宅地の評価

（1）　容積率の異なる2以上の地域にわたる宅地の意義

　　容積率の差異は土地の価額に大きな影響を与えることから、正面路線の路線価の評定の基となった容積率が評価対象地の全体に適用されないような場合には一定の調整計算が必要になります。

（2）　容積率の異なる2以上の地域にわたる宅地の評価方法

　　正面路線価の評定の基となった容積率とそれ以外の容積率について、それぞれの容積率が適用される地積に従って加重平均して求めた割合に、地区区分ごとに定められた「容積率が価額に及ぼす影響度」を乗じて、調整割合を計算します。

（1）　容積率の異なる2以上の地域にわたる宅地の意義　■■■■■■■■■■

　容積率（建築基準法52条に規定する建築物の延べ面積の敷地面積に対する割合をいいます。）の差異は土地の価額に大きな影響を与えますので、路線価は、その路線に面する地域の容積率を考慮して設定されています。ところで、例えば、1街区のうち表通り側と裏通り側とで異なった容積率が定められているような場合、表通り側の路線価は表通り側の高い容積率を基に評定されていますが、評価対象地が裏通り側の容積率の低い地域にもまたがっているとすると、評価対象地全体に対して高い容積率を適用することはできませんので、高い容積率を前提とした表通りに付された路線価をそのまま適用することは合理的とはいえません。

　そこで、容積率の異なる2以上の地域にわたる宅地の価額の評価に当たっては、その事情を考慮した調整計算が必要となります。

◆容積率

　建築基準法は、道路、公園、上下水道等の公共施設と建築物の規模との均衡を図り、その地域全体の環境を守るために、建築物の延べ面積の敷地面積に対する割合の最高限度（容積率）を定めています。これを容積率といいます。容積率には、都市計画に

第4章 宅地の評価（自用地価額の評価）　129

併せて指定されるもの（指定容積率）と建築基準法独自のもの（建築基準法52条2項に規定する基準容積率）とがあり、実際に適用される容積率は、これらのうちいずれか小さい方の容積率です。容積率の異なる2以上の地域にわたる宅地」の評価をする場合に適用する容積率も指定容積率と基準容積率のうちいずれか小さい方の容積率となります（国税庁HP・質疑応答事例・財産の評価「容積率の異なる2以上の地域にわたる宅地の評価(1)」）。

　なお、容積率の異なる2以上の地域にわたる宅地の評価は、減額調整方法としての統一基準を定めたものですから、減額割合の計算上は、容積率の制限を緩和する特例を定めた建築基準法に規定する基準容積率の特例（①特定道路との関係による容積率の制限の緩和、②都市計画道路がある場合の特例、③壁面線の指定がある場合の特例、④一定の条件を備えた建築物の場合の特例）は考慮する必要はありません（上記国税庁HP(注)）。

◆正面路線に接する部分の容積率が2以上ある場合

　1画地の宅地の正面路線に接する部分の容積率が2以上あっても、図のようにその正面路線に接する部分の容積率とは異なった容積率の部分がない場合には、「容積率の異なる2以上の地域にわたる宅地」の評価を行う必要はありません。

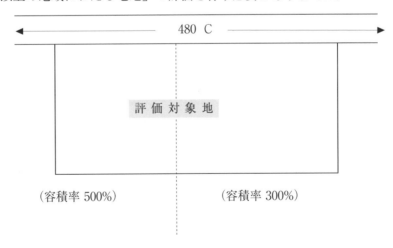

(2)　容積率の異なる2以上の地域にわたる宅地の評価方法　■■■■■■■

　容積率の異なる2以上の地域にわたる宅地の価額は、正面路線価に奥行価格補正を行い、側方路線影響加算、二方（三方、四方）路線影響加算、間口狭小補正及び奥行長大補正を行った後の価額（不整形地、地積規模の大きな宅地、無道路地、がけ地等を有する宅地に該当する場合には、それぞれの補正を行った後の価額）から、その価

額に次の算式により計算した割合を乗じて計算した金額を控除した価額によって評価します（評基通20-7）。

$$\left(1 - \frac{容積率の異なる部分の各部分に適用される容積率にその各部分の地積を乗じて計算した数値の合計}{正面路線に接する部分の容積率 \times 宅地の総地積}\right) \times 容積率が価額に及ぼす影響度$$

（注）　算式により計算した割合は、小数点以下第3位未満の端数を四捨五入します。

算式の「容積率が価額に及ぼす影響度」は、評価対象地の存する地区区分に応じ次のとおり定められています。

（容積率が価額に及ぼす影響度）

地区区分	影響度
高度商業地区、繁華街地区	0.8
普通商業・併用住宅地区	0.5
普通住宅地区	0.1

◆正面路線に接する部分の容積率が奥側の容積率より低い場合

正面路線に接する部分の容積率が他の部分の容積率よりも低い宅地の場合には、上記の算式により計算した割合が負数となりますが、このような場合には、容積率の異なる2以上の地域にわたる宅地としての評価を行いません（評基通20-7(注)2）。

◆算式を適用した場合に正面路線以外の路線を基に評価した価額を下回ることとなる場合

2以上の路線に接する宅地について正面路線の路線価に奥行価格補正率を乗じて計算した価額からその価額に上記の算式により計算した割合を乗じて計算した金額を控除した価額が、正面路線以外の路線の路線価に奥行価格補正率を乗じて計算した価額を下回る場合におけるその宅地の価額は、それらのうち最も高い価額となる路線を正面路線とみなして奥行価格補正を行い、側方路線影響加算、二方（三方、四方）路線影響加算、間口狭小補正及び奥行長大補正を行った後の価額（不整形地、地積規模の大きな宅地、無道路地、がけ地等を有する宅地に該当する場合には、それぞれの補正

第4章　宅地の評価（自用地価額の評価）　131

を行った後の価額）によって評価します（評基通20-7(注)3）。

なお、この場合、奥行価格補正等を行うに当たっては、正面路線とみなした路線の地区区分によります。

ケーススタディ

Q 次の宅地はどのように評価しますか。

なお、指定容積率の方が基準容積率よりも小さいものとします。

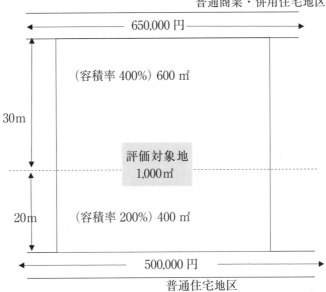

（注）　地積規模の大きな宅地には該当しません。

A 次のように評価します。

(1) 容積率の異なる2以上の地域にわたる宅地としての減額前の価額

$$\underset{650{,}000円}{(正面路線価)} \times \underset{0.89}{(奥行価格補正)} = 578{,}500円$$

$$\underset{500{,}000円}{(裏面路線価)} \times \underset{0.89}{(奥行価格補正)} \times \underset{0.05}{(二方路線影響加算)} = 22{,}250円$$

$$578{,}500円 + \underset{22{,}250円}{(加算額)} = 600{,}750円$$

$$\underset{600{,}750円}{(1m^2当たりの価額)} \times \underset{1{,}000m^2}{(地積)} = 600{,}750{,}000円$$

(2)　減額調整率の計算

$$\left(1 - \frac{400\% \times 600\text{m}^2 + 200\% \times 400\text{m}^2}{400\% \times 1,000\text{m}^2}\right) \times 0.5 = 0.1$$

(3)　評価対象地の評価額

600,750,000円 － 600,750,000円 × 0.1 ＝ 540,675,000円

第3 倍率方式による宅地の評価

<フローチャート～倍率方式による宅地の評価>

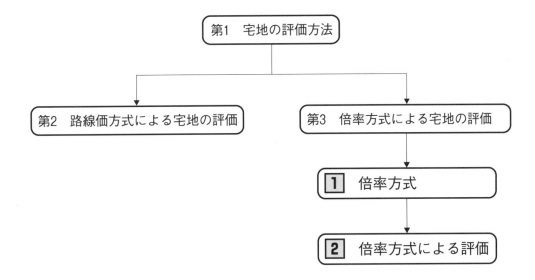

1 倍率方式

　市街地的形態を形成する地域にある宅地は、**本章第2**で説明した路線価方式により評価しますが、それ以外の宅地は、倍率方式により評価します（評基通11）。

　倍率方式とは、固定資産税評価額に、国税局長が一定の地域ごとにその地域の実情に即するように定める倍率を乗じて計算した金額によって評価する方式をいいます（評基通21）。

◆固定資産税評価額

　固定資産税評価額とは、地方税法381条の規定により土地課税台帳若しくは土地補充課税台帳（同条8項の規定により土地補充課税台帳とみなされるものを含みます。）に登録された基準年度の価格又は比準価格をいいます。固定資産税額を算出するために固定資産税の税率を乗ずる課税標準額とは異なりますので注意してください。

2 倍率方式による評価

　倍率方式により評価する宅地の価額は、その宅地の固定資産税評価額に地価事情の類似する地域ごとに、その地域にある宅地の売買実例価額、公示価格、不動産鑑定士等による鑑定評価額、精通者意見価格等を基として、毎年、国税局長の定める倍率を乗じて計算した金額によって評価します（評基通21-2）。

第4章　宅地の評価（自用地価額の評価）　　135

令和1年分　　倍　率　表　　1頁

市区町村名：宇治市　　　　　　　　　　　　　　宇治税務署

音順	町（丁目）又は大字名	適用地域名	借地権割合	固定資産税評価額に乗ずる倍率等						
			%	宅地	田	畑	山林	原野	牧場	池沼
い	池尾	全域	30	1.1	中 12	中 16	純 6.2	純 6.2	—	—
	伊勢田町	市街化区域	—	路線	比準	比準	比準	比準	—	—
		市街化調整区域								
		1　農用地区域								
		（1）中遊田，西遊田		—	純 28	純 37	—	—	—	—
		（2）上記以外の地域		—	純 28	純 36	—	—	—	—
		2　上記以外の区域								
		（1）中遊田，西遊田	50	1.0	中 38	中 48	—	—	—	—
		（2）上記以外の地域	50	1.0	中 39	中 47	—	—	—	—
う	宇治	市街化区域	—	路線	比準	比準	比準	比準	—	—
		市街化調整区域								
		1　農用地区域		—	純 17	純 19	—	—	—	—
		2　上記以外の区域								
		（1）紅斉，山王	50	1.1	—	—	純 17	純 17	—	—
		（2）大谷，折居，金井戸	50	1.1	—	—	純 10	純 10	—	—
		（3）塔川，半白，山田	50	1.1	中 29	中 25	純 9.6	純 9.6	—	—
		（4）上記以外の地域	50	1.1	中 28	中 35	純 9.5	純 9.5	—	—
お	大久保町	全域	—	路線	比準	比準	比準	比準	—	—
	小倉町	市街化区域	—	路線	比準	比準	比準	比準	—	—
		市街化調整区域								
		1　農用地区域								
		（1）新田島，蓮池，堀池		—	純 24	純 37	—	—	—	—
		（2）上記以外の地域		—	純 26	純 37	—	—	—	—
		2　上記以外の区域								
		（1）新田島，蓮池，堀池	50	1.0	中 38	中 48	—	—	—	—
		（2）上記以外の地域	50	1.0	中 40	中 49	—	—	—	—
	折居台1～4丁目	全域	—	路線	比準	比準	比準	比準	—	—
こ	木幡	市街化区域	—	路線	比準	比準	比準	比準	—	—

　　宇治市宇治の市街化調整区域の農用地区域以外の区域の宅地の評価倍率は「1.1倍」となります。

◆固定資産課税台帳の地積と実際の地積が相違する場合

　倍率方式において、倍率を乗じる固定資産税評価額は、固定資産課税台帳の地積（原則として登記簿上の地積）を基に付されています。この固定資産課税台帳上の地積が実際の地積と異なる場合には、実際の地積に基づいて固定資産税評価額が付されたとした場合の価額を求め、その価額に倍率を乗じて評価します。

　実際の地積に基づいて固定資産税評価額が付されたとした場合の価額は次の算式により求めることができます（国税庁HP・質疑応答事例・財産の評価「倍率方式によって評価する土地の実際の面積が台帳地積と異なる場合の取扱い」）。

$$\text{その土地の固定資産税評価額} \times \frac{\text{実際の面積}}{\text{固定資産課税台帳に登録されている地積}}$$

ケーススタディ

Q 　甲土地の平成31年度（令和元年度）の固定資産税評価明細書によると、地積は420.00㎡で固定資産税評価額は11,760,000円となっています。しかし、相続税の申告に当たり、この土地を実測したところ、地積が480.00㎡あることがわかりました。令和元年分の評価基準書（倍率表）によると甲土地の所在する地域の宅地の評価倍率は1.1ですが、相続税の課税価格の計算上、甲土地の評価額はどのように計算すればよいでしょうか。

A 　甲土地の評価額は次のように計算します。

$$\underset{\substack{\text{(固定資産税評価額)}\\11,760,000円}}{} \times \frac{\underset{\text{(実際の地積)}}{504.00㎡}}{\underset{\substack{\text{(固定資産課税台帳に}\\\text{登録されている地積)}}}{420.00㎡}} \times \underset{\substack{\text{(評価倍率)}\\1.1}}{} = \underset{\substack{\text{(甲土地の評価額)}\\15,523,200円}}{}$$

◆地積規模の大きな宅地の評価

　路線価地域に所在する地積規模の大きな宅地は、その宅地が地積規模の大きな宅地ではないものとして計算した価額に規模格差補正率を乗じて計算した価額によって評価することとされています（**本章第2 7 参照**）が、倍率方式により評価する地域（倍率

第4章　宅地の評価（自用地価額の評価）　　137

地域）に所在する地積規模の大きな宅地の価額についても、地積規模の大きな宅地としての評価減をすることができます。

　すなわち、倍率地域にある評価対象地が地積規模の大きな宅地に該当する場合には、その評価対象地が標準的な間口距離及び奥行距離を有する宅地であるとした場合の1m²当たりの価額を路線価とし、かつ、その評価対象地が普通住宅地区に所在するものとして路線価方式における地積規模の大きな宅地の評価方法に準じて計算した価額によって評価します（評基通21-2ただし書）。ただし、路線価地域における地積規模の大きな宅地の評価方法に準じて計算した価額が、倍率地域における原則的な評価方法により評価した価額（固定資産税評価額に評価倍率を乗じて求めた価額）を上回る場合には、原則的な評価方法により評価します。

　なお、地積規模の大きな宅地であっても、大規模工場用地（本章第4 8 参照）に該当する宅地については、地積規模の大きな宅地としての減額評価をすることはできません（評基通21-2ただし書のかっこ書）。

◆「その宅地が標準的な間口距離及び奥行距離を有する宅地であるとした場合の1m²当たりの価額」

　倍率地域に所在する評価対象地を地積規模の大きな宅地として評価する場合の「その宅地が標準的な間口距離及び奥行距離を有する宅地であるとした場合の1m²当たりの価額」は、付近にある標準的な画地規模を有する宅地の価額との均衡を考慮して算定する必要があります。具体的には、評価対象となる宅地の近傍の固定資産税評価に係る標準宅地の1m²当たりの価額を基に計算することが考えられますが、当該標準宅地が固定資産税評価に係る各種補正の適用を受ける場合には、その適用がないものとしたときの1m²当たりの価額に基づき計算します（国税庁HP・質疑応答事例・財産の評価「地積規模の大きな宅地の評価－倍率地域に所在する場合の評価方法」）。

$$\boxed{\text{ケーススタディ}}$$

Q　三大都市圏の倍率地域に所在する次の宅地（地積規模の大きな宅地に該当します）の価額はどのように評価しますか。

　　地積　　2,500m²

奥行距離　50m

評価対象地の固定資産税評価額　87,000,000円

固定資産税評価額に乗ずる倍率　1.1倍

近傍の固定資産税評価における標準宅地の価額　50,000円/m²

A 地積規模の大きな宅地に該当しますので、次のとおり評価します。

(1)　標準的な1m²当たりの価額

（標準宅地の1m²当たりの価額）　（倍率）
　　　50,000円　　　　　× 1.1 ＝ 55,000円

(2)　規模格差補正率

$$\frac{2,500\text{m}^2 \times 0.90 + 75}{2,500\text{m}^2} \times 0.8 = 0.74$$

（注）　小数点以下第2位未満を切り捨てます。

(3)　評価額の計算

（標準的な宅
地の価額）　　（奥行価格補正率）　（規模格差補正率）　　（地積）
　55,000円　×　　0.89　　×　　0.74　　× 2,500m² ＝ 90,557,500円

（注）　奥行価格補正率は、普通住宅地区の補正率を使用します。

(4)　倍率評価方式により通常の計算した価額

（固定資産税評価額）　（倍率）
　87,000,000円　× 1.1 ＝ 95,700,000円

(5)　評価対象地の評価額

(4)により求めた価額が(3)により求めた価額を上回りますので、評価対象地の評価額は、(3)により求めた価額（90,557,500円）となります。

┌─────────── アドバイス ───────────┐

○路線価地域に接する倍率地域の宅地

　路線価地域と倍率地域の境界にある道路に路線価が付されている場合、その路線価により、倍率地域の宅地を評価することはできません。評価対象地がいずれの地域に所在するのか、評価倍率表及び都市計画図により確認する必要があります。

　下の図の評価対象地は、路線価の付されている道路に面していますが、倍率地域に所在しますので、この路線価を基に評価することはできません。

第4章 宅地の評価（自用地価額の評価）

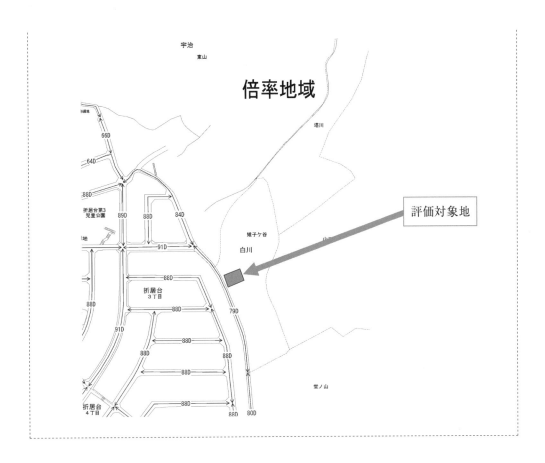

第4　個別事情に応じた評価

＜フローチャート～個別事情に応じた評価＞

```
┌─────────────────────────┐ ┌─────────────────────────┐
│第2　路線価方式による宅地の評価│ │第3　倍率方式による宅地の評価│
└─────────────────────────┘ └─────────────────────────┘
             │                           │
             └───────────┬───────────────┘
                         ↓
        ┌─────────────────────────┐
        │第4　個別事情に応じた評価    │
        └─────────────────────────┘
```

1 私道の評価	2 セットバックを必要とする宅地の評価	3 都市計画道路予定地の区域内にある宅地の評価	4 土地区画整理事業施行中の宅地の評価
(1) 私道の意義	(1) セットバックを必要とする宅地	(1) 都市計画道路予定地の区域内にある宅地	(1) 仮換地が指定されている場合（原則的な評価方法）
(2) 私道の評価方法	(2) セットバックを必要とする宅地の評価方法	(2) 都市計画道路予定地の区域内にある宅地の評価方法	(2) 仮換地が指定されている場合（例外的な評価方法）
(3) 歩道状空地の評価			(3) 仮換地が指定されていない場合

第4章　宅地の評価（自用地価額の評価）　　141

```
┌──────────┬──────────┬──────────┬──────────┐
↓          ↓          ↓          ↓
```

5 造成中の宅地の評価

6 余剰容積率の移転がある場合の宅地の評価
(1) 余剰容積率の移転
(2) 余剰容積率の移転がある場合の宅地の評価方法

7 農業用施設用地の評価
(1) 農業用施設用地の意義
(2) 農業用施設用地の評価方法

8 大規模工場用地の評価
(1) 大規模工場用地の意義
(2) 大規模工場用地の評価方法

```
┌──────────┬──────────┬──────────┬──────────┐
↓          ↓          ↓          ↓
```

9 文化財建造物である家屋の敷地の用に供されている宅地の評価

10 利用価値の著しく低下している宅地の評価

11 土地汚染地の評価
(1) 土壌汚染地の意義
(2) 土壌汚染地の評価方法

12 周知の埋蔵文化財包蔵地の評価
(1) 周知の埋蔵文化財包蔵地の意義
(2) 周知の埋蔵文化財包蔵地の評価方法

1 私道の評価

> (1) 私道の意義
>   私道とは、建築基準法上の道路のうち私人が所有し、維持管理するものをいいます。
> (2) 私道の評価方法
>   特定の者の通行の用に供されている私道の価額は、その私道が私道ではないものとして路線価方式又は倍率方式で評価した価額の30％に相当する金額によって評価します。また、不特定多数の者の通行の用に供されている私道の価額は評価しないこととされています。
> (3) 歩道状空地の評価
>   私道の評価に準じて評価します。

(1) 私道の意義

　私道とは、建築基準法上の道路のうち私人が所有し、維持管理するものをいいます。なお、自己の通行の用にのみ供されている通路は、ここでいう私道には当たりません。次の図の①の部分のように、宅地②への通路として専用利用している路地状敷地については、私道として評価することはせず、隣接する宅地②とともに1画地の宅地として評価します。

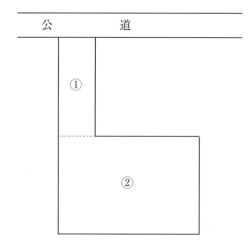

(2) 私道の評価方法 ■■■■■■■■■■■■■■■■■■■■■■■■■

　私道については、第三者の通行を容認しなければならず、その通行を妨げる行為をすることはできません。また、その廃止や変更も制限されています。このような点を考慮して、私道ではないものとして評価した価額から一定の減額評価をすることとされています。

　ア　特定の者の通行の用に供されている私道（イに掲げる私道以外の私道）

　特定の者の通行の用に供されている私道の価額は、その私道が私道ではないものとして路線価方式又は倍率方式で評価した価額の30％に相当する金額によって評価することとされています（評基通24）。

　イ　不特定多数の者の通行の用に供されている私道

　不特定多数の者の通行の用に供されている私道の価額は評価しないこととされています（評基通24）。

　不特定多数の者の通行の用に供されている私道とは、一般に次のような私道をいいます（国税庁HP・質疑応答事例・財産の評価「不特定多数の者の通行の用に供されている私道」）。

① 　公道から公道へ通り抜けできる私道

② 　行き止まりの私道であっても、その私道を通行して不特定多数の者が地域等の集会所、地域センター又は公園などの公共施設や商店街等に出入りしている場合などにおけるその私道

③ 　私道の一部に公共バスの転回場や停留所が設けられており、不特定多数の者が利用している場合などのその私道

◆私道に特定路線価が設定されている場合

　私道の価額は、私道である評価対象地の正面路線価を基として評価しますが、その私道に特定路線価が設定されている場合には、次により評価することができます（国税庁HP・タックスアンサー・No. 4622「私道の評価」）。

　特定路線価 × 0.3 × 私道の地積

$$\boxed{\text{ケーススタディ}}$$

Q 　次の私道はどのように評価しますか。

144　第4章　宅地の評価（自用地価額の評価）

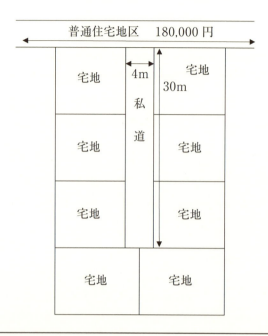

A 次のように評価します。

(1) 私道としての減額評価をする前の1m²当たりの価額

　　（路線価）　（奥行価格補正率）　（間口狭小補正率）　（奥行長大補正率）
　　180,000円 ×　　0.96　　×　　0.94　　×　　0.90　　= 146,188円

(2) 私道の減額評価をした後の1m²当たりの価額

　　　　　　　　　（私道の評価割合）
　　146,188円 ×　　0.3　　= 43,856円

(3) 評価対象地の価額

　　　　　　　　（地積）
　　43,856円 × 120m² = 5,262,720円

　（注）　この私道に特定路線価（145,000円）が設定されている場合には、この特定路線価を基に、次のように評価することができます。

　　　（特定路線価）　（私道の評価割合）　（地積）
　　　　145,000円 ×　　0.3　　× 120m² = 5,220,000円

(3) 歩道状空地の評価

　都市計画法所定の開発行為の許可を受けるために地方公共団体の指導要綱等を踏まえた行政指導によって設置された「歩道状空地」の用に供されている宅地については、法令上の制約の有無のみならず、その宅地の位置関係、形状等やその利用状況、これらを踏まえた他の用途への転用の難易等に照らし、客観的交換価値に低下が認められる場合には、その宅地を財産評価基本通達24に基づき評価します（国税庁HP・質疑応答

事例・財産の評価「歩道状空地の用に供されている宅地の評価」、最判平29・2・28判時2336・28)。

　具体的には、①都市計画法所定の開発行為の許可を受けるために、地方公共団体の指導要綱等を踏まえた行政指導によって整備され、②道路に沿って、歩道としてインターロッキングなどの舗装が施されたものであり、③居住者等以外の第三者による自由な通行の用に供されている歩道状空地の場合には、私道の評価に準じて評価することとなります。

　なお、「歩道状空地」が、不特定多数の者の通行の用に供されている場合には、その価額は評価しません。

◆公開空地の評価

　建築基準法59条の2の規定に基づくいわゆる総合設計制度により容積率の割増しを受け建物を建築する場合には、敷地内に一定の空地を設け、日常一般に公開することが許可の基準となっています。この空地部分を公開空地といいます。

　相続税等における財産評価上、この公開空地は、建物を建てるために必要な敷地を構成するものですから、公開されていることを理由に減額評価をすることはできず、通常の建物の敷地として評価することとなります(国税庁HP・質疑応答事例・財産の評価「公開空地のある宅地の評価」)。

2　セットバックを必要とする宅地の評価

(1)　セットバックを必要とする宅地

　幅員4m未満の道で、特定行政庁の指定を受けたもの(いわゆる2項道路)は、建築基準法上の道路とみなされますが、この指定を受けた道路に面する宅地は、その道路の中心線から左右に2mずつ後退した線がその道路の境界線とみなされ、将来、建物の建替え、増改築などを行う場合には、その境界線まで後退し、後退した部分を道路敷きとして提供しなければなりません。このような宅地をセットバックを必要とする土地といいます。

(2)　セットバックを必要とする宅地の評価方法

　建築基準法42条2項に規定する道路に面しており、将来、建物の建替え時等に同法の規定に基づき道路敷きとして提供しなければならない部分を有する宅地の価額は、その宅地について道路敷きとして提供する必要がないものとした場合の価額から、一定の割合を乗じて計算した金額を控除した

価額によって評価します。

（1） セットバックを必要とする宅地 ■■■■■■■■■■■■■■■■■

　建築基準法上の道路は、原則として幅員4m以上のものをいいます（建基42①）が、建築基準法の施行等により同法が適用されるに至った際に、現に建築物が立ち並んでいる幅員4m未満の道で、特定行政庁の指定を受けたもの（いわゆる2項道路）は、建築基準法上の道路とみなされます（建基42②）。この指定を受けた道路に面する宅地は、その道路の中心線から左右に2mずつ後退した線（ただし、当該道がその中心線からの水平距離2m未満で崖地、川、線路敷地その他これらに類するものに沿う場合においては、当該崖地等の道の側の境界線及びその境界線から道の側に水平距離4mの線）がその道路の境界線とみなされます（建基42②）。そのため、将来、建物の建替え、増改築などを行う場合には、その境界線まで後退して、後退した部分を道路敷きとして提供しなければなりません。このような宅地をセットバックを必要とする土地といいます。

（2） セットバックを必要とする宅地の評価方法 ■■■■■■■■■■■■

　セットバックを必要とする宅地は、建築物が存在する現状においては利用上の制限はありませんが、将来、建替えや増改築の際にはセットバック部分を建築物の敷地として利用することができませんので、セットバックを必要としない宅地に比して減価することになります。

　そこで、建築基準法42条2項に規定する道路に面しており、将来、建物の建替え時等に同法の規定に基づき道路敷きとして提供しなければならない部分を有する宅地の価額は、その宅地について道路敷きとして提供する必要がないものとした場合の価額から、その価額に次の算式により計算した割合を乗じて計算した金額を控除した価額によって評価します（評基通24-6）。

$$\frac{\text{将来、建物の建替え時等に道路敷きとして}}{\text{宅地の総地積}} \times 0.7$$

（将来、建物の建替え時等に道路敷きとして提供しなければならない部分の地積）

◆既にセットバックを了した宅地の評価

　セットバックを必要とする宅地上の建物の建替え等を行い、その際に既にセットバックを了している場合、セットバック部分は建築基準法上の道路であるため、所有権が存する場合には、建築物の敷地とは別に私道として評価します。すなわち、セットバック部分は私道ではないものとして計算した価額の30％に相当する価額により評価

第4章　宅地の評価（自用地価額の評価）　147

することとなります。

なお、セットバック部分が不特定多数の者の通行の用に供されている場合には、当該セットバック部分は評価しません。

アドバイス

○セットバックを終えた宅地の確認

　セットバックを了している宅地のうちセットバック部分は、私道として評価しますが、セットバック部分が分筆されずに、登記上、建物の敷地部分と一体となっている場合があります。そのため、現地確認や道路図との照合を確実に行って評価誤りのないように注意する必要があります。

ケーススタディ

Q　セットバックを必要とする部分を有する次の図の評価対象地は、どのように評価しますか。

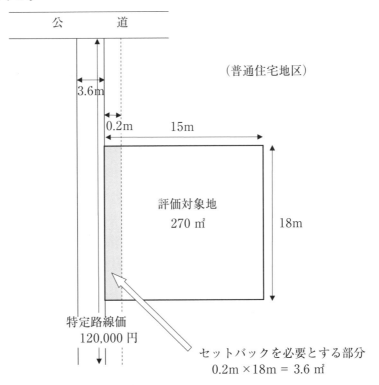

148　　第4章　宅地の評価（自用地価額の評価）

A　次のように評価します。

（1）　セットバックを必要とする部分がないものとした場合の価額

（特定路線価）　　（奥行価格補正率）　　（地積）
120,000円　×　　　1.00　　　×　270m² ＝ 32,400,000円

（2）　評価対象地の評価額

（道路敷きとして提供しなければならない部分の地積）

$$32{,}400{,}000円 － 32{,}400{,}000円 × \frac{3.6m²}{270m²} × 0.7 ＝ 32{,}097{,}600円$$

3　都市計画道路予定地の区域内にある宅地の評価

（1）　都市計画道路予定地の区域内にある宅地

　都市計画施設のうち道路の予定地の区域内となる部分を有する宅地をいいます。

（2）　都市計画道路予定地の区域内にある宅地の評価方法

　都市計画道路予定地の区域内となる部分が都市計画道路予定地の区域内となる部分でないものとした場合の価額に、一定の補正率を乗じて計算した価額によって評価します。

（1）　都市計画道路予定地の区域内にある宅地 ■■■■■■■■■■■■

　都市計画法4条6項に規定する都市計画施設のうち道路の予定地の区域内となる部分を有する宅地を都市計画道路予定地の区域内にある宅地といいます。

（2）　都市計画道路予定地の区域内にある宅地の評価方法 ■■■■■■■

　都市計画道路予定地の区域内にある宅地の価額は、その宅地のうちの都市計画道路予定地の区域内となる部分が都市計画道路予定地の区域内となる部分でないものとし

第4章　宅地の評価（自用地価額の評価）　　149

た場合の価額に、次表の地区区分、容積率、地積割合の別に応じて定める補正率を乗じて計算した価額によって評価します（評基通24-7）。

（補正率表）

地区区分　　容積率　　地積割合	ビル街地区、高度商業地区			繁華街地区、普通商業・併用住宅地区			普通住宅地区、中小工場地区、大工場地区	
	600%未満	600%以上700%未満	700%以上	300%未満	300%以上400%未満	400%以上	200%未満	200%以上
30%未満	0.91	0.88	0.85	0.97	0.94	0.91	0.99	0.97
30%以上60%未満	0.82	0.76	0.70	0.94	0.88	0.82	0.98	0.94
60%以上	0.70	0.60	0.50	0.90	0.80	0.70	0.97	0.90

（注）　地積割合とは、その宅地の総地積に対する都市計画道路予定地の部分の地積の割合をいいます。

◆道路以外の都市計画施設の予定地となっている宅地の評価

　道路以外の都市計画施設の予定地についても、都市計画道路予定地と同様の制限はありますが、都市計画決定から事業認可までの期間が短期間である場合には、近いうちに時価による買取りが見込まれますので、大きな減価は生じていないと考えられます。

　しかしながら、都市計画施設である交通施設や公共用地の予定地については、計画決定がされたもののその後長期間にわたり事業の認可等がなされないことがあります。このような都市計画施設の予定地については、都市計画道路予定地内の区域内にある宅地の評価方法に準じた評価をすることができます（北村厚『平成30年版　財産評価基本通達逐条解説』177頁（大蔵財務協会、2018））。

ケーススタディ

Q　次の宅地はどのように評価しますか。

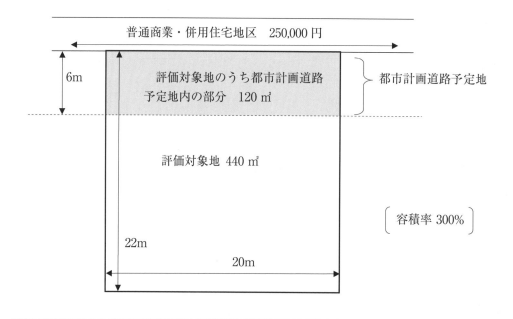

A 次のように評価します。

(1) 都市計画道路予定地内の部分がないものとした場合の評価額
　　（特定路線価）　（奥行価格補正率）　（地積）
　　250,000円　×　　1.00　　× 440m² ＝ 110,000,000円

(2) 補正率の算定

　㋐ 地積割合の算定

　　$\dfrac{120\text{m}^2}{440\text{m}^2} ≒ 27.2\%$

　㋑ 補正率

　　地区区分　普通商業・併用住宅地区

　　容積率　　300％

　　地積割合　27.2％

　　　⇩

　　補正率　0.94

　　　（補正率表により確認します。）

(3) 評価対象地の評価額
　　　　　　　　（補正率）
　　110,000,000円 × 　0.94　 ＝ 103,400,000円

第4章　宅地の評価（自用地価額の評価）　　　151

4　土地区画整理事業施行中の宅地の評価

（1）　仮換地が指定されている場合（原則的な評価方法）

　　原則として、路線価方式又は倍率方式により計算したその仮換地の価額に相当する価額によって評価します。ただし、工事が完了するまでの期間が1年を超えると見込まれる場合の仮換地の価額に相当する価額は、その仮換地について造成工事が完了したものとして評価した価額から5％相当額を減額した後の金額により評価します。

（2）　仮換地が指定されている場合（例外的な評価方法）

　　仮換地が指定されている場合であっても、その仮換地について使用又は収益を開始することができず、かつ、仮換地の造成工事が行われていないときには、従前の宅地の価額により評価します。

（3）　仮換地が指定されていない場合

　　土地区画整理事業の施行区域内にあることを考慮せずに評価します。

（1）　仮換地が指定されている場合（原則的な評価方法）　■ ■ ■ ■ ■ ■ ■

　　土地区画整理事業（土地区画整理法2条1項又は2項に規定する土地区画整理事業をいいます。）の施行地区内にある宅地について、土地区画整理法98条の規定に基づき仮換地が指定されている場合におけるその宅地（従前地又は従前の宅地といいます。）の価額は、路線価方式又は倍率方式により計算したその仮換地の価額に相当する価額によって評価します（評基通24-2）。

　　ただし、その仮換地の造成工事が施工中で、当該工事が完了するまでの期間が1年を超えると見込まれる場合の仮換地の価額に相当する価額は、その仮換地について造成工事が完了したものとして、上記により評価した価額からその5％相当額を減額した後の金額によって評価します（評基通24-2ただし書）。

◆換地処分により清算金の徴収又は交付が見込まれる場合

　　換地処分の公告前において、換地処分が行われる際に徴収されることとなる清算金のうち、課税時期において確実と見込まれるものがあるときには、その金額を仮換地の価額から減算します（清算金は、従前地と換地の価額の過不足を清算するものです。換地処分の公告前には、評価対象地は従前地であるため、従前地の価額は、仮換地の

価額から徴収される清算金の額を控除した価額となります。)。

また、換地処分の公告前において、換地処分が行われる際に交付されることとなる清算金のうち、課税時期において確実と見込まれるものがあるときには、その金額を仮換地の価額に加算して評価します（従前地の価額は、仮換地の価額に交付を受ける清算金の額を加算した価額となります。)。

なお、換地処分の公告によって清算金の金額が確定した場合、徴収されることとなる交付金は債務に、交付を受けることとなる清算金は債権になりますので、土地の評価には影響しないこととなります。

(2)　仮換地が指定されている場合（例外的な評価方法）■■■■■■

仮換地が指定されている場合であっても、次のいずれにも該当するときには、従前の宅地の価額により評価します（評基通24-2(注)）。

①　土地区画整理法99条2項の規定により、仮換地について使用又は収益を開始する日を別に定めるとされているため、当該仮換地について使用又は収益を開始することができないこと。

②　仮換地の造成工事が行われていないこと。

この場合、仮換地の指定後においても、造成工事の着工がされておらず、従前の宅地を利用しているときには、利用上の制約を考慮する必要がないことから、上記(1)のただし書による5％の減額評価をすることはできません（北村厚『平成30年版　財産評価基本通達逐条解説』163頁（大蔵財務協会、2018)）。

(3)　仮換地が指定されていない場合 ■■■■■■■■■■■■■■■■■

特別の評価方法は定められていません。したがって、評価対象地について、土地区画整理事業の施行区域内にあることを考慮せずに評価します。

◆個別評価の申出

土地区画整理事業が施行されている区域について、財産評価基準書の表示が「個別評価」と表示されているため、路線価等を基に評価することができないことがあります。このような場合、相続税又は贈与税の申告のために個別評価の評定が必要となる者は、その土地の評価について税務署長に申し出ることができます（**本章第2 1 (3)「◆土地区画整理事業等の施行中の地区の表示」**参照。)。

第4章　宅地の評価（自用地価額の評価）　　153

5　造成中の宅地の評価

　造成中の宅地の価額は、その土地の造成工事着手直前の地目により評価した課税時期における価額に、その宅地の造成に係る費用現価の80％に相当する金額を加算した金額によって評価します（評基通24-3）。

　「その宅地の造成に係る費用現価」とは、課税時期までに評価対象地の造成のために投下した埋立て費、土盛り費、土止め費、地ならし費などの費用の額を課税時期の価額に引き直した額の合計額をいいます（国税庁HP・質疑応答事例・財産の評価「造成中の宅地の評価」）。

6　余剰容積率の移転がある場合の宅地の評価

（1）　余剰容積率の移転

　容積率の制限に満たない延べ面積の建築物が存する宅地（余剰容積率を有する宅地）で、評価対象地以外の宅地に容積率の制限を超える延べ面積の建築物を建築することを目的とし、区分地上権、地役権、賃借権を設定するなどにより建築物の建築に関する制限が存している宅地を「余剰容積率を移転している宅地」といい、余剰容積率を有する宅地に区分地上権、地役権、賃借権の設定を行うなどの方法により建築物の建築に関する制限をすることによって容積率の制限を超える延べ面積の建築物を建築している宅地を「余剰容積率の移転を受けている宅地」といいます。

（2）　余剰容積率の移転がある場合の宅地の評価方法

　余剰容積率を移転している宅地又は余剰容積率の移転を受けている宅地の価額は、原則として、余剰容積率を移転がないものとして評価したその宅地の価額を基に、設定に係る権利の内容、建築物の建築制限の内容等を勘案して評価することとされています。ただし、実務上は、一定の算式に基づいて評価することが認められています。

（1）　余剰容積率の移転 ■■■■■■■■■■■■■■■■■■■■■■■■■■■

建物の容積率は、都市計画又は前面道路の幅員に基づいて定められた容積率を超え

ることはできません（建基52①②）。しかし、高度利用が図られる都市部においては、定められた容積率に満たない建物の敷地の未利用の容積率を隣接地に移転することにより、その隣接地において定められた容積率を超える建物を建築することがあります。これを容積率の移転といいます（空中権の売買などといわれることもあります。）。容積率の移転は、区分地上権、地役権又は賃借権の設定契約により行われることもあれば、余剰容積利用権の売買契約の形態をとるものもあり、その契約形態は様々です。

宅地の評価における「余剰容積率を移転している宅地」とは、容積率の制限に満たない延べ面積の建築物が存する宅地（余剰容積率を有する宅地）で、評価対象地以外の宅地に容積率の制限を超える延べ面積の建築物を建築することを目的とする区分地上権、地役権、賃借権等の建築物の建築に関する制限が存する宅地をいいます。また、「余剰容積率の移転を受けている宅地」とは、余剰容積率を有する宅地に区分地上権、地役権、賃借権の設定を行う等の方法により建築物の建築に関する制限をすることによって容積率の制限を超える延べ面積の建築物を建築している宅地をいいます（評基通23-2）。

余剰容積率が移転されると、容積率を移転した宅地については、以後、都市計画又は前面道路の幅員に基づいて定められた容積率まで利用することができず、容積率の移転を受けた宅地については、定められた容積率を超える容積率の建物を建築することができますので、通常の宅地と比べて、前者については減価が生じ、後者については価値が増加することとなります。

(2) 余剰容積率の移転がある場合の宅地の評価方法 ■ ■ ■ ■ ■ ■ ■ ■

余剰容積率を移転している宅地又は余剰容積率の移転を受けている宅地の評価は、次のように評価します（評基通23）。

① 余剰容積率を移転している宅地の評価

余剰容積率を移転している宅地の価額は、原則として、余剰容積率を移転していないものとして評価したその宅地の価額を基に、設定されている権利の内容、建築物の建築制限の内容等を勘案して評価することとされています。

ただし、実務上は、次の算式により計算した金額によって評価することができるものとされています。

$$A \times \left(1 - \frac{B}{C}\right)$$

上記の算式中の「A」、「B」及び「C」は、それぞれ次のとおりです。

「A」＝余剰容積率を移転している宅地について、余剰容積率を移転していないものとして評価したその宅地の価額

「B」＝区分地上権の設定等に当たり収受した対価の額

第4章　宅地の評価（自用地価額の評価）

「Ｃ」＝区分地上権の設定等の直前における余剰容積率を移転している宅地の通常の取引価額に相当する金額

② 余剰容積率の移転を受けている宅地の評価

余剰容積率の移転を受けている宅地の価額は、原則として、余剰容積率の移転を受けていないものとして評価したその宅地の価額を基に、容積率の制限を超える延べ面積の建築物を建築するために設定している権利の内容、建築物の建築状況等を勘案して評価します。

ただし、実務上は、次の算式により計算した金額によって評価することができるものとされています。

$$D \times \left(1 + \frac{E}{F}\right)$$

上記の算式中の「Ｄ」、「Ｅ」及び「Ｆ」は、それぞれ次のとおりです。

「Ｄ」＝余剰容積率の移転を受けている宅地について、余剰容積率の移転を受けていないものとして評価したその宅地の価額

「Ｅ」＝区分地上権の設定等に当たり支払った対価の額

「Ｆ」＝区分地上権の設定等の直前における余剰容積率の移転を受けている宅地の通常の取引価額に相当する金額

ケーススタディ

Q Ｂ土地に区分地上権を設定することにより、Ｂ土地の余剰容積率をＡ土地に移転しました（下記の図参照）。この場合のＡ土地及びＢ土地はどのように評価しますか。

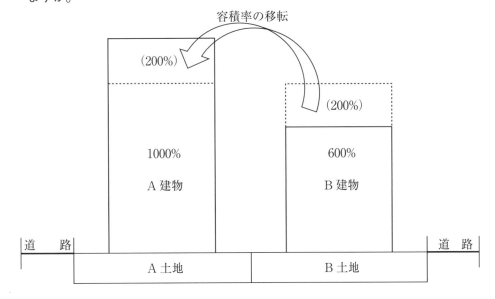

① A土地

容積率の移転がないとした場合のA土地の評価額	32億円
容積率移転の直前のA土地の通常の取引価額	40億円
区分地上権の設定に際しA土地所有者が支払った対価の額	10億円

② B土地

容積率の移転がないとした場合のB土地の評価額	24億円
容積率移転の直前のB土地の通常の取引価額	30億円
地上権の設定に際しB土地所有者が収受した対価の額	10億円

③ 容積率の移転前のA土地及びB土地に係る容積率　　　800％

A 次のように評価します。

(1) A土地

$$3,200,000,000円 \times \left(1 + \frac{1,000,000,000円}{4,000,000,000円} \right) = 4,000,000,000円$$

(2) B土地

$$2,400,000,000円 \times \left(1 - \frac{1,000,000,000円}{3,000,000,000円} \right) = 1,600,000,000円$$

7 農業用施設用地の評価

(1) 農業用施設用地の意義

農用地区域内や市街化調整区域内において農用地等の保全又は利用上必要な施設及び耕作又は養畜の業務のために必要な一定の施設の用に供されている土地をいいます。

(2) 農業施設用地の評価方法

農用地区域内又は市街化調整区域内に存する農業用施設用地の価額は、原則として、その宅地が農地であるとした場合の1m²当たりの価額に、その農地を当該農業用施設の用に供されている宅地とする場合に通常必要と認められる1m²当たりの宅地造成費に相当する金額を加算した金額に、その宅地の地積を乗じて計算した金額によって評価します。

第4章　宅地の評価（自用地価額の評価）　　　157

（1）　農業用施設用地の意義 ■■■■■■■■■■■■■■■■■■■■

　農業振興地域の整備に関する法律8条2項1号に規定する農用地区域内や市街化調整区域内においては農地等の宅地等への転用は厳しく制限されていますが、農用地等の保全又は利用上必要な施設及び耕作又は養畜の業務のために必要な一定の施設の用に供することはできます（農振地域3、都計29①二）。

　この施設が建物である場合には、その敷地は宅地としての評価をすることとなりますが、その用途は農業用に限定されており、一般の宅地として利用することはできないことから、通常の宅地と同様の方法により評価することは適当ではありません。そこで、農業振興地域の整備に関する法律3条3号及び4号に規定する施設の用に供されている宅地を農業用施設用地として、一般の宅地とは異なる方法で評価することとされています。

◆農業用施設用地として評価することができる農業用施設の敷地

　農業用施設用地として評価することができる宅地とは次に掲げる施設のうち建物の敷地です（農振地域3三・四、農振地域規1）。

① 　農用地等の保全又は利用上必要な施設

② 　畜舎、蚕室、温室、植物工場、農産物集出荷施設、農産物調製施設、農産物貯蔵施設その他これらに類する農畜産物の生産、集荷、調製、貯蔵又は出荷の用に供する施設

③ 　堆肥舎、種苗貯蔵施設、農機具収納施設その他これらに類する農業生産資材の貯蔵又は保管（農業生産資材の販売の事業のための貯蔵又は保管を除きます。）の用に供する施設

④ 　耕作又は養畜の業務を営む者が設置し、及び管理する次に掲げる施設

　㋐ 　主として、自己の生産する農畜産物又は当該農畜産物及び当該施設が設置される市町村の区域内若しくは農業振興地域内において生産される農畜産物（自己の生産する農畜産物等）を原料又は材料として使用する製造又は加工の用に供する施設

　㋑ 　主として、自己の生産する農畜産物等又は自己の生産する農畜産物等を原料若しくは材料として製造され若しくは加工されたものの販売の用に供する施設

⑤ 　廃棄された農産物又は廃棄された農業生産資材の処理の用に供する施設

⑥ 　農用地又は上記②から⑤までに掲げる施設に附帯して設置される休憩所、駐車場及び便所

158 第4章 宅地の評価（自用地価額の評価）

(2) 農業施設用地の評価方法 ■■■■■■■■■■■■■■■■■■■■

ア 原 則

農業振興地域の整備に関する法律8条2項1号に規定する農用地区域内又は市街化調整区域内に存する農業用施設用地の価額は、その宅地が農地であるとした場合の1m²当たりの価額に、その農地を課税時期（相続開始の時又は贈与の時）において当該農業用施設の用に供されている宅地とする場合に通常必要と認められる1m²当たりの宅地造成費に相当する金額として、整地、土盛り又は土止めに要する費用の額がおおむね同一と認められる地域ごとに国税局長が定める金額を加算した金額に、その宅地の地積を乗じて計算した金額によって評価します。なお、農業用施設用地の1m²当たりの価額は、その付近にある標準的な宅地の1m²当たりの金額を限度とします（国税庁・平成30年分財産評価基準書「宅地造成費の金額表」の「2農業用施設用地の評価に係る宅地造成費）の留意事項）。

◆通常必要と認められる1m²当たりの宅地造成費に相当する金額として国税局長が定める金額

農業用施設用地の評価に使用する宅地造成費の金額は、市街地農地等の評価に係る宅地造成費の金額を用いて算定します。この場合、宅地造成費については、評価する農業用施設用地の課税時期現在の現況から判定します。例えば、農業用施設用地の現況が、土盛り、土止めを行っておらず、畑を整地した程度のものであれば、加算する造成費は整地費のみとなります。

イ 例 外

その農業用施設用地の位置、都市計画法の規定による建築物の建築に関する制限の内容等により、その付近にある農業用施設用地以外の宅地の価額に類似する価額で取引されると認められることから、上記アの方法によって評価することが不適当であると認められる農業用施設用地（農用地区域内に存するものを除きます。）については、その付近にある農業用施設用地以外の宅地の価額に比準して評価します。

$$\boxed{\text{ケーススタディ}}$$

Q 次の農業用施設用地はどのように評価しますか。

農用地区域内にある畜舎の敷地　700m²

付近の農地の1m²当たりの固定資産税評価額　80円

農地の評価倍率　50倍

（財産評価基準書で確認します。）

第4章　宅地の評価（自用地価額の評価）　　159

1m²当たりの宅地造成費　700円

（財産評価基準書で確認します。）

近傍の標準的な宅地の1m²当たりの評価額　8,000円

[A]　次のとおり評価します。

(1)　農業用施設用地1m²当たりの評価額

（近傍農地の固定資産税評価額）　（評価倍率）　（宅地造成費）
　　　　　120円　　　　×　　50倍　+　　700円　=　6,700円

（標準的な宅地の1m²当たりの評価額）

6,700円　＜　　　　　8,000円

（付近にある標準的な宅地の1m²当たり金額が上限となります。）

したがって、1m²当たりの評価額は、6,700円となります。

(2)　農業施設用地の評価額

6,700円　×　700m²　=　4,690,000円

[8]　大規模工場用地の評価

(1)　大規模工場用地の意義

　一団の工場用地の地積が5万m²以上のものをいいますが、路線価地域においては、大工場地区として定められた地域に所在するもののみをいいます。

(2)　大規模工場用地の評価方法

　路線価地域に所在する大規模工場用地の価額は、正面路線の路線価に地積を乗じて計算した価額によって評価します。倍率地域に所在する大規模工場用地の価額は、その大規模工場用地の固定資産税評価額に大規模工場用地に係る倍率を乗じて計算した金額によって評価します。なお、いずれについてもその地積が20万m²以上のものについては、5%相当額の減額評価をします。

（1） 大規模工場用地の意義 ■■■■■■■■■■■■■■■■■■■■

　宅地の評価上、「大規模工場用地」とは、一団の工場用地の地積が5万m²以上のものをいいます。ただし、路線価地域においては、大工場地区として定められた地域に所在するもののみをいいます（評基通22-2）。

◆一団の工場用地

　「一団の工場用地」とは、工場、研究開発施設等の敷地の用に供されている宅地及びこれらの宅地に隣接する駐車場、福利厚生施設等の用に供されている一団の土地をいいます。ただし、その土地が、不特定多数の者の通行の用に供されている道路、河川等により物理的に分離されている場合には、その分離されている一団の工場用地ごとに評価することとなります（評基通22-2（注））。

　なお、一団の工場用地の範囲は、原則として所有者ごとに判定しますが、専属下請け業者が取引先の工場用地の一部を賃借している場合など、その部分のみを分離して評価することが不合理であると認められるときには、それらの敷地を含め全体を一団の工場用地として評価します（北村厚『平成30年版　財産評価基本通達逐条解説』149頁（大蔵財務協会、2018））。

（2） 大規模工場用地の評価方法 ■■■■■■■■■■■■■■■■■■■■

　大規模工場用地の価額は、次のア又はイにより評価します。ただし、その地積が20万m²以上のものについては、次のア又はイにより計算した価額から5％相当額の減額をした価額によって評価します（評基通22）。

　ア　路線価地域に所在する大規模工場用地の価額

　路線価地域に所在する大規模工場用地の価額は、正面路線の路線価にその大規模工場用地の地積を乗じて計算した価額によって評価します。評価対象地が2以上の路線に面する場合であっても、側方路線影響加算や二方路線影響加算を行う必要はありません。また、不整形地補正や地積規模の大きな宅地としての評価もしません。

　イ　倍率地域に所在する大規模工場用地の価額

　倍率地域に所在する大規模工場用地の価額は、その大規模工場用地の固定資産税評価額に倍率を乗じて計算した金額によって評価します。固定資産税評価額に乗ずる倍率は、財産評価基準書の「一般の土地等用」とは別に「大規模工場用地用」として表示されています。

第4章 宅地の評価（自用地価額の評価） 161

9 文化財建造物である家屋の敷地の用に供されている宅地の評価

　文化財保護法27条1項に規定する重要文化財に指定された建造物、同法58条1項に規定する登録有形文化財である建造物及び文化財保護法施行令4条3項1号に規定する伝統的建造物（これらを「文化財建造物」といいます。）である家屋の敷地の用に供されている宅地の価額は、それが文化財建造物である家屋の敷地でないものとした場合の価額から、その価額に次表の文化財建造物の種類に応じて定める割合を乗じて計算した金額を控除した金額によって評価します（評基通24-8）。

　なお、倍率地域に所在する文化財建造物である家屋の敷地の用に供されている宅地に固定資産税評価額が付されていない場合には、「文化財建造物である家屋の敷地でないものとした場合の価額」は、その宅地と状況が類似する付近の宅地の固定資産税評価額を基とし、付近の宅地とその宅地との位置、形状等の条件差を考慮して、その宅地の固定資産税評価額に相当する額を算出し、その額に倍率を乗じて計算した金額とします（評基通24-8なお書）。

文化財建造物の種類	控除割合
重要文化財	0.7
登録有形文化財	0.3
伝統的建造物	0.3

◆文化財建造物である家屋の敷地とともに、その文化財建造物である家屋と一体をなして価値を形成している土地の評価

　文化財建造物である家屋の敷地とともに、その文化財建造物である家屋と一体をなして価値を形成している土地がある場合には、その土地の価額についても上記により評価します。例えば、その文化財建造物である家屋と一体をなして価値を形成している山林がある場合には、その山林について通常の評価方法により評価した価額から、その価額に文化財建造物の種類に応じて定める上記の割合を乗じて計算した金額を控除した金額によって評価します（評基通24-8(注)）。

162 第4章 宅地の評価（自用地価額の評価）

◆地方公共団体指定の文化財建造物の敷地の評価

　地方公共団体の条例により文化財建造物の指定を受けることがありますが、それら
の建造物及びその敷地については、条例の定めにより利用規制の程度が一様ではあり
ません。このため、地方公共団体指定の文化財建造物の敷地については、その規制の
程度等に応じて個別的に評価することとなります（北村厚『平成30年版　財産評価基本通達
逐条解説』183頁（大蔵財務協会、2018））。

◆景観重要建造物であるの敷地の評価

　景観行政団体の長は、景観計画に定められた景観重要建造物の指定の方針に即し、
地域の自然、歴史、文化等からみて、その外観が景観上の特徴を有し、景観計画区域
内の良好な景観の形成に重要なものであるなど、一定の基準に該当する建造物（これ
と一体となって良好な景観を形成している土地その他の物件を含みます。）を、景観重
要建造物として指定することができることとされています（景観19）。

　この景観重要建造物の指定を受けた建造物については、原則として、景観行政団体
の長の許可を受けなければ、増築、改築、移転若しくは除却、外観を変更すること
なる修繕若しくは模様替又は色彩の変更をしてはならないこととされている（景観22）
など、財産評価基本通達24－8及び89－2に定める伝統的建造物と同程度の法的規制、
利用制限を受けることとなります。

　このことから、景観法に基づき景観重要建造物に指定された家屋及びその敷地の用
に供されている宅地については、財産評価基本通達5の定めに基づき、同通達24－8及
び89－2に定める伝統的建造物である家屋及びその敷地の用に供されている宅地の評
価方法に準じて、それが景観重要建造物である家屋及びその敷地の用に供されている
宅地でないものとした場合の価額から、その価額に100分の30を乗じて計算した価額
を控除した金額によって評価します（国税庁HP・質疑応答事例・財産の評価「景観重要建造物
である家屋及びその敷地の評価」）。

◆歴史的風致形成建造物である家屋の敷地の評価

　市町村長は、地域における歴史的風致の維持及び向上に関する法律（以下「歴史ま
ちづくり法」といいます。）に基づき、認定歴史的風致維持向上計画に記載された重点
区域（以下「認定重点区域」といいます。）内の歴史上価値の高い重要無形文化財又は
重要無形民俗文化財の用に供されることによりそれらの価値の形成に寄与している建
造物その他の地域の歴史的な建造物であって、現に認定重点区域における歴史的風致

第4章　宅地の評価（自用地価額の評価）　　163

を形成しており、かつ、その歴史的風致の維持及び向上のためにその保全を図る必要があると認められるもの（これと一体となって歴史的風致を形成している土地又は物件を含みます。）を、「歴史的風致形成建造物」として指定することができることとされています（歴史まちづくり法12）。

　この歴史的風致形成建造物の指定を受けた建造物については、増築、改築、移転又は除却（以下「増築等」といいます。）をしようとする者は、原則として、増築等に着手する日の30日前までに市町村長に届け出なければならないこととされている（歴史まちづくり法15）など、財産評価基本通達24−8及び89−2に定める登録有形文化財と同程度の法的規制、利用制限を受けることとなります。

　このことから、歴史まちづくり法に基づき歴史的風致形成建造物に指定された家屋及びその敷地の用に供されている宅地については、財産評価基本通達5の定めに基づき、同通達24−8及び89−2に定める登録有形文化財である家屋及びその敷地の用に供されている宅地の評価方法に準じて、それが歴史的風致形成建造物である家屋及びその敷地の用に供されている宅地でないものとした場合の価額からその価額に100分の30を乗じて計算した価額を控除した金額によって評価します（国税庁HP・質疑応答事例・財産の評価「歴史的風致形成建造物である家屋及びその敷地の評価」）。

10　利用価値の著しく低下している宅地の評価

　次に掲げる宅地で、その利用価値が付近にある他の宅地の利用状況からみて、著しく低下していると認められるものの価額は、その宅地について利用価値が低下していないものとして評価した場合の価額から、利用価値が低下していると認められる部分の面積に対応する価額に10％を乗じて計算した金額を控除した価額によって評価することができます（国税庁HP・タックスアンサー（よくある税の質問）・財産の評価「No. 4617　利用価値が著しく低下している宅地の評価」）。

　ただし、路線価又は固定資産税評価額又は倍率が、利用価値の著しく低下している状況を考慮して付されている場合にはこの減額評価をすることはできません。

①　道路より高い位置にある宅地又は低い位置にある宅地で、その付近にある宅地に比べて著しく高低差のあるもの

②　地盤に甚だしい凹凸のある宅地

③　震動の甚だしい宅地
④　上記①から③までの宅地以外の宅地で、騒音、日照阻害（建築基準法56条の2に定める日影時間を超える時間の日照阻害のあるものとします。）、臭気、忌み等により、その取引金額に影響を受けると認められるもの

◆日照阻害のある宅地

　減額評価の対象となる日照阻害のある宅地とは、建築基準法56条の2に定める日影時間を超える時間の日照阻害のある宅地をいいます。同条では、住居系の用途地域、商業系の用途地域のうち近隣商業地域、工業系の用途地域のうち準工業地域及び用途地域の指定のない区域のうち地方公共団体が条例で指定する区域について、建築物の敷地の隣地の日照を保護するための建築における制限を設けています。すなわち、この区域内で中高層建築物を建築する場合には、その建築物によって生ずる日影を一定時間以上にわたってその敷地境界線から一定の距離を超える範囲内に生じさせてはならないとする規制です。したがって、同条による規制の対象とならない商業地域、工業地域及び工業専用地域にある宅地については、原則として、この減額評価の対象とはなりません。

◆墓地に隣接する宅地

　墓地や火葬場などのいわゆる忌み地の近隣の土地については、取引が敬遠される傾向がみられますが、これらの近隣の路線価には、一般的に、近隣にこれらの施設が存することを織り込んだ評定がなされているものと考えられます。しかしながら、墓地等に隣接した土地であって、近隣の土地に比べて、特に利用価値が低下していると認められる場合には、当該土地の評価に当たっては相当の減額をすることが相当です。ただし、墓地等の隣接地であっても、例えば、隣地から墓地が見えないように墓地が高い塀に囲まれている場合や、墓地の外縁部に緑化施設が設置されている場合など、近隣の住環境に配慮されており、その土地の利用価値が著しく低下しているとは認められない場合には、減額評価をすることはできません。

アドバイス

○利用価値の著しい低下の判断

　利用価値の著しく低下している宅地の減額評価の取扱いは、様々な要因により評価対象地の利用価値が著しく低下している場合に、評価通達の定めのみによって評価したの

第4章　宅地の評価（自用地価額の評価）　165

では、他の土地との比較において評価上の公平を著しく欠くこととなったり、さらには時価を超える評価額が算定されてしまうおそれのある場合の取扱いです。評価通達上、評価通達の定めによって評価することが著しく不適当であると認められる場合には、国税庁長官の指示を受けて個別的に評価することが予定されており（評基通6）、また、このような場合、不動産鑑定評価等により評価された価額により相続税等の申告をすることとなるところですが、この取扱いは、簡便的な調整の方法として、実務上、認められている取扱いです。路線価等は公示価格と同水準の価額の80％程度で設定されていますが、20％のアローアンスは、土地の価額には相当の値幅が存することなどから設けられているものです（北村厚『平成30年版　財産評価基本通達逐条解説』52頁（大蔵財務協会、2018））。評価対象地に利用価値の著しい低下が存するとして減額評価をすることができるかどうかを判断するに当たっては、この観点も考慮に入れる必要があると思われます。

○道路より高い位置にある宅地又は低い位置にある宅地で付近にある宅地に比べて著しく高低差のあるもの

道路より高い位置にある宅地又は低い位置にある宅地で、付近にある宅地に比べて著しく高低差のあるものについての減額評価の取扱いは、評価対象地が、付近の宅地に比して利用価値が著しく低下している場合に認められるものです。したがって、評価対象地だけではなく付近の宅地についても評価対象地と同様に道路との高低差が認められるときには適用することはできません。

また、この取扱いは、評価対象宅地が道路よりも高い位置又は低い位置にあることのみによって適用されるものではなく、評価対象地が道路よりも高い位置又は低い位置にあることから、付近の宅地に比して著しく利用価値が低下している場合に適用されるものです。住宅地においては、一般的には、道路よりもやや高い位置にある宅地の方が好まれる傾向があるようです。近隣の地勢や道路の状況、評価対象地の接道状況、方位、高低差の程度などを総合的に検討して、付近の宅地に比して著しく利用価値が低下していると認められるか否かについて判断する必要があります。

○鉄道沿線の騒音や震動のある宅地

路線価地域における路線価や倍率地域における評価倍率の評定に当たっては、地価に影響を及ぼす様々な価格形成要因が考慮されることとなっています。したがって、一般的には、鉄道沿線の宅地については、列車が通過することにより発生する騒音や震動、鉄道が存することにより鉄道を挟んだ地域間の往来が不自由となっていることなどの事情は、路線価や評価倍率に織込み済みであると考えられます。

しかしながら、例えば、同一の路線価が付された道路に接する複数の宅地のうち、その一部の宅地についてのみその取引価額に影響を及ぼすと認められるような著しい騒音や震動がある場合には、そのような個別的な要因は、路線価には織り込まれていないと認められますので、減額評価の対象となると考えられます。

なお、騒音や震動に対する嫌悪感は人によって異なることから、騒音や震動が取引価額に影響を及ぼすと認められるような著しいものであるかどうかの判断に際しては、科学的データに基づき騒音に係る環境基準などに照らして客観的に判断することが必要でしょう（平15・11・4裁決（東裁（諸）平15-95）、平22・3・25裁決（関裁（諸）平21-94））。

11　土壌汚染地の評価

（1）　土壌汚染地の意義
土壌汚染地とは、直接若しくは地下水などを通して間接的に摂取した場合に人に健康被害を及ぼす鉛、砒素等の有害物質に汚染された土地のことをいいます。
（2）　土壌汚染地の評価方法
評価通達等により画一的な評価方法は定められていませんが、汚染がないものとした場合の評価額から、浄化・改善費用に相当する金額、使用収益制限による減価に相当する金額及び心理的要因による減価に相当する金額を控除して評価する方法が考えられます。

（1）　土壌汚染地の意義 ■■■■■■■■■■■■■■■■■■■■■■■■

土壌汚染地とは、一般に直接若しくは地下水などを通して間接的に摂取した場合に人に健康被害を及ぼす鉛、砒素、トリクロロエチレンその他の有害物質（土壌汚染2①）に汚染された土地のことをいいます。

都道府県知事は、土壌の汚染状態が基準に適合しない土地については、その区域を指定区域として指定することとされています（土壌汚染6）。都道府県知事は、指定区域内の土地の土壌汚染により人の健康被害が生ずるおそれがあると認めるときは、当該土地の所有者等に対し、汚染の除去等の措置を講ずべきことを命ずることができます（土壌汚染7）。土壌汚染地の所有者は、汚染されていない土地と比較して汚染調査や汚染物質を浄化する負担や、利用の制限といった不利益があるため、その評価に当たっては、一定の減額をすることが相当であると考えられます。

第4章　宅地の評価（自用地価額の評価）　　167

(2)　土壌汚染地の評価方法　■■■■■■■■■■■■■■■■■■■■■

　評価通達等により画一的な評価方法は定められていませんが、国税庁は、次のような方法を土壌汚染地の基本的な評価方法とすることが可能であるとしています（平16・7・5資産評価企画官情報3・資産課税課情報13「土壌汚染地の評価の考え方について」）。しかしながら、現在のところ、各控除項目について標準的な見積手法が確立されているわけではないので、個別に評価せざるを得ないと考えられます。

　なお、近隣の風評など単に土壌汚染の可能性があるに過ぎないような土地については土壌汚染地として減額評価をすることはできず、減額評価をすることのできる土地は課税時期までに土壌汚染が判明していることが必要です。

　土壌汚染地の評価額　＝　汚染がないものとした場合の評価額－浄化・改善費用に相当する金額－使用収益制限による減価に相当する金額－心理的要因による減価に相当する金額

(注1)　「浄化・改善費用」とは、土壌汚染対策として、土壌汚染の除去、遮水工封じ込め等の措置を実施するための費用をいいます。汚染がないものとした場合の評価額が地価公示価格レベルの80％相当額であることから、控除すべき浄化・改善費用についても見積額の80％相当額を浄化・改善費用とすることが相当であるとされています。

(注2)　「使用収益制限による減価」とは、土壌汚染の除去以外の措置（例えば遮水工封じ込め措置）を実施した場合に、その措置の機能を維持するための利用制限に伴い生じる減価をいいます。

(注3)　「心理的要因による減価」とは、土壌汚染の存在（あるいは過去に存在していたこと）に起因する心理的な嫌悪感から生じる減価要因をいいます。

(注4)　汚染の浄化等の措置は、評価時点において最も合理的と認められる措置によります。なお、各控除額の合計額が汚染がないものとした場合の評価額を超えることとなるときは、控除額は汚染がないものとした場合の評価額を限度とするのが相当であるとされています。

◆産業廃棄物が埋め立てられている土地の評価

　産業廃棄物の埋め立てられている土地の評価方法について明らかにした財産評価基本通達やその他の通達等の定めはありません。産業廃棄物が埋め立てられている土地であっても、その状況は様々ですから、その評価方法を一概に定めることは困難ですので、個別的に評価せざるを得ません。その場合に上記の土壌汚染地の評価方法に準じて、産業廃棄物が埋め立てられていないとした場合の価額から、産業廃棄物の除去費用相当額を控除して、その価額を求める方法が考えられます。なお、控除する除去費用の見積額は、産業廃棄物が埋め立てられていないとした場合の価額が地価公示価格レベルの80％相当額であることから、控除すべき除去費用についても見積額の80％相当額とすることが相当であると考えられます。

168　　第4章　宅地の評価（自用地価額の評価）

12 周知の埋蔵文化財包蔵地の評価

> **(1)　周知の埋蔵文化財包蔵地の意義**
>
> 　貝塚、古墳など土地に埋蔵されている文化財を埋蔵文化財といい、埋蔵文化財を包蔵する土地として周知されている土地を「周知の埋蔵文化財包蔵地」といいます。
>
> **(2)　周知の埋蔵文化財包蔵地の評価方法**
>
> 　評価通達等に定めはありませんが、周知の埋蔵文化財包蔵地であって、実際に調査発掘をする必要のある埋蔵文化財の存することが明らかである土地の価額は、評価対象地が周知の埋蔵文化財包蔵地ではないものとして評価した価額から、発掘調査費用に相当する金額を控除して求めることが相当であると考えられます。

(1)　周知の埋蔵文化財包蔵地の意義 ■■■■■■■■■■■■■■■■■

　貝塚、古墳など土地に埋蔵されている文化財（主に遺跡といわれている場所）を埋蔵文化財といい、埋蔵文化財を包蔵する土地として周知されている土地を「周知の埋蔵文化財包蔵地」といいます。周知の埋蔵文化財包蔵地において土木工事などの開発事業を行う場合には、都道府県・政令指定都市等の教育委員会に事前の届出等が必要となります（文化財保護法92・93、文化財保護法施行令5）。土木工事等の開発事業の届出等があった場合、都道府県・政令指定都市等の教育委員会はその取り扱い方法を決めますが、協議の結果、やむを得ず遺跡を現状のまま保存できない場合には事前に発掘調査を行って遺跡の記録を残し（記録保存）、その経費については開発事業者に協力を求めています（事業者負担）。

(2)　周知の埋蔵文化財包蔵地の評価方法 ■■■■■■■■■■■■■■

　周知の埋蔵文化財包蔵地の評価方法については、財産評価基本通達やその他の通達等で公式に示されたものはありません。しかしながら、周知の埋蔵文化財包蔵地については、上記(1)のとおり利用上の制約があることから、一定の減額評価の必要があると考えられます。

第4章　宅地の評価（自用地価額の評価）　　169

　周知の埋蔵文化財包蔵地に建物を建築しようとする場合には、事前の届け出が必要であり、土地所有者の負担で発掘調査をすることを求められることもあります。そこで、周知の埋蔵文化財包蔵地であって、実際に調査発掘をする必要のある埋蔵文化財の存することが明らかである土地の価額は、評価対象地が周知の埋蔵文化財包蔵地ではないものとして評価した価額から、発掘調査費用に相当する金額を控除して求めることが相当であると考えられます。この場合、評価対象地が周知の埋蔵文化財包蔵地ではないものとして評価した価額が公示価格と同水準の価額の80％程度であることから、控除する発掘費用に相当する金額についても、見積額の80％相当額とすることが相当と考えられます（平20・9・25裁決　裁事76・307）。

第 5 章

貸借が行われている
宅地の評価

172

第1 普通借地権が設定されている場合の評価

＜フローチャート～普通借地権が設定されている場合の評価＞

1 借地権の意義
- (1) 借地借家法における借地権
- (2) 財産評価における借地権

2 通常の地代の授受が行われている場合の評価
- (1) 通常の地代の意義
- (2) 借地権の評価
- (3) 借地権の設定されている宅地（貸宅地）の評価
- (4) 貸宅地割合が定められている地域の貸宅地の評価

3 借地権が転貸されている場合の評価
- (1) 転借権の評価
- (2) 転貸借地権の評価

4 相当の地代の授受が行われている場合の評価
- (1) 相当の地代の意義
- (2) 相当の地代の授受が行われている場合の借地権の評価
- (3) 相当の地代の授受が行われている場合の貸宅地の評価

5 相当の地代に満たない地代の授受が行われている場合の評価
- (1) 相当の地代に満たない地代の意義
- (2) 相当の地代に満たない地代の授受が行われている場合の借地権の評価
- (3) 相当の地代に満たない地代の授受が行われている場合の貸宅地の評価

6 無償返還届出書が提出されている場合の評価
- (1) 土地の無償返還に関する届出
- (2) 無償返還届出書が提出されている場合の借地権の評価
- (3) 無償返還届出書が提出されている場合の貸宅地の評価

7 同族会社の株式評価における借地権の扱い
- (1) 同族会社が相当の地代を支払っている場合
- (2) 同族会社が相当の地代に満たない地代を支払っている場合
- (3) 無償返還届出書が提出されている場合

1 借地権の意義

> **（1） 借地借家法における借地権**
>
> 　借地借家法2条1号は、建物の所有を目的とする賃借権及び地上権を「借地権」と定めており、同法によりその存続期間、契約の更新及び解約などにおいて借地権者に強い保護が与えられています。
>
> **（2） 財産評価における借地権**
>
> 　財産評価における借地権とは、借地借家法2条に規定する借地権（建物の所有を目的とする地上権又は土地の賃借権）のうち定期借地権等以外のものをいいます。

（1） 借地借家法における借地権 ■■■■■■■■■■■■■■■■■■■■

　土地を借りるためには、いくつかの法形式が考えられますが、建物の所有を目的として、有償で土地を借りるためには、土地所有者との間で土地の賃貸借契約が締結される場合とその土地上に地上権を設定する場合があります。土地の賃貸借契約により借主に発生する権利は賃借権（債権）であり、地上権の設定契約により生じる地上権は物権であることから、権利の強弱という点からみると後者が前者を上回っていたといえますが、借地借家法2条1号は、建物の所有を目的とする賃借権及び地上権を「借地権」と定め、同法によりその存続期間、契約の更新及び解約などにおいて借地権者に強い保護が与えられています。

（2） 財産評価における借地権 ■■■■■■■■■■■■■■■■■■■■■

　財産評価上、借地権とは、借地借家法2条に規定する借地権、すなわち建物の所有を目的とする地上権又は土地の賃借権をいいます。ただし、借地借家法22条、23条、24条及び25条に定めるもの（これらを「定期借地権等」といいます。）は、借地権の範囲からは除かれ（評基通9(5)）、定期借地権等として一般の借地権とは異なる方法により評価することとされています（この一般の借地権を定期借地権と区別するために「普通借地権」ということもありますが、本書では評価通達の表記に従い単に「借地権」といいます。定期借地権の評価については、**本章第2**を参照してください。）。

第5章　貸借が行われている宅地の評価　　175

◆借地権の及ぶ範囲

　借地権は、建物の所有を目的として設定されますので、同一の者が一団の宅地を借りていたとしても、建物の所有を目的として借り受けている部分以外の部分には、借地権は及びません。

　しかしながら、借地権の及ぶ範囲については、必ずしも建物敷地に限定されるものではなく、建物所有ないし利用に必要な部分にその範囲は及ぶと考えられます。例えば、郊外にあるレストランやパチンコ店のように賃借した広い土地を建物の敷地と駐車場用地とに一体として利用している場合、借地権の及ぶ範囲は、借地契約の内容、例えば、権利金や地代の算定根拠、土地利用の制限等に基づいて判定することが合理的であると考えられます（国税庁HP・質疑応答事例・財産の評価「借地権の及ぶ範囲」）。なお、建物の敷地と駐車場用地とが、不特定多数の者の通行の用に供されている道路等により物理的に分離されている場合には、それぞれの土地に存する権利を別個に判定することとなります。

◆権利金の授受が行われていない場合

　借地権が設定されると、借地権者は法的に強い保護が与えられ、土地所有者は、契約更新時においても正当な事由があると認められない限り契約更新を拒絶することはできません。したがって、借地権が設定されると土地所有者は、将来長期間にわたってその土地を利用することはできなくなり、以後は、地代を収受する権利を有しているに過ぎないこととなります。この状態は、土地所有者がその所有権の一部を借地権者に譲渡したのと同様に考えることができます。そのため多くの地域では、借地権の設定時に、権利金などの名称で借地権者から土地所有者に対して一時金を支払う慣行があります。しかしながら、財産評価上は、原則として、借地権の設定時に権利金等の一時金の授受があったかどうかによって評価方法が変わることはありません（ただし、権利金の授受に代えて、相当の地代を授受することにより借地権を設定した場合や将来無償で借地権を返還する旨の合意があり、その旨を税務署長に届け出ているなどの場合については、4、5及び6で説明します。また、権利金授受の慣行がある地域において、権利金等の授受をすることなく借地権の設定がされた場合には、借地権者及び土地所有者である法人又は個人に対する贈与税、法人税及び所得税の課税問題が生じることとなります。）。

◆地代の支払がない場合

　借地権とは、建物の所有を目的とする地上権又は土地の賃借権をいいます。賃借権

176　　　第5章　貸借が行われている宅地の評価

は、賃貸借契約により生じますが、この賃貸借契約とは、「当事者の一方がある物の使用及び収益を相手方にさせることを約し、相手方がこれに対してその賃料を支払うこと及び引渡しを受けた物を契約が終了したときに返還することを約することによって、その効力を生ずる」とされていることから（民601）、地代の支払が行われない契約は、賃貸借契約には該当しません。したがって、契約上、賃料の授受の行われないこととされている場合には賃借権は生ぜず、借地権が発生することもありません（地代授受が行われない無償の貸借契約は、使用貸借契約となります。使用貸借契約により土地の貸借が行われている場合の評価については、**本章第3**で説明します。）。

　なお、土地の借受けの対価として、通常の地代の額に比して低額の地代の授受がされているケースもあります。地代の授受が行われている以上、原則として賃貸借契約が存すると認められます。しかしながら、使用貸借契約において、借主は、借用物の通常の必要費を負担することとされています（民595①）ので、授受されている地代の額が、その土地に係る固定資産税等の額程度である場合には、その契約は、使用貸借契約に該当すると考えられます。

◆法人税法及び所得税法上の借地権

　法人税及び所得税の課税上は、地上権又は土地の賃借権（又はこれらの権利に係る土地の転借に係る権利）をいう（法税令137、所税令182）こととされていますが、財産評価における借地権は、上記のとおり、地上権及び土地の賃借権のうち建物の所有を目的とするものに限られています。したがって、他人の構築物の敷地として土地が利用されている場合のように法人税法上、借地権が存在するとして扱われているときであっても、財産評価においては、借地権以外の賃借権として評価をすることとなります（財産評価上は、雑種地の賃借権として評価することとなります。）（国税庁HP・質疑応答事例・財産の評価「借地権の意義」）。

２　通常の地代の授受が行われている場合の評価

（1）　通常の地代の意義

　通常の地代とは、評価対象地の所在する地域において、一般的に授受されている水準の地代をいいます。

(2) 借地権の評価

自用地としての価額に、財産評価基準書（路線価図又は評価倍率表）に定められた借地権割合を乗じて計算した金額によって評価します。

(3) 借地権の設定されている宅地（貸宅地）の評価

その宅地の自用地としての価額からその借地権の価額を控除した金額によって評価します。

(4) 貸宅地割合が定められている地域の貸宅地の評価

自用地としての価額に、貸宅地割合を乗じて計算した金額によって評価します。

(1) 通常の地代の意義 ■■■■■■■■■■■■■■■■■■■■■■■■

通常の地代とは、評価対象地の所在する地域において、一般的に授受されている水準の地代をいいます。もちろん貸主と借主の関係、過去からの経緯、借地上の建物の利用状況、更新料の授受の状況などにより地代の金額については一定の幅がありえますが、昭和60年6月5日直資2-58・直評9「相当の地代を支払っている場合等の借地権等についての相続税及び贈与税の取扱いについて」通達（以下「相当地代通達」といいます。）における①相当の地代を支払っている場合、②相当の地代に満たない地代を支払っている場合、③「土地の無償返還に関する届出書」が提出されている場合（これらの場合の評価については 4 ないし 6 を参照）に該当しない場合の借地権については、財産評価上、通常の地代の授受が行われている場合の借地権として評価することとなります。

◆個人と法人の土地の貸借

個人が法人に対して借地権を設定している場合又は法人が個人に対して借地権を設定している場合において、①借地権者が相当の地代を支払っているとき、②借地権者が相当の地代に満たない地代を支払っているとき又は③「土地の無償返還に関する届出書」を提出しているときを除き、通常の地代の授受が行われているものとして、借地権の評価を行いますが、実際に支払われている地代の額が通常の地代の額に満たない場合（地代が支払われていない場合を含みます。）には、借地権者が土地所有者から経済的利益を受けたものとして、また実際に支払われている地代の額が通常の地代の額を超える場合には、土地所有者が借地権者から経済的利益を受けているものとして法人税等の課税の問題が生じることがあります。

(2) 借地権の評価 ■■■■■■■■■■■■■■■■■■■■■■■■■■■

　通常の地代が授受されている場合の借地権の価額は、その借地権の目的となっている宅地に借地権が設定されていないものとして評価した価額（以下「自用地としての価額」といいます。）に、当該価額に対する借地権の売買実例価額、精通者意見価格、地代の額等を基として評定した借地権の価額の割合（以下「借地権割合」といいます。）がおおむね同一と認められる地域ごとに国税局長の定める割合を乗じて計算した金額によって評価します（評基通27）。

　ただし、借地権の設定に際しその設定の対価として通常権利金その他の一時金を支払うなど借地権の取引慣行があると認められる地域以外の地域にある借地権の価額は評価しないこととされています（評基通27ただし書）。

◆借地権割合の確認

　路線価地域においては、各路線ごとにアルファベットの記号により借地権割合が表示されています。各記号により表示された借地権割合は次のとおりです。

記号	借地権割合
A	90％
B	80％
C	70％
D	60％
E	50％
F	40％
G	30％

　また、倍率地域における借地権割合については、評価倍率表の「借地権割合」欄に表示されています。

(3) 借地権の設定されている宅地（貸宅地）の評価 ■■■■■■■■■

　借地権の目的となっている宅地（貸宅地）の価額は、その宅地の自用地としての価額からその借地権の価額を控除した金額によって評価します（評基通25(1)）。

　ただし、その借地権が、借地権の設定に際しその設定の対価として通常権利金その

他の一時金を支払うなど借地権の取引慣行があると認められる地域以外の地域にある借地権であるため評価しないものとされている場合には、借地権割合を20％として計算した借地権の価額を自用地としての価額から控除した金額によって評価します（評基通25(1)かっこ書）。

ケーススタディ

Q 甲は、次の土地を乙に貸し付けており、乙はこの土地上に建物を所有しています。甲の有する土地及び乙が有する借地権の価額はどのように評価しますか。

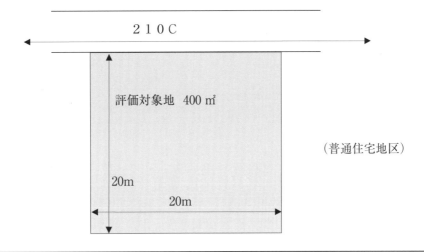

A (1) 自用地としての価額
 　　（路線価）　（奥行価格補正）　（地積）
 　　210,000円 × 　1.00 　× 400m² ＝ 84,000,000円
 (2) 乙の借地権の評価額
 　　（自用地としての価額）（借地権割合）
 　　84,000,000円 　×　 0.7 　＝ 58,800,000円
 (注) 路線価図の「C」は、借地権割合が70％であることを示しています。
 (3) 甲の貸宅地の評価額
 　　（自用地としての価額）（借地権の価額）
 　　84,000,000円 　－ 58,800,000円 ＝ 25,200,000円

(4) 貸宅地割合が定められている地域の貸宅地の評価 ■■■■■■■■

借地権の目的となっている宅地の売買実例価額、精通者意見価格、地代の額等を基として評定した価額の宅地の自用地としての価額に対する割合（以下「貸宅地割合」

といいます。）がおおむね同一と認められる地域ごとに国税局長が貸宅地割合を定めている地域においては、上記(3)にかかわらず、その宅地の自用地としての価額にその貸宅地割合を乗じて計算した金額によって評価します（評基通25(1)ただし書）。

令和元年分の財産評価基準書によると沖縄県の一部地域で貸宅地割合が定められています。

（参考）　貸宅地割合が定められている場合の財産評価基準書の表示

音順	町（丁目）又は大字名	適用地域名	借地権割合	貸宅地割合	固定資産税評価額に乗ずる倍率等					
					宅地	田	畑	山林	原野	牧場	池沼
あ	安波茶1丁目	路線価図に枠（三重線）で表示した地域（浦添ニュータウン）のうち転借権付住宅として分譲された地域	—	30	路線						
		上記以外の地域	—		路線		市比準		市比準		
ま	牧港3丁目	路線価図に枠（三重線）で表示した地域（牧港ハイツ）のうち転借権付住宅として分譲された地域	—	30	路線						

（令和1年分　倍率表　1頁　市区町村名：浦添市　北那覇税務署）

（路線価図）

第5章 貸借が行われている宅地の評価

> ケーススタディ

Q 丙は、次の土地を丁に貸し付けており、乙はこの土地上に建物を所有しています。なお、この土地の存する地域は、貸宅地割合が30％と定められています。甲の有する土地及び乙が有する借地権の価額はどのように評価しますか。

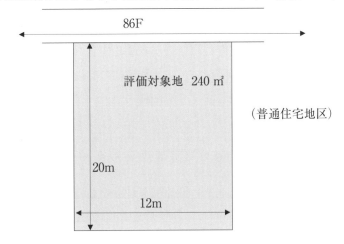

A (1) 自用地としての価額
 　　（路線価）　（奥行価格補正）　（地積）
 　　86,000円 × 　1.00　 × 240m² ＝ 20,640,000円
(2) 丁の借地権の評価額
 　　（自用地としての価額）（借地権割合）
 　　　20,640,000円 　×　 0.4 　＝ 8,256,000円
 （注） 路線価図の「F」は、借地権割合が40％であることを示しています。
(3) 丙の貸宅地の評価額
 　　（自用地としての価額）（貸宅地割合）
 　　　20,640,000円 　×　 0.3 　＝ 6,192,000円
 （注） 貸宅地割合の定められている地域では、借地権の価額と貸宅地の価額の合計額は、自用地としての価額と一致しません。

3 借地権が転貸されている場合の評価

(1) 転借権の評価
自用借地権としての価額に、借地権割合を乗じて評価します。

182　　第5章　貸借が行われている宅地の評価

> (2)　転貸借地権の評価
>
> 　自用借地権としての価額から転借権の価額を控除した価額により評価します。

(1)　転借権の評価 ■■■■■■■■■■■■■■■■■■■■■■■■■■

　借地権が転貸されている場合、その転借人が有する権利（転借権）は、その借地権が自用のものであるとした場合の価額に、当該借地権の評価の基となった借地権割合を乗じて計算した価額により評価します（評基通30）。

(2)　転貸借地権の評価 ■■■■■■■■■■■■■■■■■■■■■■■

　転貸されている借地権の価額は、その借地権が自用のものであるとした場合の価額から、上記(1)の転借権の価額を控除して評価します（評基通29）。

〔ケーススタディ〕

Q　甲は、土地所有者乙から宅地を借り、これを丙に転貸しています。この宅地の自用地としての価額は、84,000,000円、路線価図に表示されたこの地域の借地権割合は70％です。

　甲の有する借地権及び丙の有する転借権はどのように評価しますか。

A　(1)　丙の有する転借権の価額

　　（自用地としての価額）　（借地権割合）　（自用借地権としての価額）
　　　84,000,000円　　×　　0.7　　＝　　58,800,000円

　　（自用借地権としての価額）　（借地権割合）
　　　58,800,000円　　×　　0.7　　＝　41,160,000円

(2)　甲の有する転貸借地権の価額

　　（自用借地権としての価額）　（転借権の価額）
　　　58,800,000円　　－　41,160,000円　＝　17,640,000円

第5章 貸借が行われている宅地の評価　　183

4　相当の地代の授受が行われている場合の評価

> **(1)　相当の地代の意義**
> 　相当の地代とは、その宅地の自用地としての価額に対しておおむね年6％
> 程度の地代をいいます。
> **(2)　相当の地代の授受が行われている場合の借地権の評価**
> 　相当の地代が支払われている場合における借地権の価額は、零とします。
> **(3)　相当の地代の授受が行われている場合の貸宅地の評価**
> 　相当の地代が支払われている場合における貸宅地の価額は、その宅地の
> 自用地としての価額の80％に相当する金額により評価します。

(1)　相当の地代の意義 ■■■■■■■■■■■■■■■■■■■■■■■■■■■

　借地権の設定に際し、その設定の対価として権利金その他の一時金（以下「権利金」
といいます。）を授受する慣行のある地域において、権利金の授受が行われなかった場
合には、借地権者は権利金相当額の経済的利益を受けたとして、課税上の問題が生じ
ることとなります。しかしながら、借地権の設定に際しその設定の対価として権利金
を支払う取引上の慣行のある地域において、権利金の授受に代えて、その土地の「自
用地としての価額」に対しておおむね年6％程度の地代を支払う場合には、借地権者に
対する上記の課税は生じないこととされています。この場合の地代が相当の地代です
（相当地代通達1）。

◆自用地としての価額

　相当の地代を求める際の「自用地としての価額」とは、借地権の設定されている宅
地について、借地権が設定されていないものとして、評価通達に従って評価した価額
の過去3年間（課税時期の属する年以前3年間をいいます。）の平均額をいいます。

(2)　相当の地代の授受が行われている場合の借地権の評価 ■■■■■■

　借地権が設定されている土地について相当の地代が支払われている場合における借
地権の価額は、零とします（相当地代通達3(1)）。

184　第5章　貸借が行われている宅地の評価

(3)　相当の地代の授受が行われている場合の貸宅地の評価　■ ■ ■ ■ ■ ■

　借地権が設定されている土地について相当の地代が支払われている場合における貸宅地の価額は、その宅地の自用地としての価額の80%に相当する金額により評価します（相当地代通達6(1)）。

ケーススタディ

Q　次のケースにおいて、借地権の価額をどのように評価しますか。また、この借地権が設定されている宅地（貸宅地）の価額はどのように評価しますか。

(1)　自用地としての価額

　　　　課税時期の属する年分　　　　　8,000万円

　　　　課税時期の属する年の前年分　　7,500万円

　　　　課税時期の属する年の前々年分　7,000万円

(2)　実際に支払っている地代の年額　450万円

(3)　評価基準に定められた課税時期の属する年分の借地権割合　70%

(4)　土地賃貸借契約において、借地権設定時に権利金の授受に代えて、相当の地代の授受を行うこととされています。

A(1)　相当の地代の年額の計算

　①　自用地とした価額

$$\frac{80,000,000円 ＋ 75,000,000円 ＋ 70,000,000円}{3} = 75,000,000円$$

　②　相当の地代の年額

　　75,000,000円 × 0.06 ＝ 4,500,000円

　　　よって、支払われている地代の年額は、相当の地代の年額と認められます。

(2)　借地権の価額

　零

(3)　貸宅地の価額

　（自用地としての価額）

　　80,000,000円　　× 0.8 ＝ 64,000,000円

第5章　貸借が行われている宅地の評価　　185

5 相当の地代に満たない地代の授受が行われている場合の評価

（1）　相当の地代に満たない地代の意義

　相当の地代に満たない地代とは、宅地の貸借において支払われている地代の額が、通常の地代の額を超え、相当の地代の額に満たない額である場合をいいます。

（2）　相当の地代に満たない地代の授受が行われている場合の借地権の評価

　実際に支払っている地代の年額、通常の地代の年額及び相当の地代の年額を基に一定の算式により求めた金額により評価します。

（3）　相当の地代に満たない地代の授受が行われている場合の貸宅地の評価

　その宅地の自用地としての価額から上記(2)により評価した借地権の価額を控除した金額により評価します。ただし、自用地としての価額の80%を上限とします。

（1）　相当の地代に満たない地代の意義　■■■■■■■■■■■■■■

　相当の地代に満たない地代とは、宅地の貸借において支払われている地代の額が、通常の地代の額を超え、相当の地代の額に満たない額である場合をいいます。この場合の相当の地代とは、4 で説明した相当の地代をいいます。また、通常の地代とは、その地域において通常の賃貸借契約に基づいて通常支払われる地代をいいますが、借地権の設定されている宅地の自用地としての価額から、通常の借地権の価額を控除した金額の過去3年間（課税時期の属する年以前3年間）の平均額に6%を乗じて計算した地代の額によることができます（大野隆太『相続税法基本通達逐条解説（平成30年12月改訂版）』727頁（大蔵財務協会、2018））。

(2) 相当の地代に満たない地代の授受が行われている場合の借地権の評価 ■■■■■■■■■■■■■■■■■■■■■■■■■■■■■■■■■■■■■

借地権が設定されている宅地について、支払っている地代の額が、相当の地代の額に満たない場合の借地権の価額は、原則として次の算式により計算した金額によって評価します（相当地代通達4）。

$$
\text{自用地とし} \times \left\{ \text{借地権} \times \left(1 - \cfrac{\substack{\text{実際に支}\\\text{払ってい}\\\text{る地代の}\\\text{年額}} - \substack{\text{通常の地}\\\text{代の年額}}}{\substack{\text{相当の地}\\\text{代の年額}} - \substack{\text{通常の地}\\\text{代の年額}}} \right) \right\}
$$

（注） 上記算式の「自用地としての価額」は、当該借地権の設定されている宅地について、課税時期における評価通達の定めにより評価した価額であり、課税時期を含む年以前3年間の平均額によるのではありません。

(3) 相当の地代に満たない地代の授受が行われている場合の貸宅地の評価 ■■■■■■■■■■■■■■■■■■■■■■■■■■■■■■■■■■■■

借地権が設定されている宅地について、支払っている地代の額が、相当の地代の額に満たない場合の貸宅地の価額は、その宅地の自用地としての価額から上記(2)により評価した借地権の価額を控除した金額により評価します（相当地代通達7）。

ただし、この金額が、その宅地が自用地であるものとして評価した価額の80％を超える場合には、その宅地が自用地であるものとして評価した価額の80％に相当する金額によって評価します（相当地代通達7ただし書）。

◆借地権設定時に支払われた権利金等の額が課税時期における評価通達により評価した借地権の価額を超える場合

相当の地代に満たない地代の授受が行われている場合において、借地権の設定の際に支払われた権利金又は供与した経済的利益の額が、課税時期における通常の地代の授受が行われているとした場合の借地権の価額（通常の借地権の価額）を超えることとなる場合には、当該通常の借地権の価額により評価します。

第5章　貸借が行われている宅地の評価　　　187

アドバイス

○相当地代通達が適用される場面

　相当地代通達は、借地権の設定に際し権利金の支払に代えて相当の地代を支払うなどの特殊な場合における相続税及び贈与税の課税上の取扱いを定めたものです。したがって、借地権の設定に際し通常権利金を支払う取引上の慣行のある地域において、通常の地代を支払うことにより借地権の設定があった場合には相当地代通達は適用されません（相当地代通達前文）。借地権者の貸借対照表に借地権が計上されていないこと等から借地権設定時に権利金等の授受が行われていないと考えられる場合においても、授受される地代の額を当時の通常の地代の額としていたときには、課税時期において相当地代通達を適用して借地権又は貸宅地の価額を評価をするのではなく、前記 2 により借地権又は貸宅地の価額を評価することとなります。

ケーススタディ

Q　次のケースにおいて、借地権の価額をどのように評価しますか。また、この借地権が設定されている宅地（貸宅地）の価額はどのように評価しますか。

(1)　自用地としての価額

　　課税時期の属する年分　　　　　8,000万円

　　課税時期の属する年の前年分　　7,500万円

　　課税時期の属する年の前々年分　7,000万円

(2)　実際に支払っている地代の年額　250万円

(3)　評価基準に定められた課税時期の属する年分の借地権割合　70%

A (1)　借地権の価額

①　相当の地代の年額

自用地としての価額
（過去3年分の平均）
　75,000,000円　　× 0.06 ＝ 4,500,000円

②　通常の地代の年額

　便宜的に、借地権の設定されている宅地の自用地としての価額から、通常の借地権の価額を控除した金額の過去3年間（課税時期の属する年以前3年間）の平均額に6%を乗じて算出します。

（ 75,000,000円 － 75,000,000円 × 0.7 ） × 0.06 ＝ 1,350,000円

③ 借地権の価額

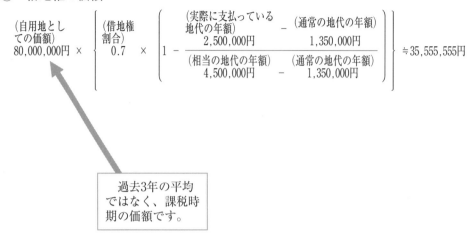

過去3年の平均ではなく、課税時期の価額です。

(2) 貸宅地の価額

（自用地としての価額）　（借地権の価額）
80,000,000円　－　35,555,555円　＝　44,444,445円

6　無償返還届出書が提出されている場合の評価

(1) 土地の無償返還に関する届出
　借地権の設定等に係る契約書において将来借地人等がその土地を無償で返還することが定められており、かつ、その旨を借地人等と宅地の所有者との連名の書面により税務署長等に届け出た場合には、権利金相当額の認定課税は行われません。

(2) 無償返還届出書が提出されている場合の借地権の評価
　借地権の価額は零として取り扱われます。

(3) 無償返還届出書が提出されている場合の貸宅地の評価
　その宅地の自用地としての価額の80％に相当する金額により評価します。ただし、その土地が使用貸借契約により貸し付けられている場合には、自用地としての価額により評価します。

第5章　貸借が行われている宅地の評価　　189

(1)　土地の無償返還に関する届出 ■■■■■■■■■■■■■■■■■■■

　法人が借地権の設定等により他人に土地を使用させた場合又は法人が借地権の設定により他人から土地を借り受けた場合において、これにより授受される地代の額が相当の地代の額に満たないときであっても、その借地権の設定等に係る契約書において将来借地人がその土地を無償で返還することが定められており、かつ、その旨を借地人と宅地の所有者との連名の書面により遅滞なく当該法人の納税地の所轄税務署長又は所轄国税局長に届け出たときは、権利金相当額の認定課税は行われないこととされています（法基通13-1-7）。この届出は、「土地の無償返還に関する届出書」（後掲【参考書式5】参照）を提出することにより行われます（平成13年7月5日課法3-57ほか「法人課税関係の申請、届出等の様式の制定について」様式148）。

　なお、「土地の無償返還に関する届出書」を提出することができるのは、宅地の貸借の当事者の一方又は双方が法人の場合であって、双方が個人の場合には提出することができません。

(2)　無償返還届出書が提出されている場合の借地権の評価 ■■■■■■

　「土地の無償返還に関する届出書」が提出されている場合の借地権の価額は零として取り扱われます（相当地代通達5）。

(3)　無償返還届出書が提出されている場合の貸宅地の評価 ■■■■■■

　「土地の無償返還に関する届出書」が提出されている場合の貸宅地の価額は原則としてその宅地の自用地としての価額の80％に相当する金額により評価します（相当地代通達8）。

　ただし、使用貸借に係る宅地について「土地の無償返還に関する届出書」が提出されている場合における貸宅地の価額は、その宅地の自用地としての価額により評価します（相当地代通達8(注)）。

> ケーススタディ

Q　次のケースにおいて、借地権の価額をどのように評価しますか。また、この借地権が設定されている宅地（貸宅地）の価額はどのように評価しますか。

① 自用地としての価額

  ㋐ 課税時期の属する年分　　　　　80,000,000円

  ㋑ 課税時期の属する年の前年分　　75,000,000円

  ㋒ 課税時期の属する年の前々年分　70,000,000円

② 実際に支払っている地代の年額　　　1,500,000円

③ 評価基準に定められた課税時期の属する年分の借地権割合　70%

④ 土地賃貸借契約において、借地権設定時に権利金の授受を行わず、将来、借地人は借地権を無償で返還する旨が定められており、連名で「土地の無償返還に関する届出書」が所轄税務署に提出されている。

A ① 借地権の価額

  零

② 貸宅地の価額

  (自用地としての価額)
   80,000,000円　　× 0.8 ＝ 64,000,000円

第5章　貸借が行われている宅地の評価　　　191

【参考書式5】　土地の無償返還に関する届出書

土地の無償返還に関する届出書

※整理事項	1 土地所有者	整理簿	
		番　号	
	2 借地人等	確　認	

受付印

令和　　年　　月　　日

国　税　局　長　殿
税　務　署　長

土地所有者＿＿＿＿＿は、〔借地権の設定等／使用貸借契約〕により下記の土地を〔平成／令和〕＿＿年＿＿月＿＿日

から＿＿＿＿＿に使用させることとしましたが、その契約に基づき将来借地人等から無償で

土地の返還を受けることになっていますので、その旨を届け出ます。

　なお、下記の土地の所有又は使用に関する権利等に変動が生じた場合には、速やかにその旨を届

け出ることとします。

記

土地の表示

所　在　地　＿＿＿＿＿＿＿＿＿＿＿＿＿＿＿＿＿＿＿＿＿＿＿＿＿＿＿

地目及び面積　＿＿＿＿＿＿＿＿＿＿＿＿＿＿＿＿＿＿＿　＿＿＿＿＿＿m²

	（土地所有者）	（借地人等）
住所又は所在地	〒　　　　電話（　　）　－	〒　　　　電話（　　）　－
氏名又は名称	＿＿＿＿＿＿＿＿＿＿㊞	＿＿＿＿＿＿＿＿＿＿㊞
代表者氏名	＿＿＿＿＿＿＿＿＿＿㊞	＿＿＿＿＿＿＿＿＿＿㊞

	（土地所有者が連結申告法人の場合）	（借地人等が連結申告法人の場合）
連結親法人の納税地	〒　　　　電話（　　）　－	〒　　　　電話（　　）　－
連結親法人名等	＿＿＿＿＿＿＿＿＿＿＿＿	＿＿＿＿＿＿＿＿＿＿＿＿
連結親法人等の代表者氏名	＿＿＿＿＿＿＿＿＿＿＿＿	

借地人等と土地所有者との関係	借地人等又はその連結親法人の所轄税務署又は所轄国税局
＿＿＿＿＿＿	＿＿＿＿＿＿

01.06 改正

（契約の概要等）

1　契　約　の　種　類 _____

2　土地の使用目的 _____

3　契　約　期　間　平成・令和　　　年　　　　月　～　令和　　　年　　　　月

4　建　物　等　の　状　況

　(1)　種　　　　　類 _____

　(2)　構造及び用途 _____

　(3)　建　築　面　積　等 _____

5　土　地　の　価　額　等

　(1)　土　地　の　価　額 _____ 円　（財産評価額 _____ 円)

　(2)　地　代　の　年　額 _____ 円

6　特　　約　　事　　項 _____

_____

7　土地の形状及び使用状況等を示す略図

8　添　付　書　類　　(1)　契約書の写し　(2) _____

第5章　貸借が行われている宅地の評価　　193

7　同族会社の株式評価における借地権の扱い

> (1)　同族会社が相当の地代を支払っている場合
>
> 　同族会社の株式を純資産価額方式で評価する場合に、自用地としての価額の20％相当額を借地権の価額として純資産に算入します。
>
> (2)　同族会社が相当の地代に満たない地代を支払っている場合
>
> 　同族会社の株式を純資産価額方式で評価する場合において、借地権の評価額が自用地としての価額の20％に満たないときには、当該20％相当額と借地権の価額の差額を借地権の価額に加算して純資産の計算をします。
>
> (3)　無償返還届出書が提出されている場合
>
> 　同族会社の株式を純資産価額方式で評価する場合に、自用地としての価額の20％相当額を借地権の価額として純資産に算入します。

(1)　同族会社が相当の地代を支払っている場合　■■■■■■■■■■■

　相当の地代が授受されている場合の借地権の価額は零として扱われ、一方、相当の地代が授受されている場合の貸宅地の価額は、その宅地が自用地であるものとして評価した価額の80％に相当する金額とされています。しかしながら、被相続人が同族関係者となっている同族会社に対して宅地を貸し付けている場合においては、個人と法人を通じて自用地価額の100％相当額を課税対象とすることが課税の公平に資すると考えられることから、その同族会社の株式を純資産価額方式で評価するときには、その宅地の自用地としての価額の20％に相当する金額を借地権の価額として純資産に算入することとされています（相当地代通達6(注)、相当地代貸宅地通達）。

【相当の地代の授受がされている場合】

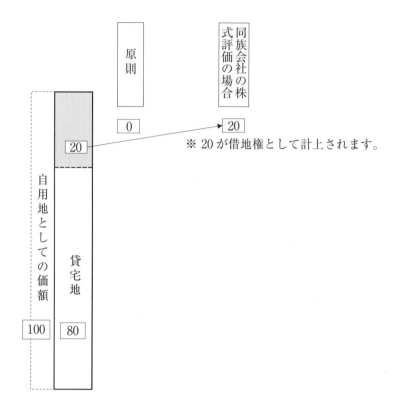

※ 20が借地権として計上されます。

(2) 同族会社が相当の地代に満たない地代を支払っている場合

　相当の地代に満たない地代の授受がされている場合の借地権の価額は、前記5(2)の算式により評価されます。一方、相当の地代に満たない地代の授受がされている場合の貸宅地の価額は、その宅地が自用地であるものとして評価した価額から借地権の価額を控除した金額（以下「調整貸宅地価額」といいます。）となりますが、その宅地が自用地であるものとして評価した価額の80％に相当する金額が上限となります。しかしながら、上記(1)と同様に、被相続人が同族関係者となっている同族会社に対して宅地を貸し付けている場合においては、個人と法人を通じて自用地価額の100％相当額を課税対象とすることが課税の公平に資すると考えられます。そこで、その宅地が自用地であるものとして評価した価額から借地権の価額を控除した金額がその宅地が自用地であるものとして評価した価額の80％を超える場合には、調整貸宅地価額とそ

第5章　貸借が行われている宅地の評価

の宅地が自用地であるものとして評価した価額の80％に相当する金額との差額を、その法人の株式を純資産価額方式で評価する場合の借地権の価額に加算することとされています（相当地代通達7なお書、相当地代貸宅地通達）。

【相当の地代に満たない地代の授受がされている場合】
（借地権の価額が30と評価された場合）

【相当の地代に満たない地代の授受がされている場合】
（借地権の価額が10と評価された場合）

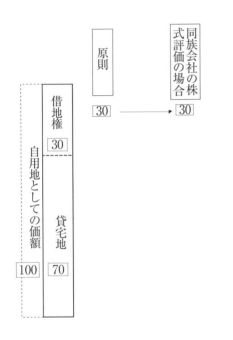

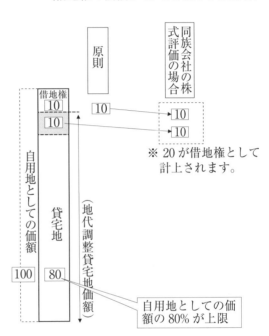

(3) 無償返還届出書が提出されている場合

　無償返還届出書が提出されている場合の借地権の価額は零として扱われ、その場合の貸宅地の価額は、原則としてその宅地が自用地であるものとした場合の価額の80％に相当する金額により評価されます。しかしながら、被相続人が同族関係者となっている同族会社に対して宅地を貸し付けている場合においては、個人と法人を通じて自用地価額の100％相当額を課税対象とすることが課税の公平に資すると考えられることから、その同族会社の株式を純資産価額方式で評価するときには、その宅地の自用地としての価額の20％に相当する金額を借地権の価額として純資産に算入することとされています（相当地代通達8なお書、相当地代貸宅地通達）。

【無償返還届出書が提出されている場合】

原則 0

同族会社の場合株式評価の 20

※ 20 が借地権として計上されます。

自用地としての価額 100

貸宅地 80

20

◆同族会社の株式を贈与した場合

　上記(1)ないし(3)の取扱いの基となっている昭和43年10月28日直資3-22・直審(資)8・官審(資)30「相当の地代を授受している貸宅地の評価について」通達（以下「相当地代貸宅地通達」といいます。）は、相続財産である宅地を被相続人が同族会社に相当の地代で貸し付けており、かつ、その会社の株式が相続財産であるケースであり、相当地代通達はこの相当地代貸宅地通達における取扱いを準用する定めとなっています。そのため、相当地代貸宅地通達とは異なったケースにおいて、同通達が準用されるのかどうか疑義の生じるところです。この点に関し、同族会社に土地を貸し付けている当該同族会社の同族関係者が、当該同族会社の株式を贈与した場合においても、上記(1)の適用があるとされた先例があります（平27・3・25裁決　裁事98・163）。

第2 定期借地権等が設定されている場合の評価

<フローチャート〜定期借地権等が設定されている場合の評価>

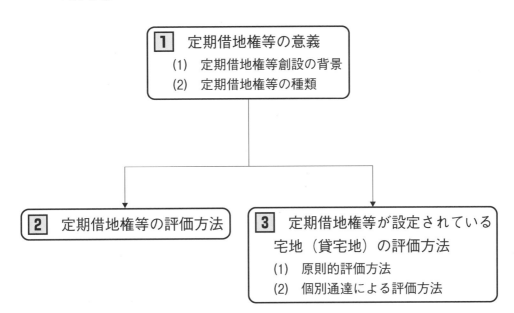

第5章　貸借が行われている宅地の評価

1　定期借地権等の意義

（1）　定期借地権等創設の背景

　遊休土地等の利用の促進や土地の供給を容易にする目的で従来の借地権とは別に新たな借地権方式として、借地借家法において、定期借地権等が設けられました。

（2）　定期借地権等の種類

　財産評価において、定期借地権等とは、一般定期借地権、事業用定期借地権、建物譲渡特約付借地権及び一時使用の借地権をいいます。

（1）　定期借地権等創設の背景 ■■■■■■■■■■■■■■■■■■■■

　旧借地法（平成3年借地借家法の制定により廃止）の下では借地権が非常に強固な権利となりすぎ、土地所有者が安心して土地を賃貸することができなくなっており、一方で借地権の設定時に多額の権利金の支払が求められることから土地の利用を希望する者にとって土地を賃借することが困難な実態がありました。こうした実態を踏まえ、平成3年に制定された借地借家法において、遊休土地等の利用の促進や土地の供給を容易にする目的で従来の借地権とは別に新たな借地権方式が導入されました。これが定期借地権等の制度です。

（2）　定期借地権等の種類 ■■■■■■■■■■■■■■■■■■■■■

　財産評価上、次の4種類の借地権が「定期借地権等」と定義され、その評価方法が定められています（評基通9(5)(6)）。

　ア　一般定期借地権

　一般定期借地権は、契約期間を50年以上（普通借地権は原則として30年）とし、借地権を設定する際に、契約更新の排除、建物の再築による期間延長の排除及び建物買取請求権の排除の特約を公正証書等の書面で行うことによって契約期間満了によって借地権が消滅するものをいいます（借地借家22）。

イ　事業用定期借地権

事業用定期借地権とは、専ら事業の用に供する建物（居住の用に供するものは除きます。）の所有を目的とする借地権で、借地権設定契約が公正証書により行われるものをいいます（借地借家23③）。

① 契約期間を30年以上50年未満とする借地権で、契約の更新の規定、建物の再築による期間延長の規定、建物買取請求権の規定を適用しない旨の特約により、契約期間の満了により借地権が消滅するもの（借地借家23①）

② 契約期間を10年以上30年未満とする借地権で、契約の更新の規定、建物の再築による期間延長の規定、建物買取請求権の規定が適用されず、契約期間の満了により借地権が消滅するもの（借地借家23②）

ウ　建物譲渡特約付借地権

建物譲渡特約付借地権とは、借地契約を締結する際に借地権設定後30年以上を経過した日以後に借地権を消滅させるために建物を相当の対価で土地所有者に譲渡する旨の特約を締結することによって更新制度の特例として借地権が消滅するものをいいます（借地借家24①）。

エ　一時使用の借地権

臨時設備の設置その他一時使用のために設定された借地権をいいます（借地借家25）。定期借地権とは異なりますが、契約の更新の規定、建物の再築による期間延長の規定、建物買取請求権の規定等が適用されないことから、財産評価上、定期借地権等に含められ、定期借地権と同様に取り扱われています。

2　定期借地権等の評価方法

定期借地権等の価額は、原則として、課税時期において借地権者に帰属する経済的利益及びその存続期間を基として評定した価額によって評価します（評基通27-2）。

しかしながら、実務上、原則どおりに個々の定期借地権の評価をすることは困難であることから、次の簡便法が定められ、課税上弊害がない限りこの簡便法により定期借地権等の価額を評価することとされています。

（簡便法）

次の算式により求めた金額によって評価します（評基通27-2ただし書）。

$$
\begin{array}{l}
\text{定期借地権} \\
\text{等の価額}
\end{array}
=
\begin{array}{l}
\text{課税時期にお} \\
\text{ける自用地と} \\
\text{しての価額}
\end{array}
\times
\dfrac{\begin{array}{l}\text{定期借地権等の設定} \\ \text{の時における借地権} \\ \text{者に帰属する経済的} \\ \text{利益の総額}\end{array}}{\begin{array}{l}\text{定期借地権等設定時} \\ \text{におけるその宅地の} \\ \text{通常取引価額}\end{array}}
\times
\dfrac{\begin{array}{l}\text{課税時期における定期借地権等} \\ \text{の残存期間年数に応ずる基準年} \\ \text{利率による複利年金現価率}\end{array}}{\begin{array}{l}\text{定期借地権等の設定期間年数に} \\ \text{応ずる基準年利率による複利年} \\ \text{金現価率}\end{array}}
$$

◆定期借地権等の設定の時における借地権者に帰属する経済的利益の総額

定期借地権等の価額を算出する場合の算式中の「定期借地権等の設定の時における借地権者に帰属する経済的利益の総額」は、次に掲げる金額の合計額とされています（評基通27-3）。

① 定期借地権等の設定に際し、借地権者から借地権設定者に対し、権利金、協力金、礼金などその名称のいかんを問わず借地契約の終了の時に返還を要しないものとされる金銭の支払又は財産の供与がある場合

　　課税時期において支払われるべき金額又は供与すべき財産の価額に相当する金額

② 定期借地権等の設定に際し、借地権者から借地権設定者に対し、保証金、敷金などその名称のいかんを問わず借地契約の終了の時に返還を要するものとされる金銭等（以下「保証金等」といいます。）の預託があった場合において、その保証金等につき基準年利率（評基通4-4）未満の約定利率による利息の支払があるとき又は無利息のとき

　　次の算式により計算した金額

$$
\begin{array}{l}\text{保証金等の額に} \\ \text{相当する金額}\end{array}
-
\left(\begin{array}{l}\text{保証金等の額に} \\ \text{相当する金額}\end{array}
\times
\begin{array}{l}\text{定期借地権等の設定期間年数に応} \\ \text{じる基準年利率による複利現価率}\end{array}\right)
$$
$$
-
\left(\begin{array}{l}\text{保証金等の額に} \\ \text{相当する金額}\end{array}
\times
\begin{array}{l}\text{基準年利率未} \\ \text{満の約定利率}\end{array}
\times
\begin{array}{l}\text{定期借地権等の設定期間年数に応じ} \\ \text{る基準年利率による複利年金現価率}\end{array}\right)
$$

③ 定期借地権等の設定に際し、実質的に贈与を受けたと認められる差額地代の額がある場合

　　次の算式により計算した金額

$$
\text{差額地代の額}
\times
\begin{array}{l}\text{定期借地権等の設定期間年} \\ \text{数に応じる基準年利率によ} \\ \text{る複利年金現価率}\end{array}
$$

(注1)　実質的に贈与を受けたと認められる差額地代の額がある場合に該当するかどうかは、個々の取引において取引の事情、取引当事者間の関係等を総合勘案して判定します。

(注2)　「差額地代の額」とは、同種同等の他の定期借地権等における地代の額とその定期借地権等の設定契約において定められた地代の額（上記①又は②に掲げる金額がある場合には、そ

第5章　貸借が行われている宅地の評価　　201

の金額に定期借地権等の設定期間年数に応ずる基準年利率による年賦償還率を乗じて得た額を地代の前払に相当する金額として毎年の地代の額に加算した後の額)との差額をいいます。

◆上記算式により評価することに課税上の弊害がある場合

　権利金の追加払がある場合や明らかに自然発生的な差額地代が生じていると認められる場合など借地権設定時と課税時期において借地人に帰属する経済的利益に特段の変化がある場合が考えられます(北村厚『平成30年版　財産評価基本通達逐条解説』223頁(大蔵財務協会、2018))。このような場合には、簡便法による評価を行うことはできませんので、課税時期において借地権者に帰属する経済的利益及びその存続期間を基として個別に評価することとなります。

$$\boxed{\text{ケーススタディ}}$$

Q 　次の場合、一般定期借地権の価額はどのように評価することとなりますか。

　(1)　一般定期借地権の設定契約等

　①　設定期間　50年

　②　設定時の通常の取引価額(自用地としての価額)　8,000万円

　③　設定時に支払った権利金の額　1,000万円

　(2)　課税時期等

　①　課税時期　令和元年6月1日(設定後10年経過し、残存期間は40年)

　②　課税時期における自用地としての価額(相続税評価額)　7,000万円

　③　課税時期における基準年利率(長期)　0.25%

　　　※基準年利率0.25%の複利年金現価率　40年　38.020

　　　　　　　　　　　　　　　　　　　　 50年　46.946

A 　一般定期借地権の評価額は次のように計算します。

$$\underset{\text{(自用地価額)}}{70,000,000円} \times \underset{\text{(設定時の定期借地権割合)}}{\frac{10,000,000円}{80,000,000円}} \times \underset{\text{(逓減率)}}{\frac{38.020}{46.946}} \fallingdotseq 7,086,333円$$

3 定期借地権等が設定されている宅地（貸宅地）の評価方法

（1）　原則的評価方法

　定期借地権等が設定されている宅地（貸宅地）の価額は、自用地としての価額から定期借地権等の価額を控除して求めた価額と残存期間に応じて求めた価額のうち、いずれか低い方の価額により評価します。

（2）　個別通達による評価方法

　借地権割合が30％から70％までの地域に所在する一般定期借地権の設定された宅地については、上記(1)にかかわらず、底地割合に基づいた評価を行います。

---

(1)　原則的評価方法 ■■■■■■■■■■■■■■■■■■■■■■■■

　定期借地権等の目的となっている宅地の価額は、原則として、その宅地の自用地としての価額から、上記 2 で求めた定期借地権等の価額を控除した金額によって評価します（評基通25(2)）。

　ただし、上記 2 により評価した定期借地権等の価額が、その宅地の自用地としての価額に次に掲げる定期借地権等の残存期間に応じる割合を乗じて計算した金額を下回る場合には、その宅地の自用地としての価額から当該自用地としての価額に次に掲げる割合を乗じて計算した金額を控除した金額によって評価することとされています（評基通25(2)ただし書）。

① 　残存期間が5年以下のもの　　　　　　　　5％
② 　残存期間が5年を超え10年以下のもの　　　10％
③ 　残存期間が10年を超え15年以下のもの　　 15％
④ 　残存期間が15年を超えるもの　　　　　　　20％

(2)　個別通達による評価方法 ■■■■■■■■■■■■■■■■■■■■■

　毎年の評価基準に定められた借地権割合がＣからＧまでの地域区分に存する一般定期借地権の目的となっている宅地の価額は、課税上弊害がない限り、上記(1)の課税時

期における評価基本通達25(1)に定める原則的評価方法にかかわらず、当該一般定期借地権の設定されている宅地の自用地としての価額から「一般定期借地権の価額に相当する金額」を控除した金額によって評価します（平10・8・25課評2-8・課資1-13　1）。

　　この場合の「一般定期借地権の価額に相当する金額」とは、課税時期における自用地としての価額に、次の算式により計算した数値を乗じて計算した金額とします。

（算式）

$$（1 - 底地割合）× \frac{課税時期におけるその一般定期借地権の残存期間年数に応ずる基準年利率による複利年金現価率}{一般定期借地権の設定期間年数に応ずる基準年利率による複利年金現価率}$$

（注）　基準年利率は、評価基本通達4-4に定める基準年利率をいいます。

◆底地割合

　　上記の算式中の「底地割合」は、一般定期借地権の目的となっている宅地のその設定の時における価額が、その宅地の自用地としての価額に占める割合をいうものとし、借地権割合の地域区分に応じ、次に定める割合によるものとされています（平10・8・25課評2-8・課資1-13　2）。

（底地割合）

借地権割合			底地割合
	路線価図	評価倍率表	
地域区分	C	70%	55%
	D	60%	60%
	E	50%	65%
	F	40%	70%
	G	30%	75%

（注1）　借地権割合及びその地域区分は、各国税局長が定める「財産評価基準書」において、各路線価図についてはAからGの表示により、評価倍率表については数値により表示されています。

（注2）　借地権割合の地域区分がA地域、B地域及び評価基本通達27ただし書に定める「借地権の設定に際しその設定の対価として通常権利金その他の一時金を支払うなど借地権の取引慣行があると認められる地域以外の地域」に存する一般定期借地権の目的となっている宅地の価額は、上記(1)の原則的評価方法により評価します。

204　　第5章　貸借が行われている宅地の評価

◆個別通達による評価を行うことができる「課税上弊害がない」場合

　個別通達による評価を行うことができる「課税上弊害がない」場合とは、一般定期借地権の設定等の行為が専ら税負担回避を目的としたものではなく、また、この個別通達によって評価することが著しく不適当と認められる事情もない場合をいい、個別の設定等についての事情、取引当事者間の関係等を総合勘案してその有無を判定することとなります（平10・8・25課評2-8・課資1-13　3）。

　なお、一般定期借地権に係る借地権者が次に掲げる者に該当する場合には、「課税上弊害がある」ものとされます。

①　一般定期借地権の借地権設定者（以下「借地権設定者」といいます。）の親族

②　借地権設定者とまだ婚姻の届出をしないが事実上婚姻関係と同様の事情にある者及びその親族でその者と生計を一にしているもの

③　借地権設定者の使用人及び使用人以外の者で借地権設定者から受ける金銭その他の財産によって生計を維持しているもの並びにこれらの者の親族でこれらの者と生計を一にしているもの

④　借地権設定者が法人税法2条15号に規定する役員となっている会社

⑤　借地権設定者、その親族、上記②及び③に掲げる者並びにこれらの者と法人税法2条10号に規定する政令で定める特殊の関係にある法人を判定の基礎とした場合に同号に規定する同族会社に該当する法人

⑥　上記④又は⑤に掲げる法人の役員又は使用人

⑦　借地権設定者が、借地借家法15条の規定により、自ら一般定期借地権を有することとなる場合の借地権設定者

ケーススタディ

Q　平成28年8月に、甲は、叔父である乙の所有する宅地上に、契約期間を50年とする一般定期借地権を設定し、そこに建物を建築し、飲食店を営んでいます。令和元年8月に叔父がなくなりましたが、叔父の相続税の計算上、一般定期借地権の設定されているこの土地は、どのように評価しますか。

自用地としての価額	8,900万円	
定期借地権の価額（上記 2 により評価した価額）		1,200万円
借地権割合	70%	
基準年利率	0.25%	

第5章　貸借が行われている宅地の評価　　205

A　次のように評価します。

(1)　原則的評価方法

①　定期借地権の価額　12,000,000円

②　定期借地権の残存期間に応じて計算した金額

残存期間に応じた割合　　残存期間が15年を超えるため20%

89,000,000円　×　20%　=　17,800,000円

12,000,000円（①）　<　17,800,000円

貸宅地の価額

89,000,000円　−　(89,000,000円　×　20%)　=　71,200,000円

(2)　個別通達による評価方法

借地権割合70%の場合の底地割合　55%

定期借地権の残存期間　47年

課税時期における一般定期借地権の残存期間年数（47年）に応ずる基準年利率0.25%による複利年金現価率　44.292

一般定期借地権の設定期間年数（50年）に応ずる基準年利率0.25%による複利年金現価率　46.946

一般定期借地権の価額に相当する金額

$$89,000,000円　×　(1　−　55\%)　×　\frac{44.292}{46.946}　≒　37,785,851円$$

貸宅地の価額

89,000,000円　−　37,785,851円　=　51,214,149円

(3)　個別通達に定める評価方法によった場合には、貸宅地の評価額は51,214,149円となりますが、一般定期借地権の借地権者が、借地権設定者の親族その他一定の関係がある者である場合には、個別通達により評価をすることができる「課税上弊害がない」場合には該当しないこととされています。したがって、設例の場合の貸宅地の評価額は、原則的評価方法により評価した価額である7,120万円となります。

206　　第5章　貸借が行われている宅地の評価

【参考書式6】　定期借地権等の評価明細書

(表)

定 期 借 地 権 等 の 評 価 明 細 書

（平成二十年分以降用）

| （住居表示）所在地番 | | （地積）㎡ | 設定年月日 | 平成令和　年　月　日 | 設定期間年数 | ⑦　　年 |
| | | | 課税時期 | 平成令和　年　月　日 | 残存期間年数 | ⑧　　年 |

定期借地権等の種類	一般定期借地権　・　建物譲渡特約付借地権　・事業用定期借地権等	設定期間年数に応ずる基準年利率による	複利現価率	④	
定期借地権等の設定時	自用地としての価額	①	（1㎡当たりの価額　　　円）　　　円		複利年金現価率	⑤	
	通常取引価額	②	（通常の取引価額又は①／0.8）　　　円				
課税時期	自用地としての価額	③	（1㎡当たりの価額　　　円）　　　円	残存期間年数に応ずる基準年利率による複利年金現価率	⑥	

(注)　④及び⑤に係る設定期間年数又は⑥に係る残存期間年数について、その年数に1年未満の端数があるときは6か月以上を切り上げ、6か月未満を切り捨てます。

○定期借地権等の評価

経済的利益の額の計算	権利金等の授受がある場合	（権利金等の金額）（A）＝⑨　　円	権利金・協力金・礼金等の名称のいかんを問わず、借地契約の終了のときに返還を要しないとされる金銭等の額の合計を記載します。	⑨	（権利金等の授受による経済的利益の金額）　　円
	保証金等の授受がある場合	（保証金等の額に相当する金額）（B）　　円	保証金・敷金等の名称のいかんを問わず、借地契約の終了のときに返還を要するものとされる金銭等（保証金等）の預託があった場合において、その保証金等につき基準年利率未満の約定利率の支払いがあるとき又は無利息のときに、その保証金等の金額を記載します。	⑩	（保証金等の授受による経済的利益の金額）　　円
		（保証金等の授受による経済的利益の金額の計算）　（④の複利現価率）　　（基準年利率未満の約定利率）　（⑤の複利年金現価率）（B）－〔（B）×────〕－〔（B）×────×────〕＝⑩			
		（権利金等の授受による経済的利益の金額）　　（保証金等の授受による経済的利益の金額）　　（贈与を受けたと認められる差額地代の額がある場合の経済的利益の金額）⑨　　円　＋　⑩　　円　＋　⑪　　円　＝		⑫	（経済的利益の総額）　　円
		(注)　⑪欄は、個々の取引の事情・当事者間の関係等を総合勘案し、実質的に贈与を受けたと認められる差額地代の額がある場合に記載します（計算方法は、裏面2参照。）。			
評価額の計算		（課税時期における自用地としての価額）　（経済的利益の総額）　（⑥の複利年金現価率）③　　円　×　⑫　　円　────　×　────　＝（設定時の通常取引価額）　（⑤の複利年金現価率）②　　円		⑬	（定期借地権等の評価額）　　円

(注)　保証金等の返還の時期が、借地契約の終了のとき以外の場合の⑩欄の計算方法は、税務署にお尋ねください。

○定期借地権等の目的となっている宅地の評価

一般定期借地権の目的となっている宅地（裏面1の⒜に該当するもの）	（課税時期における自用地としての価額）③　　円　－（課税時期における自用地としての価額）③　　円　×（底地割合（裏面3参照））〔1－　　〕×（⑥の複利年金現価率）────（⑤の複利年金現価率）　＝	⑭	（一般定期借地権の目的となっている宅地の評価額）　　円
上記以外の定期借地権等の目的となっている宅地（裏面1の⒝に該当するもの）	（課税時期における自用地としての価額）③　　円　－（定期借地権等の評価額）⑬　　円　＝⑮　　円	⑰	上記以外の定期借地権等の目的となっている宅地の評価額（⑮と⑯のいずれか低い金額）　　円
	（課税時期における自用地としての価額）③　　円　×（残存期間年数に応じた割合（裏面4参照））〔1－　　〕＝⑯　　円		

(資4-80-1-A4統一)

第5章　貸借が行われている宅地の評価　　　207

(裏)

1　定期借地権等の種類と評価方法の一覧

定期借地権の種類	定期借地権等の評価方法	定期借地権等の目的となっている宅地の評価方法
一 般 定 期 借 地 権 （借地借家法第22条）	財産評価基本通達27-2に定める評価方法による	平成10年8月25日付課評2-8・課資1-13「一般定期借地権の目的となっている宅地の評価に関する取扱いについて」に定める評価方法による　　Ⓐ
		※
事業用定期借地権等 （借地借家法第23条）		財産評価基本通達25(2)に定める評価方法による　　Ⓑ
建物譲渡特約付借地権 （借地借家法第24条）		

(注)　※印部分は、一般定期借地権の目的となっている宅地のうち、普通借地権の借地権割合の地域区分A・B地域及び普通借地権の取引慣行が認められない地域に存するものが該当します。

2　実質的に贈与を受けたと認められる差額地代の額がある場合の経済的利益の金額の計算

差額地代（設定時）

| 同種同等地代の年額（C） | 円 | 実際地代の年額（D） | 円 | 設定期間年数に応ずる基準年利率による年賦償還率 | ⑱ | |

（前払地代に相当する金額）　　　　　（実際地代の年額（D））　（実質地代の年額（E））

$$\left[\begin{array}{c}(権利金等⑨)　(⑱の年賦償還率)　(保証金等⑩)　(⑱の年賦償還率)\\ \underline{\quad\quad}円 × \underline{\quad\quad} + \underline{\quad\quad}円 × \underline{\quad\quad}\end{array}\right] + \underline{\quad\quad}円 = \underline{\quad\quad}円$$

（差額地代の額）　　　　　　　（⑤の複利年金現価率）

（同種同等地代の年額（C））　（実質地代の年額（E））

（　　　　　円 －　　　　　円）×　　　　　＝ ⑪ 〔贈与を受けたと認められる差額地代の額がある場合の経済的利益の金額〕 　　円

(注)　「同種同等地代の年額」とは、同種同等の他の定期借地権等における地代の年額をいいます。

3　一般定期借地権の目的となっている宅地を評価する場合の底地割合

	借 地 権 割 合		底地割合
	路線価図	評価倍率表	
地域区分	C	70%	55%
	D	60%	60%
	E	50%	65%
	F	40%	70%
	G	30%	75%

4　定期借地権等の目的となっている宅地を評価する場合の残存期間年数に応じた割合

残 存 期 間 年 数	割 合
5年以下の場合	5%
5年を超え10年以下の場合	10%
10年を超え15年以下の場合	15%
15年を超える場合	20%

(注)　残存期間年数の端数処理は行いません。

(資4－80－2－A4統一)

第3　使用貸借により土地の貸借が行われている場合の評価

＜フローチャート～使用貸借により土地の貸借が行われている場合の評価＞

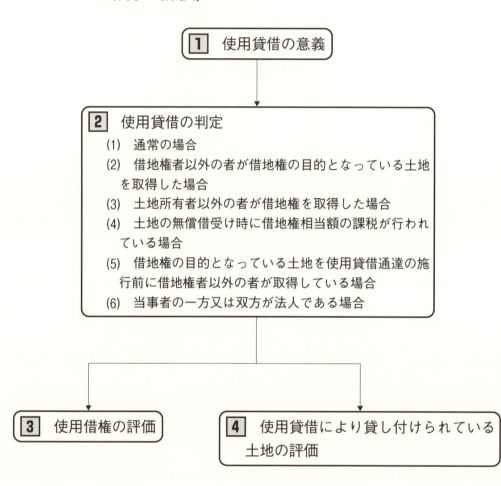

第5章　貸借が行われている宅地の評価　　　209

1 　使用貸借の意義

　使用貸借とは、契約当事者の一方が、契約の対象となった物を無償で使用及び収益を行った後にこれを返還することを約して、当該対象物の引渡しを受ける契約をいいます（民593）。例えば、子が親の土地を無償で借り受け、その土地上に自己の住宅を建築して居住の用に供する場合や妻の土地を夫が無償で借り受け、その土地上に賃貸ビルを建築する場合などが該当します。一般的に土地の使用貸借は、このように当事者間に特別な人的関係が存在する場合に行われます。なお、この使用貸借契約は、借主の死亡によりその効力を失うこととされています（民597③）。

　使用貸借契約においては土地の借受けの対価である賃料（地代）の授受は行われませんが、借主は貸借の目的となった資産の通常の必要費を負担する義務があることから（民595①）、その土地に課せられる公租公課（固定資産税や都市計画税）相当額を貸主に支払っている場合も、使用貸借と認められます（最判昭41・10・27判時464・32）。

　なお、本書では、土地の使用貸借契約に係る使用権を土地の「使用借権」、使用借権を有する者を「使用借権者」といい、使用貸借契約により貸し付けられている土地を「使用借権の設定されている土地」といいます。

2 　使用貸借の判定

---

(1)　通常の場合
　借主が土地を無償で使用収益している場合又は固定資産税等相当額のみの支払をしている場合には、使用貸借となります。借地権を無償で借り受けている場合も同様です。

(2)　借地権者以外の者が借地権の目的となっている土地を取得した場合
　借地権の目的となっている土地を借地権者以外の者が取得し、その土地の取得者と当該借地権者との間に当該土地の使用の対価としての地代の授受が行われないこととなった場合には、原則として、その土地の取得者は、

当該借地権者から当該土地に係る借地権の贈与を受けたものとして取り扱われ、以後、旧借地権者である建物所有者は、当該土地を使用貸借により借り受けていることとなります。

(3) 土地所有者以外の者が借地権を取得した場合

土地所有者以外の者が、借地権及び借地上の建物を取得し、その土地の所有者と借地権の取得者との間に当該土地の使用の対価としての地代の授受が行われないこととなった場合においては、原則として、その土地の所有者は、当該借地権者から当該土地に係る借地権の贈与を受けたものとして取り扱われ、以後、旧借地権者である建物所有者は、当該土地を使用貸借により借り受けていることとなります。

(4) 土地の無償借受け時に借地権相当額の課税が行われている場合

旧取扱いにより土地の無償借受け時に借地権相当額の課税が行われている場合、その後の建物又は土地の異動状況に応じて使用貸借かどうかを判定します。

(5) 借地権の目的となっている土地を使用貸借通達の施行前に借地権者以外の者が取得している場合

使用貸借通達の施行前に借地権の目的となっている土地を当該借地権者以外の者が取得し、その者と当該借地権者との間に当該土地の使用の対価としての地代の授受が行われないこととなったものについては、その後の建物又は土地の異動状況に応じて使用貸借かどうかを判定します。

(6) 当事者の一方又は双方が法人である場合

土地の貸借の一方又は双方が法人である場合には、原則として、土地の借主に借地権が存するものとし、土地所有者は借地権の設定されている土地を有するものとして扱われます。

(1) 通常の場合 ■■■■■■■■■■■■■■■■■■■■■■■■■■■■■■■

土地の使用貸借契約においては、借主はその土地を無償で使用収益することとなります。したがって、原則として地代の授受は行われませんが、地代の授受が行われている場合であっても、それが、貸借の目的となっている土地に係る固定資産税等相当

第5章　貸借が行われている宅地の評価　　211

額程度である場合には、使用貸借による貸付けと認められます（借主が、直接、固定資産税等を負担している場合であっても、固定資産税等相当額を地代として土地所有者に支払っている場合であっても同じです。）。

　しかしながら、土地の貸借に係る賃料の授受が行われていない場合であっても権利金その他地代に代わるべき経済的利益の授受があるものは使用貸借による貸付けには該当しません（使用貸借通達1）。

　また、当事者の関係や土地の貸借に係る課税関係の変遷などによっては、(2)以下で述べるように課税時期においてその土地の貸借に係る賃料の授受が行われていないことのみをもってその土地の貸借を使用貸借と認定することができない場合があります。

◆借地権の使用貸借

　借地権を有する者（借地権者）からその借地権の目的となっている土地の全部又は一部を使用貸借により借り受けてその土地の上に建物等を建築した場合、又は借地権の目的となっている土地の上に存する建物等を取得し、その借地権者からその建物等の敷地を無償で借り受けることとした場合には、建物等の所有者が使用借権者となり、当該借地権者は、使用借権の設定されている借地権を有していることとなります。

　しかしながら、借地権を有する者がその借地上の建物を取り壊し、別の者が新たに建物を建築する場合、又は借地権者がその借地上の建物を贈与した場合、土地所有者との間で借地権者の名義を変更することも少なくありません。また、新たな建物の所有者が賃貸借契約により当該借地権を借地権者から借り受ける（転借する）こともあります。建物所有者が敷地に対して有する権利が借地権者が有する借地権に係る使用借権なのか、借地権そのもの又は転借権なのか外観からだけでは見分けがつかないことから、実務上、借地権の使用貸借が行われた場合には、建物所有者の敷地に対して有する権利が借地権の使用貸借によるものであることについて、「借地権の使用貸借に関する確認書」（後掲【参考書式7】参照）を用いて当該使用貸借に係る借受者、当該借地権者及び当該土地の所有者の間でその事実を確認します（使用貸借通達2第2文・(注)1）。この「借地権の使用貸借に関する確認書」は、課税関係を明確にしておくために使用貸借に係る借受者の住所地を所轄する税務署に提出します。

　なお、税務署で確認を行った結果、その貸借が上記の使用貸借に該当しないもので

あると認められたときは、その実態に応じ、借地権又は転借権の贈与として贈与税の課税関係を生ずる場合があります（使用貸借通達2(注)2）。

(2) 借地権者以外の者が借地権の目的となっている土地を取得した場合 ■■■■■■■■■■■■■■■■■■■■■■■■■■■■■■■■■

　借地権の目的となっている土地を当該借地権者以外の者が取得し、その土地の取得者と当該借地権者との間に当該土地の使用の対価としての地代の授受が行われないこととなった場合においては、その土地の取得者は、当該借地権者から当該土地に係る借地権の贈与を受けたものとして取り扱われます（使用貸借通達5）。

　その後は、旧借地権者は、土地所有者から使用貸借により土地を借り受け、当該土地上に建物を有していることとなりますので、旧借地権者である建物所有者が土地に対して有する権利は使用借権となり、土地所有者は使用借権の設定されている土地を有していることとなります。

　ただし、当該土地の使用の対価としての地代の授受が行われないこととなった理由が使用貸借に基づくものではないとしてその土地の取得者がその者の住所地の所轄税務署長に対し、借地権者との連署による「当該借地権者は従前の土地の所有者との間の土地の賃貸借契約に基づく借地権者としての地位を放棄していない」旨の申出書(後掲【参考書式8】参照）を提出したときは、建物所有者が当該土地について有する権利は借地権として、また、土地の取得者は借地権の設定されている土地を有するものとして取り扱われることとなります（使用貸借通達5ただし書）。

(3) 土地所有者以外の者が借地権を取得した場合 ■■■■■■■■■■

　土地所有者以外の者が、借地権及び借地上の建物を取得し、その土地の所有者と借地権の取得者との間に当該土地の使用の対価としての地代の授受が行われないこととなった場合においては、その土地の所有者は、当該借地権者から当該土地に係る借地権の贈与を受けたものとして取り扱われます。その後は、建物所有者は、土地所有者から使用貸借により土地を借り受け、当該土地上に建物を有していることとなりますので、建物所有者が土地に対して有する権利は使用借権となり、土地所有者は使用借権の設定されている土地を有していることとなります。

ただし、当該土地の使用の対価としての地代の授受が行われないこととなった理由が使用貸借に基づくものではないとしてその土地の所有者がその者の住所地の所轄税務署長に対し、借地権の取得者との連署による「当該借地権の取得者は土地の所有者との間では借地権者としての地位を放棄していない」旨の申出書（後掲【参考書式9】参照）を提出したときは、建物所有者が当該土地について有する権利は借地権として、また、土地の取得者は借地権の設定されている土地を有するものとして取り扱われるものと考えられます。

(4) 土地の無償借受け時に借地権相当額の課税が行われている場合 ■■■■■■■■■■■■■■■■■■■■■■■■■■■■■

使用貸借通達の施行前の取扱いにより、①建物等の所有を目的として無償で土地の借受けがあったときに当該土地の借受者が当該土地の所有者から当該土地に係る借地権の価額に相当する利益を受けたものとして当該借受者に贈与税が課税されているもの、又は②無償で借り受けている土地の上に存する建物等を相続若しくは贈与により取得したときに当該建物等を相続若しくは贈与により取得した者が当該土地に係る借地権に相当する使用権を取得したものとして当該建物等の取得者に相続税若しくは贈与税が課税されているものについて、次に掲げる場合に該当することとなったときにおける当該建物等又は当該土地の相続税又は贈与税の課税価格に算入すべき価額は、次に掲げる場合に応じ、それぞれ次に掲げるところによることとされています（使用貸借通達6）。

ア　当該建物等を相続又は贈与により取得した場合

当該建物等の自用又は貸付けの区分に応じ、それぞれ当該建物等が自用又は貸付けのものであるとした場合の価額とし、当該建物等の存する土地に係る借地権の価額に相当する金額を含まないものとされます。すなわち、土地の貸借は使用貸借により行われているものとして取り扱われることとなります。

イ　当該土地を相続又は贈与により取得した場合で、当該土地を相続又は贈与により取得する前に、当該土地の上に存する当該建物等の所有者が異動しており、その時に当該建物等の存する土地に係る借地権の価額に相当する金額について相続税又は贈与税の課税が行われていないとき

当該土地が自用のものであるとした場合の価額とされます。すなわち、土地の貸借は使用貸借により行われているものとして取り扱われます。

ウ 当該土地を相続又は贈与により取得した場合で、①当該土地を相続又は贈与により取得する前に、当該土地の上に存する当該建物等の所有者が異動していないとき、及び②当該建物等の所有者が異動しておりその時に当該建物等の存する土地に係る借地権の価額に相当する金額について、相続税又は贈与税の課税が行われているとき

当該土地が借地権の目的となっているものとした場合の価額で評価されることとなり、使用借権の設定されている土地には該当しないこととなります。

（参考）土地の無償借受け時に借地権相当額の課税が行われている場合の取扱い

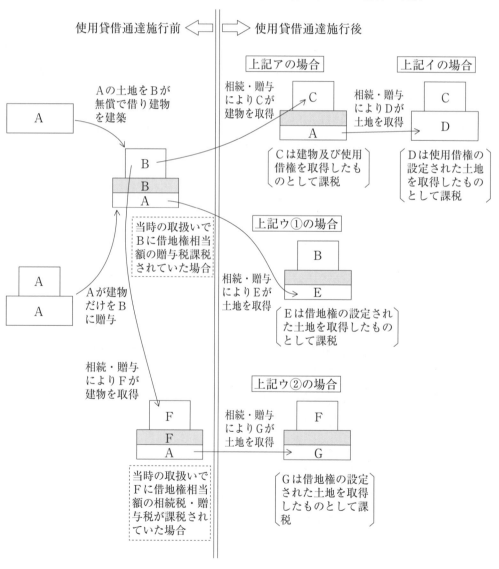

第5章 貸借が行われている宅地の評価 215

(5) 借地権の目的となっている土地を使用貸借通達の施行前に借地権者以外の者が取得している場合 ■■■■■■■■■■■■■■■

　使用貸借通達の施行前に借地権の目的となっている土地を当該借地権者以外の者が取得し、その者と当該借地権者との間に当該土地の使用の対価としての地代の授受が行われないこととなったもの（ただし、使用貸借通達の施行後に処理されるものを除きます。）について、次に掲げる場合に該当することとなったときにおける当該土地の上に存する建物等又は当該土地の相続税又は贈与税の課税価格に算入すべき価額は、次に掲げる場合に応じ、それぞれ次に掲げるところによることとされています（使用貸借通達7）。

　ア　当該建物等を相続又は贈与により取得した場合

　当該建物等の自用又は貸付けの区分に応じ、それぞれ当該建物等が自用又は貸付けのものであるとした場合の価額とし、当該建物等の存する土地に係る借地権の価額に相当する金額を含まないものとされます。すなわち、土地の貸借は使用貸借により行われているものとして取り扱われることとなります。

　イ　当該土地を相続又は贈与により取得した場合で、当該土地を相続又は贈与により取得する前に、当該土地の上に存する当該建物等の所有者が異動しており、その時に当該建物等の存する土地に係る借地権の価額に相当する金額について相続税又は贈与税の課税が行われていないとき

　当該土地が自用のものであるとした場合の価額とされます。すなわち、土地の貸借は使用貸借により行われているものとして取り扱われます。

　ウ　当該土地を相続又は贈与により取得した場合で、①当該土地を相続又は贈与により取得する前に当該土地の上に存する当該建物等の所有者が異動していないとき、及び②当該建物等の所有者が異動しておりその時に当該建物等の存する土地に係る借地権の価額に相当する金額について相続税又は贈与税の課税が行われているとき

　当該土地が借地権の目的となっているものとした場合の価額で評価されることとなり、使用借権の設定されている土地には該当しないこととなります。

（参考）借地権の目的となっている土地を使用貸借通達の施行前に当該借地権者以外の者が取得している場合の取扱い

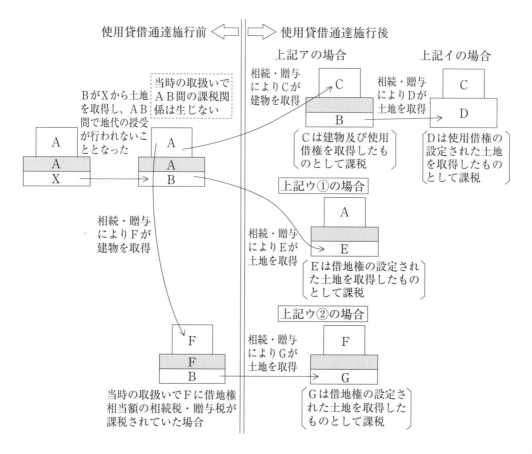

（6） 当事者の一方又は双方が法人である場合

　土地の貸借の一方又は双方が法人である場合には、地代の授受がなく、かつ、権利金の授受の慣行のある地域において権利金の授受が行われていない場合であっても、課税上は、原則として、土地の借主に借地権が存するものとし、土地所有者は借地権の設定されている土地を有するものとして扱われます。

　したがって、土地が使用貸借により法人に貸し付けられ、又は法人が使用貸借により土地を貸し付けている場合であっても、土地の借主の有する権利は使用借権には該当しません。なお、使用貸借に係る土地について無償返還届出書が提出されている場合の取扱いについては、**本章第1 6**を参照してください。

第５章　貸借が行われている宅地の評価　　217

【参考書式7】　借地権の使用貸借に関する確認書

借地権の使用貸借に関する確認書

① （借地権者）　　　　　　　　　（借受者）

＿＿＿＿＿＿＿＿＿＿＿＿　は、＿＿＿＿＿＿＿＿＿＿＿　に対し、令和＿＿＿年＿＿＿月＿＿＿日にその借地

している下記の土地 { に建物を建築させることになりました。　　　　　　　　 } しかし、その土地の使用
　　　　　　　　　　 { の上に建築されている建物を贈与（譲渡）しました。 }

　　　　　　　　　　　　　（借地権者）

関係は使用貸借によるものであり、＿＿＿＿＿＿＿＿＿＿＿＿＿　の借地権者としての従前の地位には、何ら変

更はありません。

記

土地の所在＿＿＿＿＿＿＿＿＿＿＿＿＿＿＿＿＿＿＿＿＿＿＿＿＿＿＿

地　　　積＿＿＿＿＿＿＿＿＿＿＿＿＿＿＿　㎡

② 上記①の事実に相違ありません。したがって、今後相続税等の課税に当たりましては、建物の所有者はこ

の土地について何らの権利を有さず、借地権者が借地権を有するものとして取り扱われることを確認します。

　　　令和　　　年　　　月　　　日

　　　借 地 権 者（住所）＿＿＿＿＿＿＿＿＿＿＿＿＿（氏名）＿＿＿＿＿＿＿＿＿㊞

　　　建物の所有者（住所）＿＿＿＿＿＿＿＿＿＿＿＿＿（氏名）＿＿＿＿＿＿＿＿＿㊞

③ 上記①の事実に相違ありません

　　　令和　　　年　　　月　　　日

　　　土地の所有者（住所）＿＿＿＿＿＿＿＿＿＿＿＿＿（氏名）＿＿＿＿＿＿＿＿＿㊞

※

　　　上記①の事実を確認した。

　　　令和　　　年　　　月　　　日

　　　　　　（確認者）＿＿＿＿＿＿税務署　＿＿＿＿＿＿部門　　担当者 ㊞

（注）　※印欄は記入しないでください。　　　　　　　　　　　（タックスアンサー・ホームページ）

218　　　第5章　貸借が行われている宅地の評価

【参考書式8】　借地権者の地位に変更がない旨の申出書（借地権者以外の者が借地権の目的となっている土地を取得した場合）

<h2 style="text-align:center;">借地権者の地位に変更がない旨の申出書</h2>

　　　　　　　　　　　　　　　　　　　　　　令和　　年　月　日

　　　　　　　_____税務署長　殿

（土地の所有者）

_____は、令和　　年　　月　　日に借地権の目的となっている
　　　　　　　　　　　　　　　　　　　　　　　　　（借地権者）
下記の土地の所有権を取得し、以後その土地を_____に無償で貸し

付けることになりましたが、借地権者は従前の土地の所有者との間の土地の賃貸借契約に

基づく借地権者の地位を放棄しておらず、借地権者としての地位には何らの変更をきたす

ものでないことを申し出ます。

　　　　　　　　　　　　　　　　　記

　　　　　土地の所在_____

　　　　地　　積_____㎡

土地の所有者(住所)_____　(氏名)_____㊞

借 地 権 者(住所)_____　(氏名)_____㊞

（タックスアンサー・ホームページ）

第5章　貸借が行われている宅地の評価　　219

【参考書式9】　借地権者の地位に変更がない旨の申出書（土地所有者以外の者が借地権を取得した場合）

借地権者の地位に変更がない旨の申出書

令和　　年　　月　　日

_____税務署長　殿

（借地権の取得者）
_____は、令和　　年　　月　　日に下記の土地の上に存する借
（土地の所有者）
地権を取得し、以後その土地の所有者_____との間で地代の授受を

行わないことになりましたが、借地権者は土地の所有者との間では借地権者の地位を放棄

しておらず、借地権者としての地位には何らの変更をきたすものでないことを申し出ます。

記

土地の所在_____

地　　積_____㎡

土地の所有者（住所）_____　（氏名）_____⑪

借 地 権 者（住所）_____　（氏名）_____⑪

（タックスアンサー・ホームページ）

（注）　この「借地権の使用貸借に関する確認書」は、使用貸借通達に定める様式を契約の態様に合わせて修正したものです。

3　使用借権の評価

　土地の使用借権の価額は、零と評価します（使用貸借通達1）。土地の所有者と借受者の間でその土地に係る公租公課に相当する金額以下の金額の授受があるに過ぎない場合であっても、土地の使用貸借が行われているものと考えられることから、この場合の土地の使用権の価額も零と評価することになります。

　使用借権の価額を零と評価する取扱いは、建物の所有を目的として宅地を使用貸借により借り受けた場合、借地借家法は適用されず、使用借権者は借地権者のような強い法的保護を受けることはできませんし、使用貸借は借主の死亡によって終了することとされていることからその価値は極めて低いものと考えられるためです。

◆借地権の使用貸借が行われている場合

　借地権の使用貸借が行われている場合においても同様に、その借地権に係る使用借権の価額は零と評価します（使用貸借通達2）。

　なお、借地権と建物の所有者が異なる場合に、借地権の使用貸借が行われているのか、あるいは借地権が建物の所有者に帰属するのかについて確認をする必要があります。この点については、上記 2 (1)を参照してください。

4　使用貸借により貸し付けられている土地の評価

　土地の使用借権の設定されている土地は、使用借権者がその土地上に有する建物が使用借権者の自用のものであるか、又は貸付けの用に供されているものであるかを問わず、自用地として評価することとなります（使用貸借通達3）。

◆借地権の使用貸借が行われている場合

　借地権の使用貸借が行われている場合、その借地権は自用の借地権として評価することとなります。

◆使用借権の設定されている宅地について貸家建付地評価ができる場合

　使用借権の設定されている土地は、自用地として評価することが原則です。しかし、同一の者が保有していた土地及び貸家のうち貸家のみを他の者に贈与し、その際に土

第5章　貸借が行われている宅地の評価　221

地所有者と貸家所有者の間で土地の使用貸借契約が結ばれた場合には、当該貸家の借家人は引き続き土地に対する権利を有していると考えられます。そこで、このような場合には、使用借権の設定されている土地であっても、貸家建付地として評価することとなります。

$$\boxed{\text{ケーススタディ}}$$

Q 　甲は、所有する土地に建物を建築し、Ａ社に店舗として賃貸していましたが、今年1月に、甲はＡ社に賃貸していた建物を、子乙に贈与し、甲と乙の間の土地の貸借は使用貸借によることとされました。なお、この建物は、引き続きＡ社に賃貸されています。5月に甲が亡くなりましたが、この土地はどのように評価したらよいでしょうか。

A 　甲と乙の間の土地の貸借関係は使用貸借契約によることとなりましたが、建物の借家人であるＡ社の土地に対する権利には変わりがないと考えられます。したがって、被相続人甲に係る相続税の課税上、この土地は貸家建付地として評価することとなります。

　なお、乙が建物の贈与を受けた後、借家人がＡ社から別の者に変わった場合には、新たな借家人の土地に対する権利は、乙の使用借権の範囲内のものとなりますので、その後に甲が亡くなった場合には、自用地として評価することとなります。

第4　配偶者居住権が設定されている場合の評価

＜フローチャート～配偶者居住権が設定されている場合の評価＞

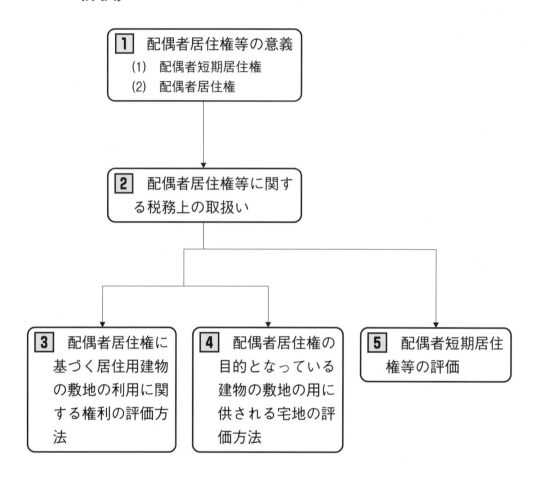

第5章　貸借が行われている宅地の評価　　223

1 配偶者居住権等の意義

(1)　配偶者短期居住権
　被相続人の配偶者が被相続人所有の建物に居住していた場合には、遺産の分割により居住建物の帰属が確定した日など一定の日まで、その居住建物を無償で使用する権利を有することとされました。
(2)　配偶者居住権
　被相続人の配偶者が被相続人所有の建物に居住していた場合には、遺産分割協議、遺贈又は審判によりその居住していた建物の全部について無償で使用及び収益をする権利を取得できることとされました。

　平成30年の民法（相続法）の改正により、相続開始後、残された被相続人の配偶者の居住権を保護することを目的として、配偶者短期居住権と配偶者居住権が設けられました。この規定は、令和2年4月1日より施行されることとされています。したがって、以下の配偶者居住権等に関する説明は、同日以降に開始した相続について適用されます。

(1)　配偶者短期居住権 ■■■■■■■■■■■■■■■■■■■■■■■■■

　被相続人の配偶者は、被相続人の相続開始時に被相続人所有の建物に居住していた場合には、次に掲げる日まで、その居住していた建物の所有権を相続又は遺贈により取得した者に対し、その建物を無償で使用する権利を有することとされました。この権利を配偶者短期居住権といいます（民1037）。

① 　当該居住していた建物について配偶者を含む共同相続人間で遺産の分割をすべき場合　遺産の分割により居住建物の帰属が確定した日又は相続開始の時から6か月を経過する日のいずれか遅い日
② 　①に掲げる場合以外の場合　当該居住していた建物を相続又は遺贈により取得した者が配偶者短期居住権の消滅の申入れを行った日から6か月を経過する日

（2） 配偶者居住権 ■■■■■■■■■■■■■■■■■■■■■■■■■■

　被相続人の配偶者は、被相続人の財産に属した建物に相続開始の時に居住していた場合において、次のいずれかに該当するときは、その居住していた建物の全部について無償で使用及び収益をする権利を取得します。この権利を配偶者居住権といいます。なお、被相続人が相続開始の時に居住建物を配偶者以外の者と共有していた場合には、配偶者居住権を取得することはできません（民1028）。

① 　遺産の分割によって配偶者居住権を取得するものとされたとき

② 　配偶者居住権が遺贈の目的とされたとき

③ 　家庭裁判所によって配偶者が配偶者居住権を取得する旨を定めたとき（ただし、共同相続人間で配偶者が配偶者居住権を取得する合意が成立しているとき、又は配偶者の申出を受けた家庭裁判所が当該建物の所有者の受ける不利益の程度を考慮してもなお配偶者の生活を維持するために特に必要があると認めるときに限ります。）

　配偶者居住権の存続期間は、配偶者の終身の間とされていますが、遺産の分割の協議若しくは遺言に別段の定めがあるとき、又は家庭裁判所が遺産の分割の審判において別段の定めをしたときは、その分割の協議、遺言又は審判によって定められた期間となります（民1030）。

　配偶者は、配偶者居住権を取得しますと、従前の用法に従い、善良な管理者の注意をもって、居住建物の使用及び収益をすることができます（ただし、従前居住の用に供していなかった部分について、これを居住の用に供することは可能です。）が、配偶者居住権を譲渡することはできません（民1032①②）。また、居住建物の所有者の承諾を得れば、居住建物の改築若しくは増築をし、又は第三者に居住建物の使用若しくは収益をさせることができます（民1032③）。

2 　配偶者居住権等に関する税務上の取扱い

　配偶者居住権及び配偶者短期居住権は、平成30年民法（相続法）改正により新たに設けられた権利であり、譲渡することはできず、その価額の評価方法についても一定の評価方法が確立しているものではありません。そのため相続税法22条に規定する「時価」により相続税の課税価格に算入すべき金額を計算することは困難であることから、平成31年度税制改正において、相続税法に、①配偶者居住権の価額及び②配偶

第5章 貸借が行われている宅地の評価　225

者居住権が設定された家屋の価額並びに③配偶者居住権に基づく居住建物の敷地の利用に関する権利の価額及び④配偶者居住権が設定された建物の敷地の所有権等の価額の評価方法が定められました。

　なお、配偶者短期居住権に関しては、平成31年度税制改正においては、相続税法に特段の規定は設けられませんでした。

（参考）配偶者居住権等のイメージ図

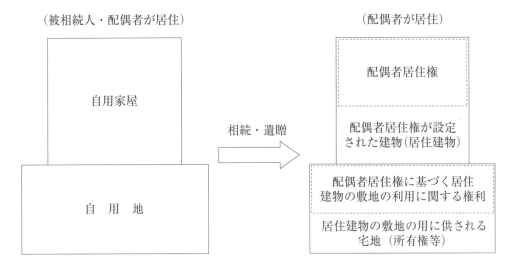

3 配偶者居住権に基づく居住用建物の敷地の利用に関する権利の評価方法

　配偶者が配偶者居住権を取得したことに伴い、取得することとなった配偶者居住権に基づく居住用建物の敷地の利用に関する権利の価額は、次の①の価額から②の価額を控除した残額となります（相税23の2③）。

① 配偶者居住権が設定されていないものとした場合の当該配偶者居住権の設定された家屋の敷地の相続開始時の時価（路線価方式又は倍率方式により評価した価額）

② ①の価額に、配偶者居住権の存続年数に応じた法定利率による複利現価率を乗じて求めた金額

（算式）
　配偶者居住権に基づく居住用建物の敷地の利用に関する権利
　　＝ 土地の時価 －（土地の時価 × 配偶者居住権の存続年数に応じた法定利率による複利現価率）

226　第5章　貸借が行われている宅地の評価

◆配偶者居住権の存続年数

　配偶者居住権の存続年数は、次によります（なお、6か月以上の端数がある場合はこれを1年とし、6か月に満たない端数は切り捨てます。）（相税令5の8③、相税規12の3）。

① 　配偶者居住権の存続期間が配偶者の終身の間とされている場合　配偶者の平均余命（年齢及び性別に応じた厚生労働省作成の完全生命表によります。）

② 　①以外の場合　遺産分割協議若しくは審判又は遺言により定められた配偶者居住権の存続期間の年数。ただし、この年数が、配偶者居住権が設定された時における配偶者の平均余命（上記①参照）を超える場合には、平均余命とします。

◆法定利率

　民法404条に定める利率をいい、当面、年3％となります。

◆配偶者居住権の存続年数に応じた法定利率による複利現価率

　配偶者居住権の存続年数に応じた法定利率による複利現価率は、次のように求めます。

$$\text{複利現価率} = \frac{1}{(1 + \text{法定利率}0.03)^n}$$

（注1）　算式中のnは、配偶者居住権の存続期間です。
（注2）　小数点以下3位未満の端数は切り捨てます。

◆建物の一部が賃貸されていた場合等における配偶者居住権が設定されていないものとした場合の敷地の時価

　配偶者居住権に基づく居住用の敷地の利用に関する権利の評価において、当該建物の一部が賃貸の用に供されている場合又は被相続人が当該相続開始の直前において当該土地を他の者と共有し、若しくは当該建物をその配偶者と共有していた場合における「配偶者居住権が設定されていないものとした場合の当該配偶者居住権の設定された家屋の敷地の相続開始時の時価」は、次のように算定します（相税令5の8④）。

① 　配偶者居住権の目的となっている建物の一部が賃貸の用に供されている場合には、⑦に掲げる価額に④の割合を乗じて計算した金額とします。

　⑦　当該敷地の用に供されている土地の相続開始の時における配偶者居住権が設定されておらず、かつ、当該建物が賃貸の用に供されていないものとした場合の時価

　④　当該建物の床面積のうちに賃貸の用に供されている部分以外の部分の床面積の占める割合

第5章　貸借が行われている宅地の評価　　227

② 被相続人が当該建物の敷地の用に供される土地を相続開始の直前において他の者と共有し、又は当該建物をその配偶者と共有していた場合には、⑦に掲げる価額に⑦の割合を乗じて計算した金額とします。

　⑦　当該土地の相続開始の時における配偶者居住権が設定されていないものとした場合の時価

　⑦　被相続人が有していた当該土地又は当該建物の持分の割合。ただし、被相続人が当該土地の持分と当該建物の持分の両方を有していた場合には、これらの持分の割合のうちいずれか低い割合とします。

③ 当該建物の一部が賃貸の用に供されており、かつ、被相続人が当該建物の敷地の用に供される土地を相続開始の直前において他の者と共有し、又は当該建物をその配偶者と共有していた場合には、①の⑦の価額に、①の⑦に掲げる割合及び②の⑦に掲げる割合を連乗して計算した金額とします。

（参考）配偶者居住権の評価方法

　配偶者居住権の価額は、次の算式により求めます（相税23の2①）。

$$建物の時価 \ - \ 建物の時価 \ \times \ \frac{（残存耐用年数 \ - \ 存続年数）}{残存耐用年数} \ \times \ \begin{array}{l}存続年数に応じた民法の\\法定利率による複利現価\\率\end{array}$$

(注1)　建物の時価は、配偶者居住権が設定されていないものとした場合の建物の時価をいい、財産評価基本通達により評価した金額です。

(注2)　残存耐用年数とは、所得税法に基づいて定められている居住建物の耐用年数に1.5を乗じて計算した年数から、当該居住建物の築後経過年数を控除した年数をいいます。なお、耐用年数に1.5を乗じて計算した年数及び築後経過年数の6か月以上の端数は1年とし、6か月未満の端数は切り捨てます。

(注3)　存続年数とは、次に掲げる場合の区分に応じそれぞれ次に定める年数をいいます。

　　①　配偶者居住権の存続期間が配偶者の終身の間である場合　配偶者の平均余命年数

　　②　①以外の場合　遺産分割協議等により定められた配偶者居住権の存続期間の年数（配偶者の平均余命年数を上限とします。）

(注4)　残存耐用年数又は残存耐用年数から存続年数を控除した年数が零以下となる場合には、上記算式中の「（残存耐用年数－存続年数）／残存耐用年数」は、零とします。

228　　第5章　貸借が行われている宅地の評価

4　配偶者居住権の目的となっている建物の敷地の用に供される宅地の評価方法

　配偶者居住権の目的となっている建物の敷地の用に供される宅地の価額は、その宅地の相続開始の時における当該配偶者居住権が設定されていないものとして評価したその宅地の価額から、上記 3 により求めた配偶者居住権に基づく居住用建物の敷地の利用に関する権利の価額を控除して求めます（相税23の2④）。

（参考）配偶者居住権が設定された建物の所有権の評価方法
　建物の時価（財産評価基本通達により評価した価額）から、配偶者居住権の価額を控除して求めた金額により評価します（相税23の2②）。

$$\fbox{ケーススタディ}$$

【ケース1】残存耐用年数が存続年数を上回るケース

Ｑ　次の場合の配偶者居住権等の価額はどのように評価しますか。
　　相続開始日　令和2年（2020年）6月1日
　　相続開始日における配偶者（妻）の年齢　70歳
　　相続開始日における配偶者の平均余命　20年
　　（第22回生命表（完全生命表）による。）
　　建物の構造　鉄筋コンクリート造
　　法定耐用年数　47年
　　法定耐用年数に1.5を乗じて計算した年数　71年
　　築後経過年数　10年
　　残存耐用年数　71年－10年＝61年
　　存続年数　20年
　　期間20年、年利率3％の複利現価率　0.554
　　建物の時価（相続税評価額）　5,000,000円
　　土地等の時価（相続税評価額）　30,000,000円

Ａ　配偶者居住権等の価額は次のように評価します。
　①　配偶者居住権及び配偶者居住権に基づく居住建物の敷地の利用に関する権利の価額は次のように評価します。

第5章　貸借が行われている宅地の評価　　229

　　　㋐　配偶者居住権の評価額

$$5,000,000円 - 5,000,000円 \times \frac{60年 - 20年}{60年} \times 0.554 = 3,153,333円$$

　　　㋑　配偶者居住権に基づく居住建物の敷地の利用に関する権利の評価

$$30,000,000円 - 30,000,000円 \times 0.554 = 13,380,000円$$

　②　「配偶者居住権が設定された建物（居住建物）の所有権」及び「居住建物の敷地の所有権」は次のように評価します。

　　　㋐　配偶者居住権が設定された建物（居住建物）の所有権の評価

$$5,000,000円 - 3,153,333円 = 1,846,667円$$

　　　㋑　居住建物の敷地の所有権の評価

$$30,000,000円 - 13,380,000円 = 16,620,000円$$

【ケース2】残存耐用年数が存続年数を下回るケース

Q　次の場合の配偶者居住権等の価額はどのように評価しますか。

　　　相続開始日　令和2年（2020年）6月1日

　　　相続開始日における配偶者（妻）の年齢　65歳

　　　相続開始日における配偶者の平均余命　24年

　　　（第22回生命表（完全生命表）による。）

　　　建物の構造　木造

　　　法定耐用年数　22年

　　　法定耐用年数に1.5を乗じて計算した年数　33年

　　　築後経過年数　20年

　　　残存耐用年数　33年－20年＝13年

　　　存続年数　24年

　　　期間24年、年利率3％の複利現価率　0.492

　　　建物の時価（相続税評価額）　2,000,000円

　　　土地等の時価（相続税評価額）　20,000,000円

A　配偶者居住権等の価額は次のように評価します。

　①　配偶者居住権及び配偶者居住権に基づく居住建物の敷地の利用に関する権利の価額は次のように評価します。

㋐ 配偶者居住権の評価額

2,000,000円 － 2,000,000円 × 0 × 0.492 ＝ 2,000,000円

(注) 残存耐用年数（13年）から存続年数（24年）を控除した年数が零以下となることから、算式の「（残存耐用年数－存続年数）／残存耐用年数」は、零となります。したがって、この場合には、配偶者居住権の価額は、建物の価額と等しくなります。

㋑ 配偶者居住権に基づく居住建物の敷地の利用に関する権利の評価額

20,000,000円 － 20,000,000円 × 0.492 ＝ 10,160,000円

② 「配偶者居住権が設定された建物（居住建物）の所有権」及び「居住建物の敷地の所有権」は次のように評価します。

㋐ 配偶者居住権が設定された建物（居住建物）の所有権の評価額

2,000,000円 － 2,000,000円 ＝ 0円

㋑ 居住建物の敷地の所有権の評価額

20,000,000円 － 10,160,000円 ＝ 9,840,000円

5 配偶者短期居住権等の評価

　配偶者短期居住権は、遺産分割により配偶者の居住する建物の帰属が確定した日など一定の日をもって消滅するもので、その権利は強固なものであるとはいえません。

　そのため配偶者短期居住権の価額、及び配偶者短期居住権に基づく居住建物の敷地の利用に関する権利の価額は評価しないものと考えられます。

　また、配偶者短期居住権が設定されている家屋の価額、及び配偶者短期居住権が設定された建物の敷地の所有権等の価額の評価上、配偶者短期居住権が設定されていることによる評価減は行わないものと考えられます。

第5　その他の権利が設定されている場合の評価

＜フローチャート〜その他の権利が設定されている場合の評価＞

1 区分地上権が設定されている場合
- (1) 区分地上権の評価方法
- (2) 区分地上権が設定されている宅地の評価方法

2 区分地上権に準ずる地役権が設定されている場合
- (1) 区分地上権に準ずる地役権の評価方法
- (2) 区分地上権に準ずる地役権が設定されている宅地の評価方法

3 区分地上権又は区分地上権に準ずる地役権と他の権利が競合する場合
- (1) 土地の上に存する権利が競合する場合の借地権等の評価
- (2) 土地の上に存する権利が競合する場合の宅地の評価

232　第5章　貸借が行われている宅地の評価

1 区分地上権が設定されている場合

（1）　区分地上権の評価方法

　区分地上権の価額は、その宅地の自用地としての価額に、その区分地上権の設定契約の内容に応じた土地利用制限率を基とした割合を乗じて計算した金額によって評価します。

　なお、地下鉄等のトンネルの所有を目的として設定した区分地上権を評価するときにおける区分地上権の割合は、30％とすることができます。

（2）　区分地上権が設定されている宅地の評価方法

　区分地上権の目的となっている宅地の価額は、その宅地の自用地としての価額から区分地上権の価額を控除した金額によって評価します。

（1）　区分地上権の評価方法　■■■■■■■■■■■■■■■■■■■■■■

　区分地上権とは、工作物を所有する目的で、地下又は空間に上下の範囲を定めて設けられた地上権（民269の2）で、地下鉄や道路のための地下トンネル設置やモノレールの高架の設置などを目的として設定されます。

　この区分地上権の価額は、その区分地上権の目的となっている宅地の自用地としての価額に、その区分地上権の設定契約の内容に応じた土地利用制限率を基として求めた割合（この割合を「区分地上権の割合」といいます。）を乗じて計算した金額によって評価します（評基通27-4）。

　なお、区分地上権が1画地の宅地の一部分に設定されているときは、「その区分地上権の目的となっている宅地の自用地としての価額」は、1画地の宅地の自用地としての価額のうち、その区分地上権が設定されている部分の地積に対応する価額となります（評基通27-4（注）2）。

◆倍率方式により評価する宅地の自用地としての価額

　倍率地域にある区分地上権の目的となっている宅地の自用地としての価額は、その宅地の固定資産税評価額が地下鉄のトンネルの設置や特別高圧架空電線の架設がされていること等に基づく利用価値の低下を考慮したものである場合には、その宅地の利

第5章　貸借が行われている宅地の評価　　233

用価値の低下はないものとして評価した価額とします（評基通25-2）。

◆土地利用制限率

　「土地利用制限率」とは、公共用地の取得に伴う損失補償基準細則（昭38・3・7用地対策連絡協議会理事会決定）別記2≪土地利用制限率算定要領≫に定める土地利用制限率をいいます（評基通27-4(注)1）。

　公共用地の取得に伴う損失補償基準（昭37・10・12用地対策連絡協議会決定）において、土地の空間又は地下の使用が長期にわたるときは、当該土地の正常な取引価格に相当する額に、当該土地の利用が妨げられる程度に応じて適正に定めた割合を乗じて得た額を一時払いとして補償することができるものとされており（同基準25②）、その補償額は、原則として公共用地の取得に伴う損失補償基準細則の別記2土地利用制限率算定要領に従って算定することとされています（同細則12①）。

　（参考）　　公共用地の取得に伴う損失補償基準細則（昭38・3・7用地対策連絡会決定）

　○土地利用制限率算定要領

　（土地利用制限率）

第1条　基準第25条に掲げる「土地の利用が妨げられる程度に応じて適正に定めた割合」
　　　　（以下「土地利用制限率」という。）の算定は、この要領の定めるところによるものと
　　　　する。

　（土地の利用価値）

第2条　土地の利用価値は、地上及び地下に立体的に分布しているものとし、次の各号に
　　　　掲げる使用する土地の種別に応じ、当該各号に掲げる利用価値の合計とすることを基
　　　　本とし、それぞれの利用価値の割合は、別表第1「土地の立体利用率配分表」に定める
　　　　率を標準として適正に定めるものとする。

　　一　高度市街地内の宅地

　　　　建物による利用価値及びその他の利用価値（上空における通信用施設、広告用施
　　　　設、煙突等の施設による利用及び地下における特殊物の埋設、窄井による地下水の
　　　　利用等をいう。以下同じ。）

　　二　高度市街地以外の市街地及びこれに準ずる地域（概ね、市街化区域内又は用途地
　　　　域が指定されている高度市街地以外の区域をいう。）内の宅地又は宅地見込地
　　　　建物による利用価値、地下の利用価値及びその他の利用価値

　　三　農地又は林地

地上の利用価値、地下の利用価値及びその他の利用価値

（土地利用制限率の算定方法）

第3条　土地の利用制限率は、次式により算定するものとする。

一　前条第一号の土地の場合

建物による利用価値の割合 $\times \dfrac{B}{A}$ ＋その他の利用価値の割合 $\times$ α

A　建物利用における各階層の利用率の和

B　空間又は地下の使用により建物利用が制限される各階層の利用率の和

α　空間又は地下の使用によりその他利用が制限される部分の高さ又は深さによる補正率（0～1の間で定める。）

二　前条第二号の土地の場合

建物による利用価値の割合 $\times \dfrac{B}{A}$ ＋ 地下の利用価値の割合 $\times$ p ＋ その他の利用価値の割合 $\times$ α

A、Bそれぞれ前号に定めるところによる。

p　地下の利用がなされる深度における深度別地下制限率

α　前号に定めるところによる。

三　前条第三号の土地の場合

地上の利用価値の割合 $\times$ q ＋ 地下の利用価値の割合 $\times$ p ＋ その他の利用価値の割合 $\times$ α

q　空間又は地下の使用により地上利用が制限される部分の利用率の割合

p　第二号に定めるところによる。

α　第一号に定めるところによる。

（建物利用における各階層の利用率）

第4条　前条に規定する建物利用における各階層の利用率を求める際の建物の階数及び用途は、原則として、使用する土地を最も有効に使用する場合における階数及び用途とするものとし、当該階数及び用途は、次の各号に掲げる事項を総合的に勘案して判定するものとする。

一　当該地域に現存する建物の階数及び用途

二　当該地域において近年建築された建物の標準的な階数及び用途

三　土地の容積率を当該土地の建ぺい率で除して得た値の階数

四　当該地域における都市計画上の建ぺい率に対する標準的な実際使用建ぺい率の状況

五　当該地域における用途的地域

六　当該地域の将来の動向等

2　建物の各階層の利用率は、当該地域及び類似地域において近年建築された建物の階

層別の賃借料又は分譲価格等を多数収集の上これを分析して求めるものとする。この場合において、高度市街地内の宅地にあっては、別表第2「建物階層別利用率表」を参考として用いることができるものとする。

（深度別地下制限率）

第5条　第3条に規定する深度別地下制限率は、地域の状況等を勘案して定めた一定の深度までの間に、1〜10メートルの単位で設ける深度階層毎に求めるものとし、原則として当該深度階層毎に一定の割合をもって低下するとともに、最も浅い深度階層に係る深度別地下制限率を1として算定するものとする。

（農地等の地上利用）

第6条　第3条に規定する地上利用が制限される部分の利用率は、農地及び林地における農業施設の所要高、立木の樹高の最大値等を考慮の上、地域の状況に応じて、地上利用の高さ及び高度別の利用率を決定することにより適正に定めるものとする。

（空間又は地下の使用による残地補償）

第7条　同一の土地所有者に属する土地の一部の空間又は地下を使用することによって残地の利用が妨げられる場合の当該残地に関する損失の補償額の算定は、次式によるものとする。

　　　土地価格 × 建物利用制限率 × 残地補償対象面積

　　　残地補償対象面積 ＝ 残地面積 － 建築可能面積

　　　建築可能面積　当該残地の建ぺい率、画地条件、周辺の環境及び直接利用制限部分との関係等を考慮して適正に定める。

　　　建物利用制限率　使用する土地の土地利用制限率（その他の利用価値に係る制限率が含まれる場合は、これを除く。）

別表第1　土地の立体利用率配分表

土地の種別		宅　　地							土地の種別		農　地 林　地
容積率等		900%を超えるとき	600%を超え900%以内	400%を超え600%以内	300%を超え500%以内	150%を超え300%以内	150%以内	宅地見込地			
利用率等区分									利用率等区分		
最有効使用	建物等利用率	0.9	0.8	0.7	0.7	0.6	0.6	0.6	地上利用率		0.9
	地下利用率				0.2	0.3	0.3	0.3	地下利用率		

その他使用	その他利用率 (δ)	0.1	0.2	0.3		0.1	0.1	0.1	0.1		その他利用率 (δ)	0.1
	(δ) の上下配分割合	1:1			2:1	3:1	4:1				(δ) の上下配分割合	5:1

(注)1 建築基準法等で定める用途地域の指定のない区域内の土地については、当該地の属する地域の状況等を考慮のうえ、土地の種別のいずれか照応するものによるものとする。

　2　土地の種別のうち、宅地の同一容積率での地下利用率については、原則として当該地の指定用途地域又は用途的地域が商業地域以外の場合等に適用するものとする。

　3　土地の種別のうち、宅地中、当該地の指定用途地域又は用途的地域が商業地域の場合の建物等利用率については、当該地の属する地域の状況等を考慮して、上表の率を基礎に加算することができるものとする。

　4　土地の種別のうち、農地・林地についての地上利用率と地下利用率との配分は、宅地見込地を参考として、それぞれ適正に配分するものとする。

別表第2　建物階層別利用率表

階層	A群	B群	C群			D群
9	32.8		30.0	30.0	30.0	
8	32.9		30.0	30.0	30.0	
7	33.0		30.0	30.0	30.0	
6	36.9	67.4	30.0	30.0	30.0	
5	40.1	70.0	30.0	30.0	30.0	
4	42.8	72.7	30.0	30.0	30.0	
3	44.1	75.4	60.0	30.0	30.0	
2	61.5	79.4	70.0	70.0	30.0	
1	100.0	100.0		100.0		100.0
地下1	55.7	52.9		60.0		
地下2	33.1			40.0		

第5章　貸借が行われている宅地の評価　　237

A群　下階が店舗で上階にいくに従い事務所（例外的に更に上階にいくと住宅となる場合もある。）使用となる建物

B群　全階事務所使用となる建物

C群　下階が事務所（又は店舗）で大部分の上階が住宅使用となる建物

D群　全階住宅使用となる建物

注1　本表の指数は土地価格の立体分布と建物価格の立体分布とが同一であると推定したことが前提となっている。

　2　本表の指数は各群の一応の標準を示すものであるから、実情に応じ補正は妨げない。特に各群間の中間的性格を有する地域にあっては、その実情を反映させるものとする。

　3　本表にない階層の指数は本表の傾向及び実情を勘案のうえ補足するものとする。

　4　本表は各階層の単位面積当たりの指数であるから、各階層の床面積が異なるときは、それぞれの指数と当該階層の床面積との積が当該階層の有効指数になる。

　5　C群の□内の指数は当該階層の用途が住宅以外であるときの指数である。

◆地下鉄等のトンネルの所有を目的とした区分地上権

　地下鉄等のトンネル（ずい道）の所有を目的として設定した区分地上権を評価するときにおける区分地上権の割合は、30％とすることができます（評基通27-4）。

(2)　区分地上権が設定されている宅地の評価方法 ■■■■■■■■■■

　区分地上権の目的となっている宅地の価額は、その宅地の自用地としての価額から上記(1)により評価したその区分地上権の価額を控除した金額によって評価します（評基通25(4)）。

ケーススタディ

Q　評価対象地は、地上7階地下2階の店舗及び事務所用の建物を建てることのできる地域に所在しますが、地下12mから地下25mの間に地下鉄のトンネルの設置を目的とする区分地上権が設定されているため、その部分には最大地上5階地下1階の建物までしか建てることができません。

　この場合の区分地上権の価額及び区分地上権の設定されている宅地の価額をどのように評価しますか。

　なお、区分地上権が設定されていないとした場合の評価対象地の評価額は、2億5,000万円です。

(注) 公共用地の取得に伴う損失補償基準細則の別記2　土地利用制限率算定要領の別表第2 建物階層別利用率表に掲げられた建物階層別利用率は図の右端に示したとおりです。

A 区分地上権の価額及び区分地上権の設定された宅地の評価は次のとおり計算します。

(1) 区分地上権の価額

① 土地利用制限率

$$\frac{33.0+36.9+33.1}{33.0+36.9+40.1+42.8+44.1+61.5+100.0+55.7+33.1} \fallingdotseq 23.0\%$$

② 区分地上権（評価対象地）の価額
250,000,000円 × 23.0% ＝ 57,500,000円

(2) 区分地上権の設定された宅地

① 土地利用制限率を基にした評価
250,000,000円 － 57,500,000円 ＝ 192,500,000円

② 地下鉄等のトンネルの所有を目的とした区分地上権を評価する場合の簡便法による評価
250,000,000円 －（250,000,000円 × 30%）＝ 175,000,000円

③ 評価額
①＞②となりますので
評価対象地の評価額は、175,000,000円となります。

第5章　貸借が行われている宅地の評価　　239

（注）　土地利用制限率の計算においては、最有効階層の上空又は地下の利用価値
　　　も考慮に入れることとされていますが、その率は一般的には僅少であること
　　　から、本ケースでは省略しています。

2　区分地上権に準ずる地役権が設定されている場合

(1)　区分地上権に準ずる地役権の評価方法

　区分地上権に準ずる地役権の価額は、その区分地上権に準ずる地役権の
目的となっている承役地である宅地の自用地としての価額に、その区分地
上権に準ずる地役権の設定契約の内容に応じた土地利用制限率を基とした
割合を乗じて計算した金額によって評価します。

　なお、家屋の建築制限に応じた簡便法の適用が認められています。

(2)　区分地上権に準ずる地役権が設定されている宅地の評価方法

　区分地上権に準ずる地役権の目的となっている承役地である宅地の価額
は、その宅地の自用地としての価額から、区分地上権に準ずる地役権の価
額を控除した金額によって評価します。

(1)　区分地上権に準ずる地役権の評価方法　■■■■■■■■■■■■

　区分地上権に準ずる地役権とは、特別高圧架空電線の架設、高圧のガスを通ずる導
管の敷設、飛行場の設置、建築物の建築その他の目的のため地下又は空間について上
下の範囲を定めて設定された地役権で、建造物の設置を制限するものをいい、登記の
有無は問いません（評基通9(4)、地価税法施行令2①、国税庁HP・質疑応答事例・財産の評価「区
分地上権に準ずる地役権の意義」）。

　区分地上権に準ずる地役権は、区分地上権と同様の効果を有しており、その設定に
当たり支払われる補償金の額も区分地上権の設定に当たり支払われる補償金の算定と
同様に土地利用制限率に基づいて算定されているのが実情です。

　そこで、区分地上権に準ずる地役権の価額は、その区分地上権に準ずる地役権の目
的となっている承役地である宅地の自用地としての価額に、その区分地上権に準ずる
地役権の設定契約の内容に応じた土地利用制限率を基とした割合（この割合を「区分

地上権に準ずる地役権の割合」といいます。）を乗じて計算した金額によって評価します（評基通27-5）。

なお、区分地上権に準ずる地役権の割合は、次に掲げるその承役地に係る制限の内容の区分に従い、それぞれ次に掲げる割合とすることができることとされています（評基通27-5）。

ア　家屋の建築が全くできない場合

50％又はその区分地上権に準ずる地役権が借地権であるとした場合にその承役地に適用される借地権割合のいずれか高い割合

イ　家屋の構造、用途等に制限を受ける場合

30％

◆倍率方式により評価する宅地の自用地としての価額

倍率地域にある区分地上権に準ずる地役権の目的となっている承役地である宅地の自用地としての価額は、その宅地の固定資産税評価額が特別高圧架空電線の架設がされていること等に基づく利用価値の低下を考慮したものである場合には、その宅地の利用価値の低下がないものとして評価した価額とします（評基通25-2）。

(2)　区分地上権に準ずる地役権が設定されている宅地の評価方法 ■ ■

区分地上権に準ずる地役権の目的となっている承役地である宅地の価額は、その宅地の自用地としての価額から上記(1)により評価したその区分地上権に準ずる地役権の価額を控除した金額によって評価します（評基通25(5)）。

ケーススタディ

Q　評価対象地の一部に高圧架空電線が通っており、電力会社との間で、地役権の設定契約が締結されています。この地域では、地上3階建ての建物の建築をすることができますが、この契約により地上3階以上の建物の建築ができず、また、屋上の利用もできないこととなっています。

なお、評価対象地の地積は240m²、そのうち区分地上権に準ずる地役権が設定されている部分が180m²、区分地上権に準ずる地役権が設定されていないとした場合の評価対象地の価額は、8,000万円です。

評価対象地の価額はどのように評価しますか。

第5章　貸借が行われている宅地の評価　　241

A 評価対象地の価額は次のように評価します。

(1)　区分地上権地役権に準ずる地役権の価額

家屋の構造、用途等に制限を受けることから、区分地上権に準ずる地役権の割合は30%となります。

$$80,000,000円 \times \frac{180m^2}{240m^2} \times \overset{（区分地上権に準ずる地役権の割合）}{30\%} = 18,000,000円$$

(2)　区分地上権に準ずる地役権の設定されている宅地

$$80,000,000円 - \overset{（上記(1)で求めた区分地上権\atop に準ずる地役権の価額）}{18,000,000円} = 62,000,000円$$

3 区分地上権又は区分地上権に準ずる地役権と他の権利が競合する場合

(1)　土地の上に存する権利が競合する場合の借地権等の評価

次の算式により評価します。

$$権利の競合がないとした\atop 場合の借地権、定期借地\atop 権等又は地上権の価額 \times \left(1 - {区分地上権の割合\atop 又は\atop 区分地上権に準ずる地役権の割合}\right)$$

(2)　土地の上に存する権利が競合する場合の宅地の評価

借地権、定期借地権等又は地上権と、区分地上権又は区分地上権に準ずる地役権の競合の状況により一定の計算式により評価額を計算します。

(1)　土地の上に存する権利が競合する場合の借地権等の評価 ■ ■ ■ ■ ■

土地の上に存する権利が競合する場合の借地権、定期借地権等又は地上権の価額は、次に掲げる区分に従い、それぞれ次の算式により計算した金額によって評価します（評基通27-6）。

ア　借地権、定期借地権等又は地上権及び区分地上権が設定されている場合の借地権、定期借地権等又は地上権の価額

$$権利の競合がないとした場合の借地権、\atop 定期借地権等又は地上権の価額 \times （1 - 区分地上権の割合）$$

イ　区分地上権に準ずる地役権が設定されている承役地に借地権、定期借地権等又は地上権が設定されている場合の借地権、定期借地権等又は地上権の価額

$$\begin{pmatrix}\text{権利の競合がないとした場合の借地権、}\\\text{定期借地権等又は地上権の価額}\end{pmatrix} \times （1 － 区分地上権に準ずる地役権の割合）$$

(2)　土地の上に存する権利が競合する場合の宅地の評価　∎∎∎∎∎∎∎

　土地の上に存する権利が競合する場合の宅地の価額は、次に掲げる区分に従い、それぞれ次の算式により計算した金額によって評価します（評基通25-3）。

　ア　借地権、定期借地権等又は地上権及び区分地上権の目的となっている宅地の価額

$$\begin{pmatrix}\text{その宅地の自用地}\\\text{としての価額}\end{pmatrix} － \begin{pmatrix}\text{区分地上}\\\text{権の価額} + \text{上記(1)アにより評価した借地権、}\\\text{定期借地権等又は地上権の価額}\end{pmatrix}$$

　イ　区分地上権及び区分地上権に準ずる地役権の目的となっている承役地である宅地の価額

$$\begin{pmatrix}\text{その宅地の自用地}\\\text{としての価額}\end{pmatrix} － \begin{pmatrix}\text{区分地上}\\\text{権の価額} + \text{区分地上権に準ずる}\\\text{地役権の価額}\end{pmatrix}$$

　ウ　借地権、定期借地権等又は地上権及び区分地上権に準ずる地役権の目的となっている承役地である宅地の価額

$$\begin{pmatrix}\text{その宅地の自用地}\\\text{としての価額}\end{pmatrix} － \begin{pmatrix}\text{区分地上権に準ずる}\\\text{地役権の価額} + \text{上記(1)イにより評価した借地権、}\\\text{定期借地権等又は地上権の価額}\end{pmatrix}$$

（注）　国税局長が貸宅地割合を定めている地域に存する借地権の目的となっている宅地の価額を評価する場合には、貸宅地割合により評価した価額から、当該価額に区分地上権の割合又は区分地上権に準ずる地役権の割合を乗じて計算した金額を控除した金額によって評価します（評基通25-3（注））。

第6　貸家建付地の評価

＜フローチャート～貸家建付地の評価＞

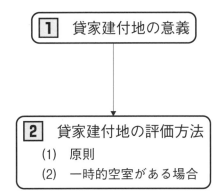

1 　貸家建付地の意義

　賃貸借契約により貸し付けられている建物、すなわち借家権の目的となっている建物の敷地である宅地を貸家建付地といいます。建物は、事務所、店舗又は工場など住宅以外の用途に供されているものであっても差し支えありません。

　賃貸借契約により建物を借り受けている者（借家人）は、借地借家法の定めにより強い保護が与えられており、正当な事由がない限り賃貸借契約の更新を拒絶されることはなく（借地借家28）、賃貸人が借家人に立退きを求める場合には、通常、立退料の支払が必要になります。また、借家人は、賃貸借契約の目的となっている建物に対して契約期間中、賃貸借契約に定められた用法に従ってその建物を使用収益することができますが、その建物の敷地についても、建物を使用収益するのに必要な範囲で使用することができます。これを建物及びその敷地の所有者の立場からみれば、借家人が建物の敷地を使用することについて受忍義務を負っており、その敷地について利用制限があると考えられます。

　そのため貸家の敷地は、自用地としての価額から、借家人がその敷地に対して有する権利の額に相当する額を控除して評価することとされています。

◆建物が使用貸借契約により貸し付けられている場合の敷地の評価

　貸家建付地は、建物が賃貸借契約により貸し付けられている場合に、借家人がその建物と共に、その建物の敷地に対しても一定の権利を有していることから、その権利の額に相当する額を、自用地としての評価額から控除して評価することとされています。しかしながら、建物が使用貸借契約により貸し付けられている場合には、借地借家法の規定は適用されず（借地借家1）、賃貸借契約に基づいて建物を借り受けている場合のような保護は与えられていません。したがって、使用貸借契約により建物を借りている者が、建物の敷地に対して有する権利は、賃貸借契約により建物を借り受けている借家人が敷地に対して有する権利に比べるとはるかに弱いものです。

　そのため、建物が使用貸借契約によって貸し付けられている場合には、その建物の敷地は貸家建付地には該当せず、したがって、その敷地の価額は自用地としての価額からの減額はしません。

◆貸家の敷地が借地権である場合

　借地権者が所有する建物が借家権の目的となっている場合には、借地権者が有する借地権は、貸家建付借地権として、その借地権が自用のものであるとして評価した価

第5章　貸借が行われている宅地の評価　　245

額から、借家人がその敷地（借地権）に対して有する権利の額に相当する額を控除して評価することとされています。

◆建物所有者が敷地を使用貸借により借り受けている場合

　借家権を有する借家人は建物の所有者が有するその敷地の権利の範囲内でその敷地を使用することができます。建物の所有者が、土地所有者から土地を使用貸借により借り受けている場合、借家権を有する借家人は建物の所有者が有する使用借権の範囲内で、その土地を使用することができるにとどまり、それ以上の権利は有していないとされます。使用借権の価額は零と評価することから、借家人がその敷地に対して有する権利の額も零となります。

　なお、使用借権が設定されている土地については、原則として、自用地としての価額で評価することとされています（**本章第3 4 参照**）が、この取扱いは使用借権者が有する建物が借家権の目的とされている場合であっても変わりありません（東京地判平8・1・26税資215・93）。

2 貸家建付地の評価方法

> **(1) 原則**
> 　貸家建付地の価額は、その土地を自用地として評価した価額から、借家人がその敷地に対して有する権利の額に相当する額を控除して評価します。
>
> **(2) 一時的空室がある場合**
> 　複数の独立部分を有する建物において、課税時期に一時的に賃貸されていなかったと認められる部分がある場合、当該一時的な空室部分については、「課税時期において賃貸されている各独立部分」に含めて計算をすることができます。

(1) 原則 ■■■■■■■■■■■■■■■■■■■■■■■■■■■■■■■■■■■

　貸家建付地の価額、すなわち借家権の目的となっている家屋の敷地の価額は、その土地を自用地として評価した価額から、借家人がその敷地に対して有する権利の額に

相当する額を控除して評価することとされており、具体的には次の算式により計算した価額によって評価します（評基通26）。

$$
\begin{array}{c}
貸家建付 \\
地の価額
\end{array}
=
\begin{array}{c}
その宅地の \\
自用地とし \\
ての価額
\end{array}
-
\begin{array}{c}
その宅地の \\
自用地とし \\
ての価額
\end{array}
\times
\begin{array}{c}
借地権 \\
割合
\end{array}
\times
\begin{array}{c}
94≪借家権の評 \\
価≫に定める借 \\
家権割合
\end{array}
\times
\begin{array}{c}
賃貸 \\
割合
\end{array}
$$

この算式における「借地権割合」については、**本章第1 2 (2)**を参照してください。なお、評価対象の貸家建付地が、借地権の設定に際しその設定の対価として通常権利金その他の一時金を支払うなど借地権の取引慣行があると認められる地域以外の地域にある場合には、この借地権割合を20％として計算します（評基通26(1)）。

また、算式中の「賃貸割合」は、アパートや賃貸マンションのようにその貸家に構造上区分された数個の独立部分がある場合に、その各独立部分の賃貸の状況に基づいて、次の算式により計算した割合によります（評基通26(2)）。

$$
\frac{Aのうち課税時期において賃貸されている各独立部分の床面積の合計}{当該家屋の各独立部分の床面積の合計(A)}
$$

ケーススタディ

Q 甲は、10年前に、所有する土地にアパート（8室あり、各独立部分の面積は40m²です。）を建築し、賃貸の用に供してきました。昨年、甥が近くの大学に通うこととなったため、大学に通う期間だけアパートの1室を無償で貸すこととしました。甥が大学を卒業したときには、再度、この部屋を賃貸することとしていましたが、甲は、今年の9月に亡くなりました。

このアパートの敷地の自用地としての価額は、3,600万円、この地域の借地権割合は60％、借家権割合は30％です。

このアパートの敷地はどのように評価しますか。

A

（自用地として の価額）		（自用地として の価額）		（借地権割合）		（借家権割合）		（賃貸割合）
36,000,000円	−	36,000,000円	×	0.6	×	0.3	×	$\dfrac{320m^2 - 40m^2}{320m^2}$

= 30,330,000円

第5章　貸借が行われている宅地の評価　　247

◆貸家建付借地権の評価

　貸家建付借地権、すなわち借家権の目的となっている家屋の敷地となっている借地権は、その借地権が自用のものであるとして評価した価額から、借家人がその借地権に対して有する権利の額に相当する額を控除して評価することとされており、具体的には次の算式により計算した価額によって評価します（評基通28）。

　　貸家建付借地権の価額
　　　＝　その借地権が自用のものであるとした場合の評価額(A)
　　　－　A　×　借地権割合　×　借家権割合　×　賃貸割合

　ただし、定期借地権上の家屋が借家権の目的となっている場合には、その定期借地権が自用のものであるとして評価した価額から、借家人がその定期借地権に対して有する権利の額に相当する額を控除して評価することとされており、具体的には次の算式により計算した価額によって評価します（評基通28）。

　　貸家建付借地権（定期借地権）の価額
　　　＝　その定期借地権が自用のものであるとした場合の評価額(B)
　　　－　B　×　借地権割合　×　借家権割合　×　賃貸割合

◆区分地上権等の目的となっている貸家建付地の評価

区分地上権又は区分地上権に準ずる地役権の目的となっている貸家建付地の価額は、次の算式により計算した価額により評価します（評基通26-2）。

　　貸家建付地の価額
　　　＝　区分地上権又は区分地上権に準ずる地役権の目的となっている宅地が自用のものであるとして評価した価額(A)
　　　－　A　×　借地権割合　×　借家権割合　×　賃貸割合

(2)　一時的空室がある場合 ■■■■■■■■■■■■■■■■■■■■■■■■

　貸家建付地の価額は、上記(1)の算式により評価しますが、借家権の目的とされている建物が、継続的に賃貸されている複数の独立部分を有する場合において、課税時期に一時的に賃貸されていなかったと認められる部分については、「課税時期において賃貸されている各独立部分」に含めて計算をすることができます（評基通26(2)注2）。

　貸家建付地の価額は、借家人が借家権の目的となっている建物の敷地に対して有する利用権による敷地所有者の有するその敷地の利用制限を理由として、減額評価するものです。したがって、賃貸用建物の敷地であっても、課税時期において借家人が存在しない独立部分に対応する敷地については、本来、貸家建付地としての減額評価を

することはできません。

　しかしながら、このような原則的な取扱いは不動産の取引実態等に照らして必ずしも実情に即したものとはいえないと考えられることから（北村厚『平成30年版　財産評価基本通達逐条解説』213頁（大蔵財務協会、2018））、継続的に賃貸されているアパート等の複数の独立部分を有する賃貸用家屋の一部に一時的に空室となっていたに過ぎないと認められる部分がある場合には、当該一時的空室については、課税時期においても賃貸されていたものとして取り扱って差し支えないこととされています。

　なお、この取扱いは、アパートや賃貸マンションなどで、1棟の建物に複数の独立部分を有するものについて適用されるものであり、戸建住宅など独立して複数の者に賃貸することができない建物については、その建物が継続的に賃貸の用に供されていたものであっても、課税時期において空室であれば、その敷地を貸家建付地として評価することはできません。

◆一時的空室の判断基準

　貸家建付地の評価において、アパート等の一部に空室がある場合の当該空室部分が、「継続的に賃貸されてきたもので、課税時期において、一時的に賃貸されていなかったと認められる」部分に該当するかどうかは、

① 　各独立部分が課税時期前に継続的に賃貸されてきたものかどうか

② 　その空室が賃借人の退去後速やかに新たな賃借人の募集が行われたかどうか

③ 　空室の期間、他の用途に供されていないかどうか

④ 　空室の期間が課税時期の前後の例えば1か月程度であるなど一時的な期間であったかどうか

⑤ 　課税時期後の賃貸が一時的なものではないかどうか

などの事実関係から総合的に判断することとなります（国税庁HP・質疑応答事例・財産の評価「貸家建付地等の評価における一時的な空室の範囲」）。

┌─────────── アドバイス ───────────┐

○空室期間が一時的かどうかの判断

　空室期間が一時的なものであるかどうかの判断に当たっては、空室期間は重要な要素です。しかしながら、空室期間が一時的なものであるかどうかの判断は、空室期間の長短のみで判断されるわけではありません。空室期間の月数のほか、入居者の退去後速やかに部屋のクリーニングを行っているかどうか、新規入居者の募集の方法及び入居条件

第5章　貸借が行われている宅地の評価　　249

などに照らし経常的に賃貸に供する意図が認められるかどうか、当該建物の存する地域の賃貸住宅事情などをも考慮して総合的に判断することとなりますので、これらの点についても事実関係を的確に把握しておく必要があります。

ケーススタディ

Q　上記(1)の ケーススタディ の場合、甥に貸している部屋は、甥に貸す直前には賃貸の用に供されていたものであり、甥が大学を卒業した後は、再度、賃貸の用に供する予定でしたので、一時的空室の場合と同様に、この部屋も賃貸の用に供されていたものとして貸家建付地の評価をすることができますか。

A　甥に貸している部屋は、課税時期においては賃貸以外の用に供されていることから、一時的空室と同様の取扱いをすることは認められません。

第 6 章

宅地以外の
土地の評価

252

第1 農地の評価

<フローチャート～農地の評価>

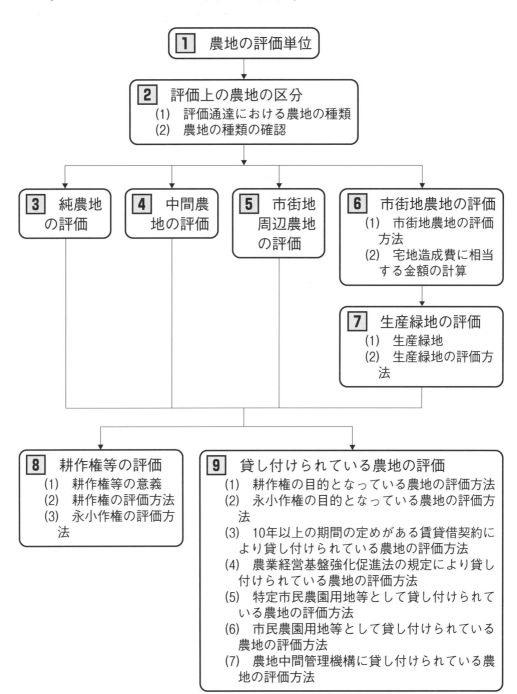

254　　第6章　宅地以外の土地の評価

1　農地の評価単位

　農地は、田及び畑の別に、1枚の農地を評価単位として評価します。この場合の1枚の農地とは、耕作の単位となっている1区画の農地をいいます（評基通7-2(2)）。

　ただし、市街地周辺農地、市街地農地及び生産緑地については、それぞれを利用の単位となっている一団の農地を評価単位とします。この場合において、これらの農地が、贈与、遺産分割等により親族間等で分割が行われ、例えば、分割後の画地を宅地に転用しようとしたときに通常の用途に供することができないなど、その分割が著しく不合理であると認められるときは、その分割前の農地を一の評価単位として評価をします（評基通7-2(2)ただし書）。

2　評価上の農地の区分

（1）　評価通達における農地の種類

　評価通達においては、農地を次の4つの種類に区分して、それぞれの評価方法を定めています。

　ア　純農地

　イ　中間農地

　ウ　市街地周辺農地

　エ　市街地農地

（2）　農地の種類の確認

　実務上は、評価対象地である農地の種類は、評価倍率表により確認します。

（1）　評価通達における農地の種類　■■■■■■■■■■■■■■■■■■■■■■

　評価通達においては、農地法、農業振興地域の整備に関する法律及び都市計画法による規制の観点から、農地を次の4つの種類に区分して、それぞれの評価方法を定めています。

ア　純農地

　純農地とは、次に掲げる農地のうち、そのいずれかに該当するものをいいます（評基通36）。ただし、エの市街地農地に該当する農地は除かれます（評基通36ただし書）。

① 　農用地区域内にある農地

② 　市街化調整区域内にある農地のうち、第1種農地又は甲種農地に該当するもの

③ 　上記①及び②に該当する農地以外の農地のうち、第1種農地に該当するもの。ただし、近傍農地の売買実例価額、精通者意見価格等に照らし、第2種農地又は第3種農地に準ずる農地と認められるものを除きます。

　イ　中間農地

　中間農地とは、次に掲げる農地のうち、そのいずれかに該当するものをいいます（評基通36-2）。ただし、エの市街地農地に該当する農地を除きます（評基通36-2ただし書）。

① 　第2種農地に該当するもの

② 　上記①に該当する農地以外の農地のうち、近傍農地の売買実例価額、精通者意見価格等に照らし、第2種農地に準ずる農地と認められるもの

　ウ　市街地周辺農地

　市街地周辺農地とは、次に掲げる農地のうち、そのいずれかに該当するものをいいます（評基通36-3）。ただし、エの市街地農地に該当する農地を除きます（評基通36-3ただし書）。

① 　第3種農地に該当するもの

② 　上記①に該当する農地以外の農地のうち、近傍農地の売買実例価額、精通者意見価格等に照らし、第3種農地に準ずる農地と認められるもの

　エ　市街地農地

　市街地農地とは、次に掲げる農地のうち、そのいずれかに該当するものをいいます（評基通36-4）。

① 　農地法4条又は5条に規定する許可（以下「転用許可」といいます。）を受けた農地

② 　市街化区域内にある農地

③ 　農地法等の一部を改正する法律（平21法57）附則2条5項の規定によりなお従前の例によるものとされる改正前の農地法7条1項4号の規定により、転用許可を要しない農地として、都道府県知事の指定を受けたもの

◆甲種農地、第1種農地、第2種農地及び第3種農地

　純農地、中間農地及び市街地周辺農地の定義における甲種農地、第1種農地、第2種農地及び第3種農地とは、平成21年12月11日付21経営第4530号・21農振第1598号「『農

地法の運用について』の制定について」農林水産省経営局長・農村振興局長連名通知において定められている概念です。

(参考) 関係法令と農地の種類との関係

　上記の農地の種類と①農地法、②農業振興地域の整備に関する法律、及び③都市計画法との関係は、基本的には、次のとおりとなります (評基通34)。

　ア　農地法との関係

㋐　農用地区域内にある農地

㋑　甲種農地 (農地法4条6項1号ロに掲げる農地のうち市街化調整区域内にある農地法施行令6条に規定する農地。以下同じ。) ⎫
　　　　　　　　　　　　　　　　　　　　　　　　　　　　　　　⎬……純農地

㋒　第1種農地 (農地法4条6項1号ロに掲げる農地のうち甲種農地以外の農地) ⎭

㋓　第2種農地 (農地法4条6項1号イ及びロに掲げる農地 (同号ロ(1)に掲げる農地を含みます。) 以外の農地) ……中間農地

㋔　第3種農地 (農地法4条6項1号ロ(1)に掲げる農地 (農用地区域内にある農地を除きます。)) ……市街地周辺農地

㋕　農地法の規定による転用許可を受けた農地 ⎫

㋖　農地法等の一部を改正する法律 (平成21年法律57号) 附則2条5項の規定によりなお従前の例によるものとされる改正前の農地法 ⎬……市街地農地
　　7条1項4号の規定により転用許可を要しない農地として、都道府県知事の指定を受けたもの ⎭

　イ　農業振興地域の整備に関する法律との関係

㋐　農業振興地域内の農地のうち

　　ⅰ　農用地区域内のもの……純農地

　　ⅱ　農用地区域外のもの ⎫
　　　　　　　　　　　　　　⎬……アの分類によります。
㋑　農業振興地域外の農地 ⎭

　ウ　都市計画法との関係

㋐　都市計画区域内の農地のうち

　　ⅰ　市街化調整区域内の農地のうち

　　　ⅰ　甲種農地 ⎫
　　　　　　　　　　⎬……純農地
　　　ⅱ　第1種農地 ⎭

　　　ⅲ　第2種農地………中間農地

　　　ⅳ　第3種農地………市街地周辺農地

第6章　宅地以外の土地の評価　　257

　　ⅱ　市街化区域（都市計画法7条1項の市街化区域と定められた区域をいいます。以
　　　下同じ。）内の農地……市街地農地
　　ⅲ　市街化区域と市街化調整区域とが区分されていな
　　　い区域内のもの

　㋑　都市計画区域外の農地

　　　　　　　　　　　　　　　　　　　　　　　　　}……アの分類によります。

(2)　農地の種類の確認 ■■■■■■■■■■■■■■■■■■■■■■

　評価通達においては、上記(1)のとおり農地を4つの種類に区分し、それぞれの種類
ごとに評価方法を定めています（⬚3⬚〜⬚6⬚参照。）が、上記の定義のみから評価対象地
がどの種類の農地であるのかを判断することは容易ではありません。そこで、実務上
は、評価対象地である農地がいずれの種類の農地であるかの判断は、評価倍率表によ
り確認します。

（参考）評価倍率表

令和 1年分　　　　　倍　率　表　　　　　　　　　1頁

市区町村名：大月市　　　　　　　　　　　　　　　　　　　大月税務署

音順	町（丁目）又は大字名	適　用　地　域　名	借地権割合	固定資産税評価額に乗ずる倍率等						
				宅地	田	畑	山林	原野	牧場	池沼
			％		倍	倍	倍	倍	倍	倍
お	大月1〜3丁目	全域	－	路線	周比準	周比準	比準	比準		
	大月町大月	都市計画法上の用途地域	－	路線	周比準	周比準	比準	比準		
		上記以外の地域	40	1.2	純 5.7	純 6.4	純 5.0	純 5.0		
	大月町駒橋	全域	40	1.1		純 10	純 5.0	純 5.0		
	大月町花咲	農業振興地域内の農用地区域			純 6.9	純 8.9				
		一部	－	路線	周比準	周比準	比準	比準		
		上記以外の地域								
		1　国道20号線沿い	50	1.1	中 15	中 17	純 4.7	純 4.7		
		2　上記以外の地域	50	1.1	純 8.8	純 12	純 4.7	純 4.7		
	大月町真木	農業振興地域内の農用地区域			純 5.9	純 8.3				

「純」は純農地、「中」は中間農地、「周」
は市街地周辺農地を意味します。

3 純農地の評価

　純農地の価額は、その農地の固定資産税評価額に、田又は畑の別に、地勢、土性、水利等の状況の類似する地域ごとに、その地域にある農地の売買実例価額、精通者意見価格等を基として国税局長の定める倍率を乗じて計算した金額によって評価します（評基通37）。国税局長の定める倍率は、課税時期の属する年分の財産評価基準書の評価倍率表により確認します。

4 中間農地の評価

　中間農地の価額は、その農地の固定資産税評価額に、田又は畑の別に、地価事情の類似する地域ごとに、その地域にある農地の売買実例価額、精通者意見価格等を基として国税局長の定める倍率を乗じて計算した金額によって評価します（評基通38）。国税局長の定める倍率は、課税時期の属する年分の財産評価基準書の評価倍率表により確認します。

5 市街地周辺農地の評価

　市街地周辺農地の価額は、6により評価したその農地が市街地農地であるとした場合の価額の80％に相当する金額によって評価します（評基通39）。

6 市街地農地の評価

(1)　市街地農地の評価方法
　原則として、その農地が宅地であるとした場合の1m²当たりの価額からその農地を宅地に転用する場合において通常必要と認められる造成費相当

第6章　宅地以外の土地の評価　　259

額を控除した金額に、その農地の地積を乗じて計算した金額によって評価します。

(2)　宅地造成費に相当する金額の計算

造成費に相当する金額は、整地、土盛り又は土止めに要する費用の額がおおむね同一と認められる地域ごとに国税局長が定めている「宅地造成費の金額表」に基づいて計算します。

(1)　市街地農地の評価方法 ■■■■■■■■■■■■■■■■■■■■■

市街地農地の価額は、その農地が宅地であるとした場合の1m²当たりの価額からその農地を宅地に転用する場合において通常必要と認められる1m²当たりの造成費に相当する金額として、整地、土盛り又は土止めに要する費用の額がおおむね同一と認められる地域ごとに国税局長の定める金額を控除した金額に、その農地の地積を乗じて計算した金額によって評価します（評基通40）。

ただし、市街化区域内に存する市街地農地については、その農地の固定資産税評価額に地価事情の類似する地域ごとに、その地域にある農地の売買実例価額、精通者意見価格等を基として国税局長の定める倍率を乗じて計算した金額によって評価することができるものとされており、その倍率が定められている地域にある市街地農地の価額は、その農地の固定資産税評価額にその倍率を乗じて計算した金額によって評価します（評基通40ただし書）。

◆その農地が宅地であるとした場合の1m²当たりの価額

市街地農地の評価における「その農地が宅地であるとした場合の1m²当たりの価額」は、その付近にある宅地について路線価方式又は倍率方式によって評価した1m²当たりの価額を基とし、その宅地とその農地との位置、形状等の条件の差を考慮して評価します（評基通40(注)）。

◆地積規模の大きな市街地農地

評価対象の市街地農地が宅地であるとした場合において「地積規模の大きな宅地」として評価することができる宅地に該当するときには、その市街地農地が宅地であるとした場合の1m²当たりの価額については、地積規模の大きな宅地としての評価を適用して計算することとなります（評基通40(注)なお書）。

(2) 宅地造成費に相当する金額の計算 ■■■■■■■■■■■■■■

　市街地農地の評価において、その農地が宅地であるとした場合の1m²当たりの価額からその農地を宅地に転用する場合において通常必要と認められる1m²当たりの造成費に相当する金額として、整地、土盛り又は土止めに要する費用の額がおおむね同一と認められる地域ごとに国税局長の定める金額を控除します。この造成費に相当する金額は、毎年都道府県ごとに定められ、公表されている「宅地造成費の金額表」に基づいて計算します。

（参考）　宅地造成費の金額表（令和元年分の埼玉県の例）

宅地造成費の金額表
1　市街地農地等の評価に係る宅地造成費
　「市街地農地」、「市街地周辺農地」、「市街地山林」（注）及び「市街地原野」を評価する場合における宅地造成費の金額は、平坦地と傾斜地の区分によりそれぞれ次表に掲げる金額のとおりです。
（注）　ゴルフ場用地と同様に評価することが相当と認められる遊園地等用地（市街化区域及びそれに近接する地域にある遊園地等に限ります。）を含みます。

表1　平坦地の宅地造成費

工事費目		造成区分	金額
整地費	整地費	整地を必要とする面積1m²当たり	700円
	伐採・抜根費	伐採・抜根を必要とする面積1m²当たり	1,000円
	地盤改良費	地盤改良を必要とする面積1m²当たり	1,800円
土盛費		他から土砂を搬入して土盛りを必要とする場合の土盛り体積1m³当たり	6,600円
土止費		土止めを必要とする場合の擁壁の面積1m²当たり	68,000円

（留意事項）
　(1)　「整地費」とは、①凹凸がある土地の地面を地ならしするための工事費又は②土盛工事を要する土地について、土盛工事をした後の地面を地ならしするための工事費をいいます。
　(2)　「伐採・抜根費」とは、樹木が生育している土地について、樹木を伐採し、根等

第6章　宅地以外の土地の評価　　261

　　を除去するための工事費をいいます。したがって、整地工事によって樹木を除去
　　できる場合には、造成費に本工事費を含めません。
(3)　「地盤改良費」とは、湿田など軟弱な表土で覆われた土地の宅地造成に当たり、
　　地盤を安定させるための工事費をいいます。
(4)　「土盛費」とは、道路よりも低い位置にある土地について、宅地として利用でき
　　る高さ（原則として道路面）まで搬入した土砂で埋め立て、地上げする場合の工事
　　費をいいます。
(5)　「土止費」とは、道路よりも低い位置にある土地について、宅地として利用でき
　　る高さ（原則として道路面）まで地上げする場合に、土盛りした土砂の流出や崩壊
　　を防止するために構築する擁壁工事費をいいます。

表2　傾斜地の宅地造成費

傾　斜　度	金　　額
3度超 5度以下	17,700円/m²
5度超10度以下	21,900円/m²
10度超15度以下	33,600円/m²
15度超20度以下	47,900円/m²
20度超25度以下	53,000円/m²
25度超30度以下	54,700円/m²

（留意事項）
(1)　「傾斜地の宅地造成費」の金額は、整地費、土盛費、土止費の宅地造成に要する
　　すべての費用を含めて算定したものです。
　　　なお、この金額には、伐採・抜根費は含まれていないことから、伐採・抜根を要
　　する土地については、「平坦地の宅地造成費」の「伐採・抜根費」の金額を基に算
　　出し加算します。
(2)　傾斜度3度以下の土地については、「平坦地の宅地造成費」の額により計算します。
(3)　傾斜度については、原則として、測定する起点は評価する土地に最も近い道路面
　　の高さとし、傾斜の頂点（最下点）は、評価する土地の頂点（最下点）が奥行距離
　　の最も長い地点にあるものとして判定します。
(4)　宅地への転用が見込めないと認められる市街地山林については、近隣の純山林
　　の価額に比準して評価する（財産評価基本通達49）こととしています。したがって、
　　宅地であるとした場合の価額から宅地造成費に相当する金額を控除して評価した
　　価額が、近隣の純山林に比準して評価した価額を下回る場合には、経済合理性の観
　　点から宅地への転用が見込めない市街地山林に該当するので、その市街地山林の

価額は、近隣の純山林に比準して評価することになります。

(注1) 比準元となる具体的な純山林は、評価対象地の近隣の純山林、すなわち、評価対象地からみて距離的に最も近い場所に所在する純山林です。

(注2) 宅地造成費に相当する金額が、その山林が宅地であるとした場合の価額の100分の50に相当する金額を超える場合であっても、上記の宅地造成費により算定します。

(注3) 宅地比準方式により評価する市街地農地、市街地周辺農地及び市街地原野等についても、市街地山林と同様、経済合理性の観点から宅地への転用が見込めない場合には、宅地への転用が見込めない市街地山林の評価方法に準じて、その価額は、純農地又は純原野の価額により評価することになります。

なお、市街地周辺農地については、市街地農地であるとした場合の価額の100分の80に相当する金額によって評価する（財産評価基本通達39）ことになっていますが、これは、宅地転用が許可される地域の農地ではあるが、まだ現実に許可を受けていないことを考慮したものですので、純農地の価額に比準して評価する場合には、80％相当額に減額する必要はありません。

― ケーススタディ ―

【ケース1】

Q　評価対象の市街地農地は、間口距離18m、奥行距離24mの長方形の土地です。宅地として利用するためには、全体に1mの土盛りをするとともに、道路面を除いた三面に土止め工事（高さ1mの擁壁設置工事）を行う必要があります。

造成費に相当する金額はどのように計算しますか（課税時期を令和元年とし、埼玉県内の土地として計算してください。）。

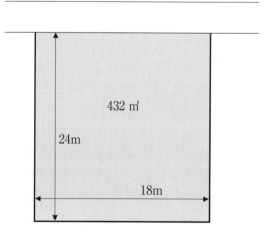

第6章　宅地以外の土地の評価　　263

A　次のように計算します。

① 整地費

(整地を要する面積)　(1m²当たりの整地費)
432m²　　×　　700円　　= 302,400円

② 土盛費

(整地を要する面積)　(盛土の高さ)　(1m³当たりの土盛費)
432m²　　×　　1m　　×　　6,600円　　= 2,851,200円

③ 土止費

(擁壁面の長さ)　(擁壁の高さ)　(1m²当たりの土止費)
66m　　×　　1m　　×　　68,000円　　= 4,488,000円

④ 宅地造成費の合計額

302,400円 ＋ 2,851,200円 ＋ 4,488,000円 ＝ 7,641,600円

⑤ 1m²当たりの宅地造成費

7,641,600円 ÷ 432m² ≒ 17,689円（端数切上げ）

【ケース2】

Q　評価対象の市街地農地は、6度の傾斜があり、その面積は450m²です。宅地として利用するためには、450m²のうち200m²部分の伐採及び抜根が必要になります。

造成費に相当する金額はどのように計算しますか（課税時期を令和元年とし、埼玉県内の土地として計算してください。）。

A　次のように計算します。

① 傾斜度に係る造成費

傾斜度　　6度　　　1m²当たりの宅地造成費　21,900円

② 伐採・抜根費

(伐採・抜根を要する面積)　(1m³当たりの伐採・抜根費)
200m²　　×　　1,000円　　= 200,000円

③ 1m²当たりの宅地造成費

(上記①の金額)　　(上記②の金額)　(面積)
21,900円　＋（ 200,000円 ÷450m²）≒ 22,345円（端数切上げ）

264　第6章　宅地以外の土地の評価

【ケース3】

Q　評価対象の市街地農地は、普通住宅地区に存する間口距離40m、奥行距離45mの土地であり、この農地が接する路線の路線価は、200,000円です。

なお、この農地を宅地として利用するためには、整地（1m²当たり700円）が必要となります。

この農地はどのように評価しますか。

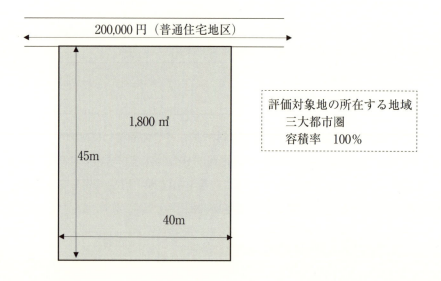

A　次のように評価します。

(1) 評価対象地が宅地であるものとして評価した価額

　① 奥行価格補正

　　　　　　　　　　（奥行価格補正率）
　　　200,000円 ×　　0.90　　＝ 180,000円

② 地積規模補正率

$$\frac{1{,}800\text{m}^2 \times 0.90 + 75}{1{,}800\text{m}^2} = 0.94$$

③ 地積規模の大きな宅地としての評価

（規模格差補正率）

180,000円 × 　0.94　 = 169,200円

(2) 市街地農地としての価額

① 1m²当たりの価額

（整地費）

169,200円 － 700円 = 168,500円

② 評価額

168,500円 × 1,800m² = 303,300,000円

(注) 評価対象の市街地農地が宅地であるとした場合において「地積規模の大きな宅地」として評価することができる宅地に該当するときには、地積規模の大きな宅地としての評価額を計算した後に、その価額から宅地造成費に相当する金額を控除します。

第6章　宅地以外の土地の評価

【参考書式10】　市街地農地等の評価明細書

市 街 地 農 地 等 の 評 価 明 細 書

市 街 地 農 地　　市 街 地 山 林
市街地周辺農地　　市 街 地 原 野

（平成十八年分以降用）

所 在 地 番				
現 況 地 目			① 地 積	㎡
評価の基とした宅地の1平方メートル当たりの評価額	所 在 地 番			
	② 評価額の計算内容		③ （ 評 価 額 ）	円
評価する農地等が宅地であるとした場合の1平方メートル当たりの評価額	④ 評価上考慮したその農地等の道路からの距離、形状等の条件に基づく評価額の計算内容		⑤ （ 評 価 額 ）	円

宅地造成費の計算	平坦地	整地費	整 地 費	（ 整 地 を 要 す る 面 積 ）　　　　　（ 1 ㎡ 当 た り の 整 地 費 ） ㎡ × 　　　　　　　　　円	⑥	円
			伐採・抜根費	（伐採・抜根を要する面積）　　　　　（1㎡当たりの伐採・抜根費） ㎡ × 　　　　　　　　　円	⑦	円
			地盤改良費	（地盤改良を要する面積）　　　　　（1㎡当たりの地盤改良費） ㎡ × 　　　　　　　　　円	⑧	円
		土 盛 費		（土盛りを要する面積）（平均の高さ）（1㎡当たりの土盛費） ㎡ × 　　m × 　　　　円	⑨	円
		土 止 費		（ 擁 壁 面 の 長 さ ）（平均の高さ）（1㎡当たりの土止費） m × 　　m × 　　　円	⑩	円
		合 計 額 の 計 算		⑥ ＋ ⑦ ＋ ⑧ ＋ ⑨ ＋ ⑩	⑪	円
		1㎡当たりの計算		⑪ ÷ ①	⑫	円
	傾斜地	傾斜度に係る造成費		（ 傾 斜 度 ）　　　　度	⑬	円
		伐採・抜根費		（伐採・抜根を要する面積）　　　　（1㎡当たりの伐採・抜根費） ㎡ × 　　　　　　　円	⑭	円
		1㎡当たりの計算		⑬ ＋ （ ⑭ ÷ ① ）	⑮	円

市街地農地等の評価額	（⑤ － ⑫ （ 又 は ⑮ ））× ① (注) 市街地周辺農地については、さらに0.8を乗ずる。	円

(注) 1　「②評価額の計算内容」欄には、倍率地域内の市街地農地等については、評価の基とした宅地の固定資産税評価額及び倍率を記載し、路線価地域内の市街地農地等については、その市街地農地等が宅地である場合の画地計算の内容を記載してください。なお、画地計算が複雑な場合には、「土地及び土地の上に存する権利の評価明細書」を使用してください。

2　「④評価上考慮したその農地等の道路からの距離、形状等の条件に基づく評価額の計算内容」欄には、倍率地域内の市街地農地等について、「③評価額」欄の金額と「⑤評価額」欄の金額とが異なる場合に記載し、路線価地域内の市街地農地等については記載の必要はありません。

3　「傾斜地の宅地造成費」に加算する伐採・抜根費は、「平坦地の宅地造成費」の「伐採・抜根費」の金額を基に算出してください。

（資4－26－A4統一）

第6章　宅地以外の土地の評価　　267

7　生産緑地の評価

(1)　生産緑地

　公害又は災害の防止、農林漁業と調和した都市環境の保全等良好な生活環境の確保に相当の効用があり、かつ、公共施設等の敷地の用に供する土地として適している農地等で一定の規模を有するものについて、都市計画により生産緑地地区の指定がされます。

　生産緑地については、原則として、宅地造成や建物等の建築について市町村長の許可が必要となりますが、生産緑地地区の指定から30年が経過したとき又は生産緑地に係る農林漁業の主たる従事者が死亡等したときには、時価による買取りの申出をすることができ、この買取りの申出から3か月が経過した場合には、その生産緑地に対する制限は解除されます。

(2)　生産緑地の評価方法

　課税時期において買取りの申出ができるかどうか、買取りの申出のできないものについては買取りの申出をすることができることとなる日までの期間に応じて、一定の減額割合が定められています。

(1)　生産緑地 ■■■■■■■■■■■■■■■■■■■■■■■■■■■■■■■■■

　市街化区域内にある農地等で、次に掲げる条件に該当する一団のものの区域については、都市計画に生産緑地地区を定めることができ（生産緑地3、生産緑地令3）、生産緑地地区を定める都市計画が定められたときには、標識の設置等によりその地区が生産緑地地区である旨が明示されます（生産緑地6①）。この生産緑地地区の区域内の土地を生産緑地といいます。

① 　公害又は災害の防止、農林漁業と調和した都市環境の保全等良好な生活環境の確保に相当の効用があり、かつ、公共施設等の敷地の用に供する土地として適しているものであること。

② 　500m²以上の規模の区域であること。ただし、市町村は、公園、緑地その他の公共空地の整備の状況及び土地利用の状況を勘案して必要があると認めるときは、300m²以上の一定の規模以上の区域とすることを条例で定めることができます。

③ 　用排水その他の状況を勘案して農林漁業の継続が可能な条件を備えていると認め

268 第6章　宅地以外の土地の評価

られるものであること。

　生産緑地については、原則として、宅地造成や建物等の建築について市町村長の許可が必要となります（生産緑地8①）。ただし、生産緑地地区の指定から30年が経過したとき、又は生産緑地に係る農林漁業の主たる従事者（当該生産緑地に係る農林漁業の業務に一定の割合以上従事している者を含みます。）が死亡し、又は農林漁業に従事することを不可能にさせる故障を有するに至つたときには、時価による買取りの申出をすることができます（生産緑地10）。この買取りの申出から3か月が経過した場合には、その生産緑地に対する制限は解除されます（生産緑地14）。

(注)　市町村長は、生産緑地地区に係る都市計画の告示の日から起算して30年を経過する日以後においてもその保全を確実に行うことが良好な都市環境の形成を図る上で特に有効であると認められるものを、特定生産緑地として指定することができます（生産緑地10の2①）この特定生産緑地の指定がされると、その後10年間は、時価による買取りの申出をすることができません（生産緑地10の5）。

(2)　生産緑地の評価方法 ■■■■■■■■■■■■■■■■■■■■■■

　生産緑地のうち、課税時期において生産緑地法10条の規定により市町村長に対し生産緑地を時価で買い取るべき旨の申出（以下「買取りの申出」といいます。）を行った日から起算して3か月を経過しているもの以外のものの価額は、その生産緑地が生産緑地でないものとして上記により評価した価額から、その価額に次に掲げる生産緑地の別にそれぞれ次に掲げる割合を乗じて計算した金額を控除した金額によって評価します（評基通40-3）。

$$\begin{array}{c}\text{生産緑地}\\\text{の評価額}\end{array} = \begin{array}{c}\text{その宅地が生産緑地}\\\text{ではないものとして}\\\text{評価した価額}\end{array} \times \left(1 - \begin{array}{c}\text{次のア又}\\\text{はイに掲}\\\text{げる割合}\end{array}\right)$$

ア　課税時期において市町村長に対し買取りの申出をすることができない生産緑地

課税時期から買取りの申出をすることができることとなる日までの期間	割合
5年以下のもの	10％
5年を超え10年以下のもの	15％
10年を超え15年以下のもの	20％
15年を超え20年以下のもの	25％
20年を超え25年以下のもの	30％
25年を超え30年以下のもの	35％

イ 課税時期において市町村長に対し買取りの申出が行われていた生産緑地又は買取りの申出をすることができる生産緑地
　5%

◆買取りの申出を行った日から起算して3か月を経過している生産緑地の評価
　生産緑地のうち買取りの申出を行った日から起算して3か月を経過したものについては、生産緑地としての行為制限は解除されることとなりますので、生産緑地としての減額評価はできません。

◆主たる従事者の判定
　生産緑地に係る農林漁業の主たる従事者（当該生産緑地に係る農林漁業の業務に一定の割合以上従事している者を含みます。）が死亡し、又は農林漁業に従事することを不可能にさせる故障を有するに至ったときは、市町村長に対し、その生産緑地を時価で買い取るべき旨を申し出ることができることとされています（生産緑地10②）。生産緑地を有していた者に相続が開始した場合において、その者がその生産緑地に係る農林漁業の主たる従事者であったときには、その生産緑地の買取りの申出をすることができますし、そうでないときには、買取りの申出をすることができません。評価通達は、課税時期において市町村長に対し買取りの申出が行われていた生産緑地又は買取りの申出をすることができる生産緑地であるか否かにより減額割合を別に定めていますので、被相続人がその生産緑地に係る農林漁業の主たる従事者であったかどうかの判定は重要になります。
　この点については、被相続人死亡後も従前と同程度の農業等の経営を維持するために、所有者となった相続人が、それまでとは質的又は量的に異なる新たな負担を余儀なくされるかどうかにより判断することになります（名古屋地判平13・7・16判タ1091・224、名古屋高判平15・4・16（平13（行コ）30））。

$$\boxed{\text{ケーススタディ}}$$

Ｑ　甲は、平成31年（2019年）4月に死亡した甲の父（丙）から農地を相続しました。この農地は、平成4年（1992年）10月に生産緑地地区の指定がされた区域内の農地です。相続税の申告をする際にこの農地はどのように評価しますか。なお、この農地が生産緑地ではないものとして評価した場合の価額は、96,000,000円です。

A 次の(1)又は(2)の場合に応じて、それぞれのとおりとなります。

（1） 丙がこの生産緑地における農業の主たる従事者であった場合

　主たる従事者が死亡した場合には、買取りの申出をすることができますので、減額割合は5％となります。

　　96,000,000円 － （96,000,000円 × 5％） ＝ 91,200,000円

（2） 丙がこの生産緑地における農業の主たる従事者ではなかった場合

　課税時期から買取りの申出をすることができることとなる日（令和4年（2022年）10月）までの期間は3年6か月であり5年以下ですから、減額割合は10％となります。

　　96,000,000円 － （96,000,000円 × 10％） ＝ 86,400,000円

8　耕作権等の評価

（1）　耕作権等の意義

　耕作権とは、農地が賃貸借契約により貸借されている場合における借主の権利（賃借権）をいい、また、永小作権とは、民法270条に定める小作料を支払って他人の土地において耕作する権利をいいます。

（2）　耕作権の評価方法

　耕作権が設定されていないものとして評価した農地の価額に耕作権割合を乗じて評価します。純農地及び中間農地の耕作権割合は50％とされており、市街地周辺農地及び市街地農地の耕作権割合は、通常支払われるべき離作料の額等を参酌して求めますが、一部の国税局においては、評価基準書に定める割合を基に評価することができることとされています。

（3）　永小作権の評価方法

　相続税法23条に定める残存期間に応じた割合を乗じて評価します。

（1）　耕作権等の意義 ■■■■■■■■■■■■■■■■■■■■■■■■■

　耕作権とは、農地が賃貸借契約により貸借されている場合における借主の権利（賃借権）をいいます。

第6章　宅地以外の土地の評価　　271

　ただし、水田裏作を目的とする賃貸借でその期間が1年未満であるもの、農地法37条から40条までの規定によって設定された農地中間管理権に係る賃貸借、農業経営基盤強化促進法19条の規定による公告があった農用地利用集積計画の定めるところによって設定され又は移転された同法4条4項1号に規定する利用権に係る賃貸借及び農地中間管理事業の推進に関する法律18条7項の規定による公告があった農用地利用配分計画の定めるところによって設定され又は移転された賃借権に係る賃貸借については除かれます（評基通9(7)）。

　また、永小作権とは、民法270条に定める小作料を支払って他人の土地において耕作する権利であり、耕作権と異なり、特約のない限り、地主の承諾なしに譲渡、転貸することができます（民272）。

(2)　耕作権の評価方法　■■■■■■■■■■■■■■■■■■■■■■■■

　耕作権は、次に掲げる区分に従い、それぞれ次に掲げるところにより評価します（評基通42）。

①　純農地及び中間農地に係る耕作権の価額は、耕作権が設定されていないものとして評価したその農地の価額に、50％の耕作権割合を乗じて計算した金額によって評価します。

②　市街地周辺農地及び市街地農地に係る耕作権の価額は、その農地が転用される場合に通常支払われるべき離作料の額、その農地の付近にある宅地に係る借地権の価額等を参酌して求めた金額によって評価します。

　ただし、一部の国税局においては、評価対象の農地について耕作権が設定されていないものとして評価した価額に、評価基準書に定める一定の割合を乗じて計算した金額によって評価することができるとされています。

　なお、農地法18条1項の賃貸借の解約等の制限の規定の適用除外とされている10年以上の期間の定めがある賃貸借が行われている場合の当該賃借権については評価しません。

(3)　永小作権の評価方法　■■■■■■■■■■■■■■■■■■■■■■■■

　永小作権の価額は、その残存期間に応じ、その目的となっている土地のこれらの権利を取得したときにおけるこれらの権利が設定されていない場合の時価に、次に定める割合を乗じて算出した金額によります（相税23）。

残存期間	割合
残存期間が10年以下のもの	5%
残存期間が10年を超え15年以下のもの	10%
残存期間が15年を超え20年以下のもの	20%
残存期間が20年を超え25年以下のもの	30%
残存期間が25年を超え30年以下のもの	40%
残存期間が30年を超え35年以下のもの	50%
残存期間が35年を超え40年以下のもの	60%
残存期間が40年を超え45年以下のもの	70%
残存期間が45年を超え50年以下のもの	80%
残存期間が50年を超えるもの	90%

◆存続期間の定めのない永小作権の評価

　存続期間の定めのない永小作権の価額は、存続期間を30年とみなして、上記の表を適用します。ただし、別段の慣習があるときは、それに従い上記の表を適用します（評基通43）。

9　貸し付けられている農地の評価

（1）　耕作権の目的となっている農地の評価方法

　耕作権が設定されていないものとして評価したその農地の価額から耕作権の価額を控除した金額によって評価します。

（2）　永小作権の目的となっている農地の評価方法

　永小作権が設定されていないものとして評価したその農地の価額から、永小作権の価額を控除した金額によって評価します。

（3）　10年以上の期間の定めがある賃貸借契約により貸し付けられて

第6章　宅地以外の土地の評価　　273

いる農地の評価方法

5%の減額評価をします。

(4)　農業経営基盤強化促進法の規定により貸し付けられている農地
　　の評価方法

5%の減額評価をします。

(5)　特定市民農園用地等として貸し付けられている農地の評価方法

30%の減額評価をします。

(6)　市民農園用地等として貸し付けられている農地の評価方法

20%の減額評価をすることができます。

(7)　農地中間管理機構に貸し付けられている農地の評価方法

5%の減額評価をします。

(1)　耕作権の目的となっている農地の評価方法　■■■■■■■■■■■

　耕作権の目的となっている農地の価額は、耕作権が設定されていないものとして評価したその農地の価額から上記 8 (2)により評価した耕作権の価額を控除した金額によって評価します（評基通41(1)）。

◆農地法の許可を受けないで他人に耕作させている農地の評価

　農地に賃借権等の権利を設定するためには農地法3条の定めるところにより都道府県知事（農業委員会）の許可を受けなければなりません。農地法の許可を受けないで、長期間にわたり他人に耕作させていた農地については耕作権を認めることはできません。したがって、その農地は自用地として評価します（国税庁HP・質疑応答事例・財産の評価「農地法の許可を受けないで他人に耕作させている農地の評価」）。

(2)　永小作権の目的となっている農地の評価方法　■■■■■■■■■■

　永小作権の目的となっている農地の価額は、永小作権が設定されていないものとして評価したその農地の価額から、上記 8 (3)により評価した永小作権の価額を控除した金額によって評価します（評基通41(2)）。

274 第6章 宅地以外の土地の評価

(3) 10年以上の期間の定めがある賃貸借契約により貸し付けられている農地の評価方法

　農地法18条1項の賃貸借の解約等の制限の規定の適用除外とされている10年以上の期間の定めがある賃貸借契約により貸し付けられている農地の価額は、その農地が貸し付けられていないものとして財産評価基本通達の定めにより評価した価額（農用地の自用地としての価額）から、その価額に5％を乗じて計算した金額を控除した金額によって評価することとされています（昭56・6・9直評10・直資2-70(1)(3)）。

　なお、当該賃貸借に係る賃借権の価額については、相続税又は贈与税の課税価格に算入することを要しないこととされています（昭56・6・9直評10・直資2-70(2)(3)）。

(4) 農業経営基盤強化促進法の規定により貸し付けられている農地の評価方法

　農業経営基盤強化促進法19条の規定による公告があった農用地利用集積計画の定めるところによって設定された賃貸借に基づき貸し付けられている農用地の価額は、その賃貸借設定の期間がおおむね10年以内であること等から、相続税法23条の地上権及び永小作権の評価等に照らし、その農用地が貸し付けられていないものとして財産評価基本通達の定めにより評価した価額（農用地の自用地としての価額）から、その価額に5％を乗じて計算した金額を控除した金額によって評価することとされています（昭56・6・9直評10・直資2-70(1)）。

　なお、当該賃貸借に係る賃借権の価額については、相続税又は贈与税の課税価格に算入することを要しないこととされています（昭56・6・9直評10・直資2-70(2)）。

(注)　「農業経営基盤強化促進法」は、農業経営基盤強化のための関係法律の整備に関する法律（平成5年法律70号）により「農用地利用増進法」から改題されました。

(5) 特定市民農園用地等として貸し付けられている農地の評価方法

ア　特定市民農園の意義

　特定市民農園とは、次の各基準のいずれにも該当する借地方式による市民農園であって、都道府県及び政令指定都市が設置するものは農林水産大臣及び建設大臣（国土交通大臣）から、その他の市町村が設置するものは都道府県知事からその旨の認定書の交付を受けたものをいいます（平6・12・19課評2-15・課資2-212　1)）。

① 地方公共団体が設置する市民農園整備促進法2条2項の市民農園であること
② 地方自治法244条の2第1項に規定する条例で設置される市民農園であること
③ 当該市民農園の区域内に設けられる施設が、市民農園整備促進法2条2項2号に規定する市民農園施設のみであること
④ 当該市民農園の区域内に設けられる建築物の建築面積の総計が、当該市民農園の敷地面積の12%を超えないこと
⑤ 当該市民農園の開設面積が500m²以上であること
⑥ 市民農園の開設者である地方公共団体が当該市民農園を公益上特別の必要がある場合その他正当な事由なく廃止（特定市民農園の要件に該当しなくなるような変更を含みます。）しないこと

　　なお、この要件については「特定市民農園の基準に該当する旨の認定申請書」への記載事項とされています。
⑦ 土地所有者と地方公共団体との土地貸借契約に次の事項の定めがあること
　㋐　貸付期間が20年以上であること
　㋑　正当な事由がない限り貸付けを更新すること
　㋒　土地所有者は、貸付けの期間の中途において正当な事由がない限り土地の返還を求めることはできないこと
　イ　特定市民農園の評価方法
　特定市民農園の用地として貸し付けられている土地の価額は、その土地が特定市民農園の用地として貸し付けられていないものとして評価した価額から、その価額に30%を乗じて計算した金額を控除した金額によって評価します（平6・12・19課評2-15・課資2-212　2）。

　なお、この取扱いの適用を受けるに当たっては、当該土地が、課税時期において特定市民農園の用地として貸し付けられている土地に該当する旨の地方公共団体の長の証明書（相続税又は贈与税の申告期限までに、その土地について権原を有することとなった相続人、受遺者又は受贈者全員から当該土地を引き続き当該特定市民農園の用地として貸し付けることに同意する旨の申出書の添付があるものに限ります。）を所轄税務署長に提出するものとされています。

(6)　市民農園用地等として貸し付けられている農地の評価方法 ■ ■ ■

　生産緑地地区内の農地を、いわゆる特定農地貸付けに関する農地法等の特例に関する法律の定めるところにより地方公共団体に市民農園として貸し付けている場合、こ

のような借地方式による市民農園は、特定農地貸付けに関する農地法等の特例に関する法律に規定する特定農地貸付けの用に供するためのものであり、農地所有者と農地の借手である地方公共団体との間で行われる賃貸借及び当該地方公共団体と市民農園の借手である住民との間で行われる賃貸借については、農地法18条に定める賃貸借の解約制限の規定の適用はないものとされています。

　したがって、当該市民農園の用に供されている農地は耕作権の目的となっている農地には該当しません。このため、当該市民農園は、生産緑地としての利用制限に係る斟酌と賃貸借契約の期間制限に係る斟酌とを行うことになります。

　この場合、賃貸借契約の期間制限に係る斟酌は、原則として、財産評価基本通達87(2)の定め（**本章第4 3 (2)参照**）に準じて、賃借権の残存期間に応じ、その賃借権が地上権であるとした場合に適用される法定地上権割合の2分の1に相当する割合とされます。

　ただし、次の要件の全てを満たす市民農園の用に供されている農地については、残存期間が20年以下の法定地上権割合に相当する20%の斟酌をすることとして差し支えないこととされています（国税庁HP・質疑応答事例・財産の評価「市民農園として貸し付けている農地の評価」）。

① 　地方自治法244条の2の規定により条例で設置される市民農園であること
② 　土地の賃貸借契約に次の事項が定められ、かつ、相続税及び贈与税の課税時期後において引き続き市民農園として貸し付けられること
　⑦ 　貸付期間が20年以上であること
　④ 　正当な理由がない限り貸付けを更新すること
　⑦ 　農地所有者は、貸付けの期間の中途において正当な事由がない限り土地の返還を求めることはできないこと

（注） 　この適用を受けるためには、相続税又は贈与税の申告書に一定の書類を添付する必要があります。

（7） 　農地中間管理機構に貸し付けられている農地の評価方法 ■ ■ ■ ■

　農地中間管理機構に貸し付けられている農地の賃貸借については、農地法17条本文の賃貸借の法定更新の規定の適用が除外され、また、同法18条1項本文の規定の適用が除外されるなど、いわゆる耕作権としての価格が生じるような強い権利ではありません。

　このため、農地中間管理機構に賃貸借により貸し付けられている農地の価額は、そ

の農地の自用地としての価額から、その価額に5%を乗じて計算した金額を控除した価額によって評価します。

　なお、農地法3条1項14号の2の規定に基づき農地中間管理機構に貸し付けられている農地のうち、賃貸借期間が10年未満のものについては、農地法17条本文及び同法18条1項本文の規定が適用されますので、耕作権の目的となっている農地として評価します（国税庁HP・質疑応答事例・財産の評価「農地中間管理機構に賃貸借により貸し付けられている農地の評価」）。

第2　山林の評価

<フローチャート～山林の評価＞

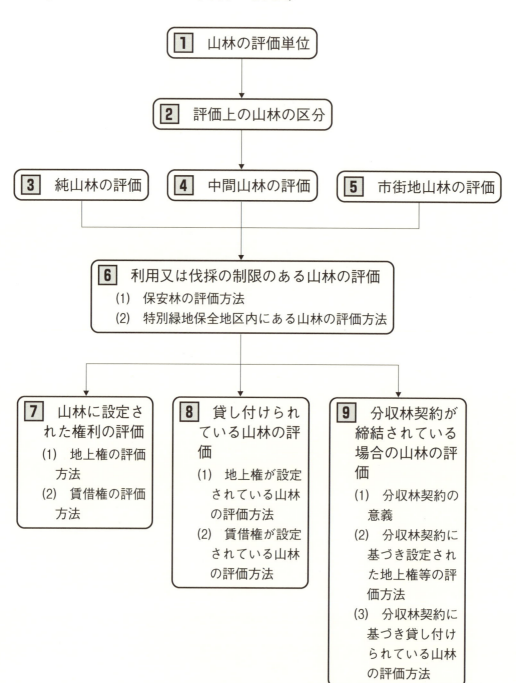

第6章　宅地以外の土地の評価　　279

1 　山林の評価単位

　山林は、1筆の山林を評価単位とします。この場合の1筆とは、地方税法341条10号に規定する土地課税台帳又は同条11号に規定する土地補充課税台帳に登録された1筆をいいます（評基通7-2(3)）。

　ただし、市街地山林については、利用の単位となっている一団の山林を評価単位とします。この場合において、贈与、遺産分割等による宅地の分割が親族間等で行われ、例えば、分割後の画地が宅地に転用しようとしたときに通常の用途に供することができないなど、その分割が著しく不合理であると認められるときは、その分割前の画地を「1画地の宅地」とします（評基通7-2(3)ただし書）。

2 　評価上の山林の区分

　評価通達においては、山林を次の3つの種類に区分して、それぞれの評価方法を定めています。

　ア　純山林

　林業地帯にある山林、林業経営を前提とした山林などで宅地への転用の見込めないものをいいます。

　イ　中間山林

　中間山林とは、市街地付近又は別荘地帯にある山林で、純山林とは状況を異にするために、純山林として評価することが不適当と認められる山林をいいます。

　ウ　市街地山林

　市街地山林とは、宅地のうちに介在する山林、市街化区域内にある山林などで、その価格形成要因等からみて付近の宅地の価額に類似する価額で取引されると認められる地域にあるものをいいます。

　評価対象地である山林が上記のいずれの種類の山林であるかの判断は、実務上、評価倍率表により確認します。

3　純山林の評価

　純山林の価額は、その山林の固定資産税評価額に、地勢、土層、林産物の搬出の便等の状況の類似する地域ごとに、その地域にある山林の売買実例価額、精通者意見価格等を基として国税局長の定める倍率を乗じて計算した金額によって評価します（評基通47）。国税局長の定める倍率は、課税時期の属する年分の財産評価基準書の評価倍率表により確認します。

4　中間山林の評価

　中間山林の価額は、その山林の固定資産税評価額に、地価事情の類似する地域ごとに、その地域にある山林の売買実例価額、精通者意見価格等を基として国税局長の定める倍率を乗じて計算した金額によって評価します（評基通48）。国税局長の定める倍率は、課税時期の属する年分の財産評価基準書の評価倍率表により確認します。

5　市街地山林の評価

　市街地山林の価額は、その山林が宅地であるとした場合の1m²当たりの価額から、その山林を宅地に転用する場合において通常必要と認められる1m²当たりの造成費に相当する金額として、整地、土盛り又は土止めに要する費用の額がおおむね同一と認められる地域ごとに国税局長の定める金額を控除した金額に、その山林の地積を乗じて計算した金額によって評価します（評基通49）。

　ただし、その市街地山林の固定資産税評価額に地価事情の類似する地域ごとに、その地域にある山林の売買実例価額、精通者意見価格等を基として国税局長の定める倍率を乗じて計算した金額によって評価することができるものとされており、その倍率が定められている地域にある市街地山林の価額は、その山林の固定資産税評価額にその倍率を乗じて計算した金額によって評価することとされています（評基通49ただし書）。

第6章　宅地以外の土地の評価　　281

◆その山林が宅地であるとした場合の1m²当たりの価額

　その山林が宅地であるとした場合の1m²当たりの価額は、その付近にある宅地について路線価方式又は倍率方式によって評価した1m²当たりの価額を基とし、その宅地とその山林との位置、形状等の条件の差を考慮して評価します（評基通49(注)1）。

◆宅地造成費相当額の計算

　その山林が宅地であるとした場合の1m²当たりの価額から、その山林を宅地に転用する場合において通常必要と認められる1m²当たりの造成費に相当する金額として、整地、土盛り又は土止めに要する費用の額がおおむね同一と認められる地域ごとに国税局長の定める金額については、市街地農地の評価における金額の算定の場合と同じですので、**本章第1 6 (2)**を参照してください。

◆地積規模の大きな市街地山林

　評価対象の市街地山林が宅地であるとした場合において「地積規模の大きな宅地」として評価することができる宅地に該当するときには、その市街地山林が宅地であるとした場合の1m²当たりの価額については、地積規模の大きな宅地としての評価方法を適用して計算することとなります（評基通49(注)1なお書）。

◆宅地への転用が見込めない市街地山林

　評価対象地である市街地山林について宅地への転用が見込めないと認められる場合には、その山林の価額は、近隣の純山林の価額に比準して評価します（評基通49なお書）。

　「その市街地山林について宅地への転用が見込めないと認められる場合」とは、その山林を本項本文によって評価した場合の価額が近隣の純山林の価額に比準して評価した価額を下回る場合、又はその山林が急傾斜地等であるために宅地造成ができないと認められる場合をいいます（評基通49(注)2）。

6 | 利用又は伐採の制限のある山林の評価

（1）　保安林の評価方法

　保安林ではないものとして評価した価額から、法令に基づき定められた伐採関係の区分に応じて定められた一定の割合を減額して評価します。

（2）　特別緑地保全地区内にある山林の評価方法

　特別緑地保全地区内にある山林ではないものとして評価した価額から、その80%を減額して評価します。

（1）　保安林の評価方法 ■■■■■■■■■■■■■■■■■■■■■■■■■■

　森林法その他の法令の規定に基づき土地の利用又は立木の伐採について制限を受けている山林（下記(2)に該当するものを除きます。）の価額は、上記 1 から 5 までにより評価した価額から、その価額にその山林の上に存する立木について法令の規定に基づいて定められた伐採関係の区分に従い次表に定める割合を乗じて計算した金額を控除した金額によって評価します（評基通50・123）。

法令に基づき定められた伐採関係の区分	控除割合
一部皆伐	0.3
択伐	0.5
単木選伐	0.7
禁伐	0.8

◆倍率地域に所在する保安林の評価

　保安林は、地方税法348条2項7号の規定により、固定資産税は非課税とされています。そこで、その山林が森林法25条の規定により保安林として指定されており、かつ、倍率方式により評価すべきものに該当するときは、その山林の付近にある山林につき上記 1 から 5 までにより評価した価額に比準して評価した価額を基に、その価額にその山林の上に存する立木について上記の表に定める割合を乗じて計算した金額を控除した金額によって評価します（評基通50かっこ書・(注)）。

（2）　特別緑地保全地区内にある山林の評価方法 ■■■■■■■■■■■■■

　都市緑地法12条に規定する特別緑地保全地区（首都圏近郊緑地保全法4条2項3号に規定する近郊緑地特別保全地区及び近畿圏の保全区域の整備に関する法律6条2項に規定する近郊緑地特別保全地区を含みます。）内にある山林（林業を営むために立木の伐採が認められる山林で、かつ、純山林に該当するものを除きます。）の価額は、上記 1 から 5 までにより評価した価額から、その価額に80%を乗じて計算した金額を控除した金額によって評価します（評基通50-2）。

第6章　宅地以外の土地の評価　　283

7　山林に設定された権利の評価

---

(1)　地上権の評価方法
　残存期間に応じて定められている一定の割合を乗じて評価します。

(2)　賃借権の評価方法
　山林の所在する地域に応じ、地上権又は借地権の割合を基に評価します。

---

(1)　地上権の評価方法　■■■■■■■■■■■■■■■■■■■■■■■■■

　山林に設定された地上権の価額は、その地上権の残存期間に応じ、地上権が設定されていないものとして評価した価額に、それぞれ次の表に定める割合を乗じて評価します（相税23）。

　なお、例えば立木一代限りとして設定された地上権などのように残存期間の不確定な地上権の価額は、課税時期の現況により、立木の伐採に至るまでの期間をその残存期間として次の表を適用します（評基通53）。

残存期間	割合
残存期間が10年以下のもの	5％
残存期間が10年を超え15年以下のもの	10％
残存期間が15年を超え20年以下のもの	20％
残存期間が20年を超え25年以下のもの	30％
残存期間が25年を超え30年以下のもの 存続期間の定めのないもの	40％
残存期間が30年を超え35年以下のもの	50％
残存期間が35年を超え40年以下のもの	60％
残存期間が40年を超え45年以下のもの	70％
残存期間が45年を超え50年以下のもの	80％
残存期間が50年を超えるもの	90％

284 第6章 宅地以外の土地の評価

(2) 賃借権の評価方法 ■■■■■■■■■■■■■■■■■■■■■■■

① 純山林に係る賃借権の価額は、その賃借権の残存期間に応じ、上記(1)に準じて評価します。

　この場合において、契約に係る賃借権の残存期間がその権利の目的となっている山林の上に存する立木の現況に照らし更新されることが明らかであると認める場合においては、その契約に係る賃借権の残存期間に更新によって延長されると認められる期間を加算した期間をもってその賃借権の残存期間とします（評基通54(1)）。

② 中間山林に係る賃借権の価額は、賃貸借契約の内容、利用状況等に応じ、①又は③の定めにより求めた価額によって評価します（評基通54(2)）。

③ 市街地山林に係る賃借権の価額は、その山林の付近にある宅地に係る借地権の価額等を参酌して求めた価額によって評価します（評基通54(3)）。

8 貸し付けられている山林の評価

---

(1) 地上権が設定されている山林の評価方法
　自用地としての価額から地上権の価額を控除した金額により評価します。
(2) 賃借権が設定されている山林の評価方法
　自用地としての価額から賃借権の価額を控除した金額により評価します。

---

(1) 地上権が設定されている山林の評価方法 ■■■■■■■■■■■■■

　地上権の設定されている山林の価額は、その山林の自用地としての価額から相続税法23条の規定により評価したその地上権の価額（上記 7 (1)参照）を控除した金額によって評価します（評基通51(2)）。

第6章　宅地以外の土地の評価　　285

(2)　賃借権が設定されている山林の評価方法　■■■■■■■■■■■

　賃借権の設定されている山林の価額は、その山林の自用地としての価額から、上記
7 (2)により評価したその賃借権の価額を控除した金額によって評価します（評基通51
(1)）。

9　分収林契約が締結されている場合の山林の評価

---

(1)　分収林契約の意義
　立木の伐採・譲渡による収益を一定の割合で分収することを目的として、
山林の所有者、造林又は育林を行う者及びその費用の負担者のうち2以上
の者の間で締結された契約をいいます。
(2)　分収林契約に基づき設定された地上権等の評価方法
　地上権等の価額に、造林又は育林を行う者に係る分収割合を乗じて求め
た価額により評価します。
(3)　分収林契約に基づき貸し付けられている山林の評価方法
　次の算式により評価します。
　（その山林の自用地としての価額(A)×山林所有者の分収割合(B)）
　＋（(A)−地上権又は賃借権の価額）×（1−(B)）

---

(1)　分収林契約の意義　■■■■■■■■■■■■■■■■■■■■■■■

　財産評価基本通達における分収林契約とは、次の分収造林契約及び分収育林契約を
いいます（評基通52）。
　ア　分収造林契約
　分収林特別措置法2条1項に規定する分収造林契約その他一定の土地についての造林
に関し、その土地の所有者、当該土地の所有者以外の者でその土地につき造林を行う
もの及びこれらの者以外の者でその造林に関する費用の全部若しくは一部を負担する
ものの三者又はこれらの者のうちのいずれか二者が当事者となって締結する契約で、

その契約条項中において、当該契約の当事者が当該契約に係る造林による収益を一定の割合により分収することを約定しているものをいいます（所税令78一）。

イ　分収育林契約

分収林特別措置法2条2項に規定する分収育林契約その他一定の土地に生育する山林の保育及び管理（これを「育林」といいます。）に関し、その土地の所有者、当該土地の所有者以外の者でその山林につき育林を行うもの及びこれらの者以外の者でその育林に関する費用の全部若しくは一部を負担するものの三者又はこれらの者のうちのいずれか二者が当事者となつて締結する契約で、その契約条項中において、当該契約の当事者が当該契約に係る育林による収益を一定の割合により分収することを約定しているものをいいます（所税令78二）。

(2)　分収林契約に基づき設定された地上権等の評価方法　■ ■ ■ ■ ■ ■

立木の伐採又は譲渡による収益を一定の割合により分収することを目的として締結された分収林契約に基づき設定された地上権又は賃借権の価額は、上記 7 により評価したその地上権又は賃借権の価額に、その分収林契約に基づき定められた造林又は育林を行う者に係る分収割合を乗じて計算した価額によって評価します（評基通55）。

(3)　分収林契約に基づき貸し付けられている山林の評価方法　■ ■ ■ ■

分収林契約（旧公有林野等官行造林法1条の規定に基づく契約も含まれます。）に基づいて設定された地上権又は賃借権の目的となっている山林の価額は、その分収林契約により定められた山林の所有者に係る分収割合に相当する部分の山林の自用地としての価額と、その他の部分の山林について上記 8 により評価した価額との合計額によって評価します（評基通52）。

（算式）

分収林契約に係る山林の価額

= （その山林の自用地としての価額(A)×山林所有者の分収割合(B)）

+ （(A)－地上権又は賃借権の価額）×（1－(B)）

第3 原野等の評価

＜フローチャート～原野等の評価＞

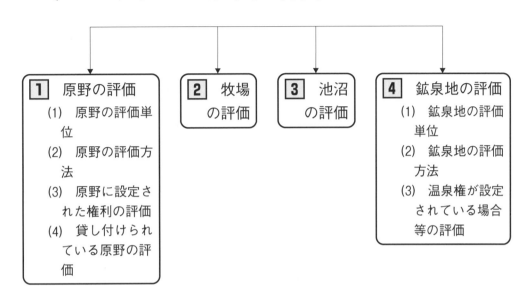

288　　第6章　宅地以外の土地の評価

1　原野の評価

（1）　原野の評価単位

1筆を評価単位としますが、市街地原野については利用の単位となっている一団の原野を評価単位とします。

（2）　原野の評価方法

純原野及び中間原野は倍率方式により評価し、市街地原野は、その原野が宅地であるものとして評価した価額から造成費相当額を控除した金額によって評価します。

（3）　原野に設定された権利の評価

地上権は相続税法23条の規定に基づき、賃借権は耕作権の評価に準じて評価します。

（4）　貸し付けられている原野の評価

自用地としての価額から地上権又は賃借権の価額を控除して評価します。

（1）　原野の評価単位 ■■■■■■■■■■■■■■■■■■■■■■■■■

原野は、1筆の原野を評価単位とします（評基通7-2(4)）。この場合の1筆とは、地方税法341条10号に規定する土地課税台帳又は同条11号に規定する土地補充課税台帳に登録された1筆をいいます（評基通7-2(3)）。

ただし、市街地原野については、利用の単位となっている一団の原野を評価単位とします。この場合において、贈与、遺産分割等による宅地の分割が親族間等で行われ、例えば、分割後の画地が宅地に転用しようとしたときに通常の用途に供することができないなど、その分割が著しく不合理であると認められるときは、その分割前の画地を「1画地の宅地」とします（評基通7-2(4)ただし書）。

（2）　原野の評価方法 ■■■■■■■■■■■■■■■■■■■■■■■■■

評価上、原野は、純原野、中間原野（通常の原野と状況を異にするため純原野として評価することを不適当と認めるものに限られます。）及び市街地原野の区分ごとに

第6章　宅地以外の土地の評価　　289

評価方法が定められています（評基通57）。評価対象地である原野が上記のいずれの種類の原野であるかの判断は、実務上、課税時期の属する年分の財産評価基準書の評価倍率表により確認します。

　ア　純原野

　純原野の価額は、その原野の固定資産税評価額に、状況の類似する地域ごとに、その地域にある原野の売買実例価額、精通者意見価格等を基として国税局長の定める倍率を乗じて計算した金額によって評価します（評基通58）。国税局長の定める倍率は、課税時期の属する年分の財産評価基準書の評価倍率表により確認します。

　イ　中間原野

　中間原野の価額は、その原野の固定資産税評価額に、地価事情の類似する地域ごとに、その地域にある原野の売買実例価額、精通者意見価格等を基として国税局長の定める倍率を乗じて計算した金額によって評価します（評基通58-2）。国税局長の定める倍率は、課税時期の属する年分の財産評価基準書の評価倍率表により確認します。

　ウ　市街地原野

　市街地原野とは、宅地のうちに介在する原野、市街化区域内にある原野などで、その価格形成要因等からみて付近の宅地の価額に類似する価額で取引されると認められる地域にあるものをいいます。このような市街地原野の価額は、その原野が宅地であるとした場合の1m²当たりの価額から、その原野を宅地に転用する場合において通常必要と認められる1m²当たりの造成費に相当する金額として、整地、土盛り又は土止めに要する費用の額がおおむね同一と認められる地域ごとに国税局長の定める金額を控除した金額に、その原野の地積を乗じて計算した金額によって評価します（評基通58-3）。

　ただし、その市街地原野の固定資産税評価額に地価事情の類似する地域ごとに、その地域にある原野の売買実例価額、精通者意見価格等を基として国税局長の定める倍率を乗じて計算した金額によって評価することができるものとされており、その倍率が定められている地域にある市街地原野の価額は、その原野の固定資産税評価額にその倍率を乗じて計算した金額によって評価します（評基通58-3ただし書）。

◆その原野が宅地であるとした場合の1m²当たりの価額

　その原野が宅地であるとした場合の1m²当たりの価額は、その付近にある宅地について路線価方式又は倍率方式によって評価した1m²当たりの価額を基とし、その宅地とその原野との位置、形状等の条件の差を考慮して評価します（評基通58-3(注)1）。

◆宅地造成費相当額の計算

その原野が宅地であるとした場合の1m²当たりの価額から、その原野を宅地に転用する場合において通常必要と認められる1m²当たりの造成費に相当する金額として、整地、土盛り又は土止めに要する費用の額がおおむね同一と認められる地域ごとに国税局長の定める金額については、市街地農地の評価における金額の算定の場合と同じですので、**本章第1⃞6(2)**を参照してください。

◆地積規模の大きな市街地原野

評価対象の市街地原野が宅地であるとした場合において「地積規模の大きな宅地」として評価することができる宅地に該当するときには、その市街地原野が宅地であるとした場合の1m²当たりの価額については、地積規模の大きな宅地としての評価方法を適用して計算することとなります（評基通58-3(注)なお書）。

◆特別緑地保全地区内にある原野の評価

特別緑地保全地区内にある原野については、上記(2)により評価した価額から、当該金額に80%を乗じて計算した金額を控除した金額によって評価します（評基通58-5）。

(3) 原野に設定された権利の評価 ■■■■■■■■■■■■■■■■■■

ア 原野に設定された地上権の評価方法

原野に設定された地上権は、相続税法23条に従って評価します。具体的には、**本章第2⃞7(1)**を参照してください。

イ 原野に設定された賃借権の評価方法

原野に設定された賃借権は、耕作権の評価方法を準用して評価します（評基通60）。

(4) 貸し付けられている原野の評価 ■■■■■■■■■■■■■■■■■

ア 地上権の設定されている原野の評価方法

地上権の設定されている原野の価額は、その原野の自用地としての価額から相続税法23条の規定により評価したその地上権の価額（(3)ア）を控除した金額によって評価します（評基通59(2)）。

イ 賃借権の設定されている原野の評価方法

賃借権の設定されている原野の価額は、その原野の自用地としての価額から、上記

第6章　宅地以外の土地の評価　　291

(3)イにより評価したその賃借権の価額を控除した金額によって評価します（評基通59
(1)）。

2　牧場の評価

牧場については、上記 1 の原野の評価方法に準じて評価します。

3　池沼の評価

池沼については、上記 1 の原野の評価方法に準じて評価します。

4　鉱泉地の評価

(1)　鉱泉地の評価単位
原則として1筆を評価単位とします。
(2)　鉱泉地の評価方法
固定資産税評価額に一定の率を乗じて評価します。
(3)　温泉権が設定されている場合等の評価
温泉権は売買実例価額や精通者意見価格等を参酌して評価します。引湯
権は鉱泉地又は温泉権の価額に、その鉱泉地のゆう出量に対するその引湯
権に係る分湯量の割合を乗じて求めた価額を基として評価します。温泉権
の設定されている鉱泉地や引湯権の設定されている鉱泉地又は温泉権の価
額は、これらの権利の設定がないとした場合の鉱泉地又は温泉権の価額か
ら、これらの権利の価額を控除して求めます。

（1）　鉱泉地の評価単位 ■■■■■■■■■■■■■■■■■■■■■■■

鉱泉地は、原則として、1筆の鉱泉地を評価単位とします。

（2）　鉱泉地の評価方法 ■■■■■■■■■■■■■■■■■■■■■■

　鉱泉地は、次に掲げる区分に従い、それぞれ次のとおり評価します（評基通69）。ただ
し、湯温、ゆう出量等に急激な変化が生じたこと等から、次により評価することが適
当でないと認められる鉱泉地については、その鉱泉地と状況の類似する鉱泉地の価額
若しくは売買実例価額又は精通者意見価格等を参酌して求めた金額によって評価しま
す（評基通69ただし書）。

① 　状況が類似する温泉地又は地域ごとに、その温泉地又はその地域に存する鉱泉地
　の売買実例価額、精通者意見価格、その鉱泉地の鉱泉を利用する温泉地の地価事情、
　その鉱泉地と状況が類似する鉱泉地の価額等を基として国税局長が鉱泉地の固定資
　産税評価額に乗ずべき一定の倍率を定めている場合には、その鉱泉地の固定資産税
　評価額にその倍率を乗じて計算した金額によって評価します。

② 　上記①以外の場合には、その鉱泉地の固定資産税評価額に、次の割合を乗じて計
　算した金額によって評価します。

$$\frac{その鉱泉地の鉱泉を利用する宅地の課税時期における価額}{その鉱泉地の鉱泉を利用する宅地のその鉱泉地の固定資産税評価額の評定の基準となった日における価額}$$

　　　（注）　固定資産税評価額の評定の基準となった日とは、通常、各基準年度（地方税法341条6
　　　　　号に規定する年度をいいます。）の初日の属する年の前年1月1日となります。

◆住宅や別荘等の鉱泉地の評価

　鉱泉地からゆう出する温泉の利用者が、旅館、料理店等の営業者以外の者である場
合におけるその鉱泉地の価額は、上記の評価方法によって求めた価額を基とし、その
価額からその価額の30％の範囲内において相当と認める金額を控除した価額によって
評価します（評基通75）。

（3）　温泉権が設定されている場合等の評価 ■■■■■■■■■■■■■■

ア　温泉権の評価方法

　温泉権の価額は、その温泉権の設定の条件に応じ、温泉権の売買実例価額、精通者

意見価格等を参酌して評価します（評基通78）。

　イ　温泉権の設定されている鉱泉地の評価方法

　温泉権が設定されている鉱泉地の価額は、その鉱泉地について上記(2)により評価した価額から、温泉権の価額を控除した価額によって評価します（評基通77）。

　ウ　引湯権の評価方法

　引湯権とは、鉱泉地又は温泉権を有する者から分湯を受ける者のその引湯する権利をいいます（評基通79）。

　引湯権の価額は、上記(2)により評価した鉱泉地の価額又は上記アにより評価した温泉権の価額に、その鉱泉地のゆう出量に対するその引湯権に係る分湯量の割合を乗じて求めた価額を基とし、その価額から、引湯の条件に応じ、その価額の30％の範囲内において相当と認める金額を控除した価額によって評価します（評基通80）。

　ただし、別荘、リゾートマンション等に係る引湯権で通常取引される価額が明らかなものについては、納税義務者の選択により課税時期における当該価額に相当する金額によって評価することができることとされています（評基通80ただし書）。

　エ　引湯権の設定されている鉱泉地及び温泉権の評価方法

　引湯権の設定されている鉱泉地又は温泉権の価額は、上記(2)により評価した鉱泉地の価額又は上記アにより評価した温泉権の価額から、上記ウにより評価した引湯権の価額を控除した価額によって評価します（評基通79）。

第4 雑種地の評価

<フローチャート〜雑種地の評価>

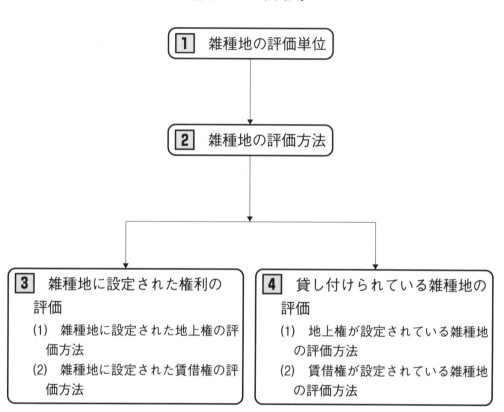

第6章　宅地以外の土地の評価　　　295

1　雑種地の評価単位

　雑種地は、利用の単位となっている一団の雑種地（同一の目的に供されている雑種地をいいます。）を評価単位とします（評基通7-2(7)）。

　ただし、市街化調整区域以外の都市計画区域で市街地的形態を形成する地域において、宅地と状況が類似する雑種地が2以上の評価単位を構成していても、それらが一団となっており、その形状、地積の大小、位置等からみてこれらを一団として評価することが合理的と認められる場合には、その一団の雑種地ごとに評価します（評基通7-2(7)ただし書）。

　この場合において、贈与、遺産分割等による宅地の分割が親族間等で行われ、例えば、分割後の画地が宅地に転用しようとしたときに通常の用途に供することができないなど、その分割が著しく不合理であると認められるときは、その分割前の画地を「1画地の宅地」とします（評基通7-2(7)ただし書）。

◆いずれの用にも供されていない一団の雑種地

　いずれの用にも供されていない一団の雑種地については、その全体を「利用の単位となっている一団の雑種地」とし、一の評価単位の雑種地として評価します（評基通7-2(注)3）。

2　雑種地の評価方法

　雑種地の価額は、原則として、評価対象地である雑種地と状況が類似する付近の土地についてこの通達の定めるところにより評価した1m²当たりの価額を基とし、その土地とその雑種地との位置、形状等の条件の差を考慮して評定した価額に、その雑種地の地積を乗じて計算した金額によって評価します（評基通82）。

　ただし、その雑種地の固定資産税評価額に、状況の類似する地域ごとに、その地域にある雑種地の売買実例価額、精通者意見価格等を基として国税局長の定める倍率を乗じて計算した金額によって評価することができるものとし、その倍率が定められている地域にある雑種地の価額は、その雑種地の固定資産税評価額にその倍率を乗じて計算した金額によって評価します（評基通82ただし書）。

第6章　宅地以外の土地の評価

◆市街化調整区域内にある雑種地の「状況が類似する付近の土地」の判定

市街化調整区域内にある雑種地を評価する場合に、その雑種地と状況が類似する土地（地目）の判定をするときには、評価対象地の周囲の状況に応じて、下表により判定することになります。

また、付近の宅地の価額を基として評価する場合（宅地比準）における法的規制等（開発行為の可否、建築制限、位置等）に係るしんしゃく割合（減価率）は、市街化の影響度と雑種地の利用状況によって個別に判定することになりますが、下表のしんしゃく割合によっても差し支えないこととされています（国税庁HP・質疑応答事例・財産の評価「市街化調整区域内にある雑種地の評価」）。

市街化の影響度	周囲（地域）の状況	比準地目	しんしゃく割合
弱 ↑	① 純農地、純山林、純原野	農地比準、山林比準、原野比準(注1)	
	② ①と③の地域の中間（周囲の状況により判定）	宅地比準	しんしゃく割合50%
	③ 店舗等の建築が可能な幹線道路沿いや市街化区域との境界付近(注2)		しんしゃく割合30%
↓ 強		宅地価格と同等の取引実態が認められる地域（郊外型店舗が建ち並ぶ地域等）	しんしゃく割合0%

（注1）　農地等の価額を基として評価する場合で、評価対象地が資材置場、駐車場等として利用されているときは、その土地の価額は、原則として、農業用施設用地の評価方法（第4章第4 7 参照）に準じて、農地等の価額に造成費相当額を加算した価額により評価します。この場合、その価額は宅地の価額を基として評価した価額を上限とします。

（注2）　③の地域は、線引き後に沿道サービス施設が建設される可能性のある土地（都計34九・43②）や、線引き後に日常生活に必要な物品の小売業等の店舗として開発又は建築される可能性のある土地（都計34一・43②）の存する地域をいいます。

（注3）　都市計画法34条11号に規定する区域内については、上記の表によらず、個別に判定します。

◆ゴルフ場用地の評価

ゴルフ場用地（ゴルフ場の用に供されている土地をいいます。）の評価は、次に掲げる区分に従い、それぞれ次のように評価します（評基通83）。

第6章　宅地以外の土地の評価　　297

① 　市街化区域及びそれに近接する地域にあるゴルフ場用地の価額は、そのゴルフ場用地が宅地であるとした場合の1m²当たりの価額にそのゴルフ場用地の地積を乗じて計算した金額の60%に相当する金額から、そのゴルフ場用地を宅地に造成する場合において通常必要と認められる1m²当たりの造成費に相当する金額として国税局長の定める金額にそのゴルフ場用地の地積を乗じて計算した金額を控除した価額によって評価します。

　　なお、そのゴルフ場用地が宅地であるとした場合の1m²当たりの価額は、そのゴルフ場用地が路線価地域にある場合には、そのゴルフ場用地の周囲に付されている路線価をそのゴルフ場用地に接する距離によって加重平均した金額によることができるものとし、倍率地域にある場合には、そのゴルフ場用地の1m²当たりの固定資産税評価額（固定資産税評価額を土地課税台帳又は土地補充課税台帳に登録された地積で除して求めた額）にゴルフ場用地ごとに不動産鑑定士等による鑑定評価額、精通者意見価格等を基として国税局長の定める倍率を乗じて計算した金額によることができるものとされています。

② 　上記①以外の地域にあるゴルフ場用地の価額は、そのゴルフ場用地の固定資産税評価額に、一定の地域ごとに不動産鑑定士等による鑑定評価額、精通者意見価格等を基として国税局長の定める倍率を乗じて計算した金額によって評価します。

◆遊園地等の用に供されている土地の評価

　遊園地等（遊園地、運動場、競馬場その他これらに類似する施設をいいます。）の用に供されている土地の価額についても、原則として、上記の雑種地の評価方法に準じて評価します（評基通83-2）。

　ただし、その規模等の状況からゴルフ場用地と同様に評価することが相当と認められる遊園地等の用に供されている土地の価額は、ゴルフ場用地の評価方法を準用して評価します。この場合において、造成費に相当する金額については、国税局長が定める金額とします（評基通83-2ただし書）。

◆文化財建造物である構築物の敷地の用に供されている土地の評価

　文化財建造物である構築物の敷地の用に供されている土地の価額は、文化財建造物である構築物の敷地の用に供されていない雑種地として評価した価額から、その価額に次の割合を乗じて計算した金額を控除した金額によって評価します（評基通83-3）。

文化財建造物の種類	控除割合
重要文化財	0.7
登録有形文化財	0.3
伝統的建造物	0.3

　なお、文化財建造物である構築物の敷地とともに、その文化財建造物である構築物と一体をなして価値を形成している土地がある場合には、その土地の価額についても同様に評価します（評基通83-3なお書・24-8(注)）。

◆鉄軌道用地の評価

　鉄軌道用地（鉄道又は軌道の用に供する土地をいいます。）の価額は、その鉄軌道用地に沿接する土地の価額の3分の1に相当する金額によって評価します。この場合における「その鉄軌道用地に沿接する土地の価額」は、その鉄軌道用地をその沿接する土地の地目、価額の相違等に基づいて区分し、その区分した鉄軌道用地に沿接するそれぞれの土地の価額を考慮して評定した価額の合計額によります（評基通84）。

3　雑種地に設定された権利の評価

（1）　雑種地に設定された地上権の評価方法
　　残存期間に応じて定められている一定の割合を乗じて評価します。
（2）　雑種地に設定された賃借権の評価方法
　　賃借権が、地上権に準ずる権利として評価することが相当と認められる賃借権であるか、それ以外の賃借権であるかにより評価方法が異なります。

第6章　宅地以外の土地の評価　　299

(1)　雑種地に設定された地上権の評価方法　■■■■■■■■■■■■■■

　雑種地に設定された地上権は、相続税法23条に従って評価します。具体的には、**本章第2 7 (1)**を参照してください。

(2)　雑種地に設定された賃借権の評価方法　■■■■■■■■■■■■■■

　雑種地の賃借権の価額は、原則として、その賃貸借契約の内容、利用の状況等を勘案して評価しますが、次の区分に従いそれぞれ評価することができます（評基通87）。

　ア　地上権に準ずる権利として評価することが相当と認められる賃借権

　賃借権の登記がされているもの、設定の対価として権利金その他の一時金の授受のあるもの、堅固な構築物の所有を目的とするものなど地上権に準ずる権利として評価することが相当と認められる賃借権の価額は、その雑種地の自用地としての価額に、その賃借権の残存期間に応じその賃借権が地上権であるとした場合に適用される相続税法23条に規定する割合（以下「法定地上権割合」といいます。）又はその賃借権が借地権であるとした場合に適用される借地権割合のいずれか低い割合を乗じて計算した金額によって評価することができます。

　（算式）

$$\text{雑種地の自用地価額} \times \left.\begin{array}{l}\text{法定地上権割合}\\\text{借地権割合}\end{array}\right\}\text{のいずれか低い割合}$$

　（注）　その契約上の残存期間がその賃借権の目的となっている雑種地の上に存する構築物等の残存耐用年数、過去の契約更新の状況等からみて契約が更新されることが明らかであると認められる場合には、その契約上の残存期間に更新によって延長されると見込まれる期間を加算した期間をもってその貸借権の残存期間とします（国税庁HP・質疑応答事例・財産の評価「雑種地の賃借権の評価」）。

　イ　ア以外の賃借権

　上記アに掲げる賃借権以外の賃借権の価額は、その雑種地の自用地としての価額に、その賃借権の残存期間に応じその賃借権が地上権であるとした場合に適用される法定地上権割合の2分の1に相当する割合を乗じて計算した金額によって評価することができます。

　（算式）

$$\text{雑種地の自用地価額} \times \left(\text{法定地上権割合} \times \frac{1}{2}\right)$$

第6章　宅地以外の土地の評価

◆**一時使用のための建物の敷地として賃借している土地に係る権利の評価**

　建設現場、博覧会場、一時的興行場等その性質上一時的な事業に必要とされる臨時的な設備を所有することを目的とするいわゆる一時使用のための借地権については、存続期間及びその更新、建物買取請求、借地条件の変更、増改築などについて、借地借家法の適用がなく、期間の満了とともに消滅することとされており、他の法定更新される借地権に比較しその権利は著しく弱いといえます。このような一時使用のための借地権の価額は、通常の借地権の価額と同様にその借地権の所在する地域について定められた借地権割合を自用地価額に乗じて評価することは適当でないので、雑種地の賃借権の評価方法に準じて評価します（国税庁HP・質疑応答事例・財産の評価「一時使用のための借地権の評価」）。

◆**臨時的な使用に係る賃借権の評価**

　臨時的な使用に係る賃借権及び賃貸借期間が1年以下の賃借権（賃借権の利用状況に照らして賃貸借契約の更新が見込まれるものを除きます。）については、その経済的価値が極めて小さいものと考えられることから、このような賃借権の価額は評価しません。また、この場合の賃借権の目的となっている雑種地の価額は、自用地価額で評価します（国税庁HP・質疑応答事例・財産の評価「臨時的な使用に係る賃借権の評価」）。

4 　貸し付けられている雑種地の評価

(1)　**地上権が設定されている雑種地の評価方法**
　　自用地としての価額から地上権の価額を控除した金額により評価します。
(2)　**賃借権が設定されている雑種地の評価方法**
　　自用地としての価額から賃借権の価額を控除した金額により評価します。ただし、賃借権の価額が一定の金額を下回る場合には、当該金額を控除した価額により評価します。

第6章　宅地以外の土地の評価　　301

(1)　地上権が設定されている雑種地の評価方法 ■■■■■■■■■■■

　地上権の設定されている雑種地の価額は、その雑種地の自用地としての価額から相続税法23条の規定により評価したその地上権の価額（上記 3 (1)参照）を控除した金額によって評価します（評基通86(2)）。

(2)　賃借権が設定されている雑種地の評価方法 ■■■■■■■■■■■

　賃借権の設定されている雑種地の価額は、原則として、上記 2 により評価した雑種地の価額（以下「雑種地の自用地としての価額」といいます。）から、上記 3 (2)により評価したその賃借権の価額を控除した金額によって評価します（評基通86(1)）。

　ただし、その賃借権の価額が、次に掲げる賃借権の区分に従いそれぞれ次に掲げる金額を下回る場合には、その雑種地の自用地としての価額から次に掲げる金額を控除した金額によって評価します（評基通86(1)ただし書）。

　ア　地上権に準ずる権利として評価することが相当と認められる賃借権

　賃借権の登記がされているもの、設定の対価として権利金その他の一時金の授受のあるもの、堅固な構築物の所有を目的とするものなど地上権に準ずる権利として評価することが相当と認められる賃借権が設定されている場合には、その雑種地の自用地としての価額に、その賃借権の残存期間に応じ次に掲げる割合を乗じて計算した金額

残存期間	割合
5年以下	5%
5年を超え10年以下	10%
10年を超え15年以下	15%
15年超	20%

　イ　アに該当する賃借権以外の賃借権

　その雑種地の自用地としての価額に、その賃借権の残存期間に応じアに掲げる割合の2分の1に相当する割合を乗じて計算した金額

◆月極駐車場として利用している土地の評価

　土地の所有者が月極駐車場等として貸駐車場を経営することは、その土地で一定の期間、自動車を保管することを引き受けることであり、このような自動車を保管することを目的とする契約は、土地の利用そのものを目的とした賃貸借契約とは本質的に異なる契約関係ですから、この場合の駐車場の利用権は、その契約期間に関係なく、その土地自体に及ぶものではないと考えられます。したがって、このような駐車場の用に供されている土地は、自用地としての価額により評価することとなります（国税庁HP・質疑応答事例・財産の評価「貸駐車場として利用している土地の評価」）。

第5　占用権の評価

＜フローチャート～占用権の評価＞

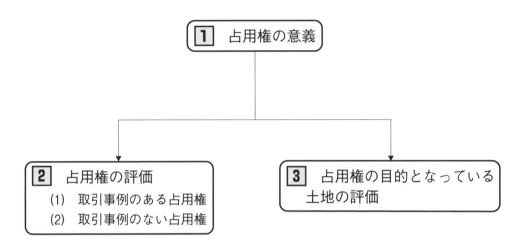

1 占用権の意義

占用権とは、次に掲げる権利をいいます（評基通9(10)、地価税法施行令2②)。

① 河川法24条（同法100条1項において準用する場合を含みます。）の規定による同法24条に規定する河川区域内の土地の占用の許可に基づく権利で、ゴルフ場、自動車練習所、運動場その他の工作物（対価を得て他人の利用に供するもの又は専ら特定の者の用に供するものに限ります。）の設置を目的とするもの

② 道路法32条1項の規定による道路の占用の許可又は都市公園法6条1項の規定による都市公園の占用の許可に基づく経済的利益を生ずる権利で、駐車場、建物その他の工作物（対価を得て他人の利用に供するもの又は専ら特定の者の用に供するものに限ります。）の設置を目的とするもの

道路下に設けられた地下街に係る権利もこれに該当します。

なお、占用権の価額は、許可の対象となった施設の完成後評価することとしていますので、占用許可を得ていても施設の建築中である場合には評価しないこととして差し支えありません（国税庁HP・質疑応答事例・財産の評価「占用権の意義」）。

2 占用権の評価

（1） 取引事例のある占用権
占用権の目的となっている土地の価額に国税局長が定める割合を乗じて評価します。

（2） 取引事例のない占用権
地下街又は家屋の所有を目的とする占用権については、その占用権が借地権であるとした場合に適用される借地権割合の3分の1に相当する割合を占用権の目的となっている土地の価額に乗じて評価します。

それ以外の占用権については、その占用権の残存期間に応じその占用権が地上権であるとした場合に適用される地上権割合の3分の1に相当する割合を占用権の目的となっている土地の価額に乗じて評価します。

第6章　宅地以外の土地の評価　　305

　占用権の価額は、下記 3 により評価したその占用権の目的となっている土地の価額
に、次に掲げる区分に従い、それぞれ次に掲げる割合を乗じて計算した金額によって
評価します（評基通87-5）。

（1）　取引事例のある占用権 ■■■■■■■■■■■■■■■■■■■■■■

　売買実例価額、精通者意見価格等を基として占用権の目的となっている土地の価額
に対する割合として国税局長が定める割合

（2）　取引事例のない占用権 ■■■■■■■■■■■■■■■■■■■■■■

　ア　地下街又は家屋の所有を目的とする占用権
　その占用権が借地権であるとした場合に適用される借地権割合の3分の1に相当する
割合
　イ　ア以外の占用権
　その占用権の残存期間に応じその占用権が地上権であるとした場合に適用される法
定地上権割合の3分の1に相当する割合
　なお、「占用権の残存期間」は、占用の許可に係る占用の期間が、占用の許可に基づ
き所有する工作物、過去における占用の許可の状況、河川等の工事予定の有無等に照
らし実質的に更新されることが明らかであると認められる場合には、その占用の許可
に係る占用権の残存期間に実質的な更新によって延長されると認められる期間を加算
した期間をもってその占用権の残存期間とします。

◆占用の許可に基づき所有する家屋を貸家とした場合の占用権の評価

　占用の許可に基づき所有する家屋が貸家に該当する場合の占用権の価額は、次の算
式により計算した価額によって評価します（評基通87-7）。

　上記により評価したそ
　の占用権の価額（A）　－　（A）　×　借家権割合　×　その家屋に係る賃貸割合

3 占用権の目的となっている土地の評価

　占用権の目的となっている土地の価額は、その占用権の目的となっている土地の付近にある土地について、この通達の定めるところにより評価した1m²当たりの価額を基とし、その土地とその占用権の目的となっている土地との位置、形状等の条件差及び占用の許可の内容を勘案した価額に、その占用の許可に係る土地の面積を乗じて計算した金額によって評価します（評基通87-6）。

◆地下街の設置を目的とした道路占用許可の場合
　占用許可に係る部分が土地の特定の階層（地下）に限定されている場合には、その部分の立体利用率を考慮して評価することとなります。
　なお、地下街の設置を目的とする道路の占用権の場合、その道路に路線価が付されているときには、その路線価を基に計算した価額に、立体利用率を乗じて評価することができます（北村厚『平成30年版　財産評価基本通達逐条解説』409頁（大蔵財務協会、2018））。
(注)　立体利用率については、第5章第5 1 (1)を参照してください。

第 7 章

特殊な場合の
土地の評価

308

＜フローチャート～特殊な場合の土地の評価＞

特殊な場合の土地の評価

1 売買契約中の土地の評価
- (1) 売主の有する権利の評価
- (2) 買主の有する権利の評価

2 負担付贈与等により取得した土地等の評価
- (1) 個別通達制定の趣旨
- (2) 負担付贈与等により取得した土地等の評価方法
- (3) 「著しく低い価額の対価で財産の譲渡を受けた場合」等の判定

3 特定非常災害が発生した場合の土地の評価
- (1) 課税時期が特定非常災害発生日前の場合
- (2) 課税時期が特定非常災害発生日以後の場合

4 国外にある土地等の評価

1　売買契約中の土地の評価

> **（1）　売主の有する権利の評価**
> 　売買契約の売主に相続が開始した場合には、相続又は遺贈により取得した財産は、その売買契約による土地の譲渡対価のうち、相続開始日時における未収金となります。
> **（2）　買主の有する権利の評価**
> 　売買契約の買主に相続が開始した場合には、相続又は遺贈により取得した財産は、その売買契約に係る土地の引渡請求権とし、相続開始時において取得代金の未払金額を債務とします。

（1）　売主の有する権利の評価 ■■■■■■■■■■■■■■■■■■■■

　土地の売買契約中にその売主に相続が開始した場合には、相続又は遺贈により取得した財産は、その売買契約による土地の譲渡対価のうち、相続開始日時における未収金とし、売買契約の目的とされている土地については評価しません。

（2）　買主の有する権利の評価 ■■■■■■■■■■■■■■■■■■■■

　土地の売買契約中にその買主に相続が開始した場合には、相続又は遺贈により取得した財産は、その売買契約に係る土地の引渡請求権とし、相続開始時において取得代金の未払金額を債務とします。

　この場合、その売買契約に係る土地の引渡請求権の価額は、原則として、その売買契約に基づく土地の取得の対価の額によりますが、その売買契約の日から相続開始日までの期間が通常の売買の場合に比して長期となっているなどその対価の額が、相続開始日におけるその土地の時価として適当ではないと認められる場合には、売買実例などを参酌して評価した価額によります。

　なお、売買契約の目的となった土地そのものを相続財産とする申告も認められます。この場合には、その土地は、財産評価基本通達の定めに従って評価することとなります。

第7章　特殊な場合の土地の評価　　311

$$\boxed{\text{ケーススタディ}}$$

$\boxed{\text{Q}}$　次の場合、①売主に相続が開始したとき、②買主に相続が開始したときにおける相続財産の価額又は債務の額はどうなるでしょうか。

- 売買契約の目的　　○○市の宅地　350m²
- 売買契約締結日　　令和元年6月15日
- 引渡日（所有権移転の日）　令和元年10月20日
- 契約金額　50,000,000円
- 売買代金の決済状況　　　令和元年6月15日　　5,000,000円
　　　　　　　　　　　　　令和元年7月31日　 15,000,000円
　　　　　　　　　　　　　令和元年10月20日　30,000,000円
- 相続開始時におけるこの土地の相続税評価額　40,000,000円
- 相続開始日　令和元年9月1日

$\boxed{\text{A}}$　相続税の課税財産・債務及びその評価額は次のとおりです。

①　売主に相続が開始した場合

相続財産は、未収金30,000,000円となります。なお、既に受領している20,000,000円（5,000,000円＋15,000,000円）は、預貯金等として相続財産を構成しており、また、売買契約の目的である土地は評価する必要はありません。

②　買主に相続が開始した場合

相続財産は、土地引渡請求権50,000,000円、債務は未払金30,000,000円です。また、既に20,000,000円を支払っており、同額の預貯金等が減少しています。

なお、土地の引渡請求権に代えて、取得した土地を相続財産とし、その価額を財産評価基本通達の定めにより評価した金額40,000,000円とすることができます。

◆売買契約に係る土地が農地である場合

農地の売買には、農地法3条1項若しくは5条1項本文の規定による許可又は同項3号の規定による届出を要することから、農地の売買契約が締結された後、当該許可の日又は当該届出の効力が生じた日（当該許可の日又は当該届出の効力が生じた日後にその土地の所有権が売主から買主に移転したと認められる場合を除きます。）前に売主又は買主に相続が開始した場合を「売買契約中の土地」として上記(1)又は(2)の取扱いを適用します。

312　　　第7章　特殊な場合の土地の評価

2 負担付贈与等により取得した土地等の評価

(1) 個別通達制定の趣旨

　土地や家屋等の不動産の通常の取引価額と相続税評価額との開きに着目した贈与税の税負担回避行為に対して、税負担の公平を図るために、「負担付贈与通達」が設けられました。

(2) 負担付贈与等により取得した土地等の評価方法

　負担付贈与又は個人間の対価を伴う取引により取得したものの価額は、当該取得時における通常の取引価額に相当する金額によって評価します。

(3) 「著しく低い価額の対価で財産の譲渡を受けた場合」等の判定

　相続税法7条の「著しく低い価額の対価で財産の譲渡を受けた場合」等に該当するかどうかについては、個々の取引について取引の事情、取引当事者間の関係等を総合勘案し、実質的に贈与を受けたと認められる金額があるかどうかにより判定します。

(1) 個別通達制定の趣旨 ■■■■■■■■■■■■■■■■■■■■■■■■

　例えば、宅地については、公示価格と同水準の価額の80％程度の水準で路線価や評価倍率が定められているなど、評価通達により評価した土地の価額は、通常の取引価額に比して低い価額で評価されることとなります。また、評価通達において建物の価額は固定資産税評価額に1.0を乗じて算出することとされていますが、建物の固定資産税評価額についても、実際の建築価額に比して、低い水準で評定されています。かつて、この開差を利用して、借入金等により取得した土地や建物と他の財産を当該借入金債務を負担として負担付贈与したり、第三者から取得した土地や建物を評価通達による評価額（相続税評価額）と同程度の価額で譲渡することにより、贈与税等の節税を図る事例が続出しました。

　このような土地や家屋等の不動産の通常の取引価額と相続税評価額との開きに着目した贈与税の税負担回避行為に対して、税負担の公平を図るために、平成元年3月29日直評5・直資2−204「負担付贈与又は対価を伴う取引により取得した土地等及び家屋等に係る評価並びに相続税法第7条及び第9条の規定の適用について」通達（以下「負担

第7章　特殊な場合の土地の評価　313

付贈与通達」といいます。）が定められました。同通達の概要は下記(2)のとおりです。

(2)　負担付贈与等により取得した土地等の評価方法 ■■■■■■■■■

　すなわち、土地や借地権などの土地の上に存する権利（土地等）並びに家屋及びその附属設備又は構築物（家屋等）のうち、負担付贈与又は個人間の対価を伴う取引により取得したものの価額は、当該取得時における通常の取引価額に相当する金額によって評価します（負担付贈与通達1）。

　ただし、贈与者又は譲渡者が取得又は新築した当該土地等又は当該家屋等に係る取得価額が当該課税時期における通常の取引価額に相当すると認められる場合には、その取得価額に相当する金額によって評価することができます（負担付贈与通達1ただし書）。

　なお、この場合の「取得価額」とは、当該財産の取得に要した金額並びに改良費及び設備費の額の合計額をいい、家屋等については、当該合計金額から、当該取得の時から課税時期までの期間の償却費の額の合計額又は減価の額を控除した金額をいいます（償却費の額の合計額又は減価の額を計算する場合の耐用年数は、耐用年数省令（昭40大蔵令15）に規定する耐用年数により、また、償却方法は定率法によります（評基通130、負担付贈与通達1(注)）。）。

(3)　「著しく低い価額の対価で財産の譲渡を受けた場合」等の
判定 ■■■■■■■■■■■■■■■■■■■■■■■■■■■■■■■

　対価を伴う取引による土地等又は家屋等の取得が相続税法7条に規定する「著しく低い価額の対価で財産の譲渡を受けた場合」又は相続税法9条に規定する「著しく低い価額の対価で利益を受けた場合」に当たるかどうかは、個々の取引について取引の事情、取引当事者間の関係等を総合勘案し、実質的に贈与を受けたと認められる金額があるかどうかにより判定することとなります（負担付贈与通達2）。

　この場合、その取引における対価の額が当該取引に係る土地等又は家屋等の取得価額を下回る場合には、当該土地等又は家屋等の価額が下落したことなど合理的な理由があると認められるときを除き、「著しく低い価額の対価で財産の譲渡を受けた場合」又は「著しく低い価額の対価で利益を受けた場合」に当たるものとして取り扱われます（負担付贈与通達2(注)）。

　なお、相続税評価額と同水準の価額かそれ以上の価額を対価として土地の譲渡が行

314 第7章 特殊な場合の土地の評価

われた場合は、原則として「著しく低い価額」の対価による譲渡ということはできないとする裁判例があります（東京地判平19・8・23判タ1264・184）。

ケーススタディ

【ケース1】

Q 父（甲）は、平成30年11月に、東京都Ｓ区内の土地建物を8,000万円で購入しました。購入資金のうち、1,000万円は銀行預金を充てましたが、残りの7,000万円は銀行からの借入金でした。平成31年4月、子（乙）に、借入金残高7,000万円を負担として、この土地建物（相続税評価額は、6,000万円）及び現金1,000万円を贈与しました。なお、贈与時の当該土地建物の通常の取引価額は8,000万円であるとします。

子（乙）の贈与税の課税価格はどのように計算しますか。

A 乙が贈与を受けた土地建物の贈与を受けたときの通常の取引価額が、8,000万円であるとしますと、乙の贈与税の課税価格は次のとおりとなります。

（土地建物の通常の取引価額）　　（現金）　　　　（負担額）　　（贈与税の課税価格）
　80,000,000円　　　＋ 10,000,000円 － 70,000,000円 ＝ 20,000,000円

【ケース2】

Q 母（丙）は、平成30年8月に、大手不動産業者から5,000万円で購入した埼玉県Ｃ市内の土地300m²を、令和元年7月に子（丁）に3,000万円で譲渡しました。この土地の贈与時の相続税評価額は4,000万円、通常の取引価額は5,000万円でした。

子（丁）には、贈与税が課税されますか。贈与税が課税されるとすると、課税価格はどのように計算しますか。

A 丙から丁に譲渡した土地は、丙が平成30年8月に5,000万円で取得したものですが、令和元年7月に、その取得価額を下回る対価の額で丁に譲渡しています。取得後に当該土地の価額が下がったと認められる特段の事情はありませんし、対価の額3,000万円は相続税評価額4,000万円に照らしても、著しく低い価額の対価であると認められます。したがって、丁は丙から相続税法7条に定める「著しく低い価額の対価で財産の譲渡を受けた場合」に該当すると考えられます。

第7章　特殊な場合の土地の評価　　315

　丁が丙から贈与により取得したものとみなされる金額は、次のように計算します。

　　（当該土地の通常の取引価額）　　（対価の額）　　（贈与税の課税価格）
　　　50,000,000円　　　　−　30,000,000円　＝　20,000,000円

3 特定非常災害が発生した場合の土地の評価

> **(1)　課税時期が特定非常災害発生日前の場合**
> 　特定非常災害に係る特定地域内にある土地等（特定土地等）について、相続税又は贈与税の課税価格に算入すべき価額を、その特定非常災害の発生直後の価額とすることができます。
> **(2)　課税時期が特定非常災害発生日以後の場合**
> 　特定非常災害発生日以後同日の属する年の12月31日までの間に相続、遺贈又は贈与により取得した特定地域内にある土地等の価額は、上記(1)の評価方法に準じて評価することができます。

(1)　課税時期が特定非常災害発生日前の場合 ■■■■■■■■■■■■■■

ア　制度の概要

　相続、遺贈又は贈与により取得した資産の価額は、その取得の時における時価により評価することとされており（相税22）、その後に、当該相続、遺贈又は贈与により取得した資産に滅失や毀損があったとしても、又はその価値が著しく下落したとしても、そのことは相続税や贈与税の課税価格の計算には影響されません。

　しかしながら、相続、遺贈又は贈与により財産を取得した後、相続税又は贈与税の申告書の提出期限までの間に、大きな災害が発生した場合には、「被災者の不安を早期に解消するとともに、税制上の対応が復旧や復興の動きに遅れることのないよう」に予め所要の措置を講じておくことの必要性が検討され、平成29年度税制改正において、相続、遺贈及び贈与により取得した土地等について、特定非常災害に係る相続税・贈与税の課税価格の計算の特例措置が講じられました（大蔵財務協会『改正税法のすべて（平

316 第7章 特殊な場合の土地の評価

成29年版)』582頁参照)。

　　イ　課税時期が特定非常災害発生日前の場合の相続税等の課税価格に算入すべき価
　　　　額

　特例措置により、特定非常災害に係る特定地域内にある土地及び土地の上に存する
権利(以下「特定土地等」といいます。)については、相続税又は贈与税の課税価格に
算入すべき価額を、その特定非常災害の発生直後の価額とすることができることとさ
れました(租特69の6①)。

◆特定非常災害及び特定地域

　特定非常災害に係る相続税・贈与税の課税価格の計算の特例措置の適用対象となる
「特定非常災害」とは、特定非常災害の被害者の権利利益の保全等を図るための特別
措置に関する法律2条1項の規定により政令で特定非常災害と指定された非常災害をい
います(租特69の6①)。これまでに、「阪神・淡路大震災」、「平成16年新潟中越地震」、
「東日本大震災」、「平成28年熊本地震」、「平成30年7月豪雨」及び「令和元年台風第19
号」がこの指定を受けています。

　また、この特例措置は、一定の資産が「特定地域」にある場合に適用されますが、
この特定地域とは、特定非常災害により被災者生活再建支援法3条1項の規定の適用を
受ける地域(この規定の適用がない場合には、その特定非常災害により相当な損害を
受けた地域として財務大臣が指定する地域)をいいます(租特69の6①)。

◆特定非常災害の発生直後の価額

　特定土地等の特定非常災害の発生直後の価額とは、特定土地等の課税時期における
現況が特定非常災害の発生直後も継続していたものとみなして当該特定土地等を評価
した価額となります(租特令40の2の3③一)。

　したがって、特定土地等について、課税時期から特定非常災害の発生直後までの間
に区画形質、権利関係の変更等があった場合でも、これらの事由は考慮しません(措通
69の6・69の7共-2)。

　なお、特定土地等の特定非常災害の発生直後の価額については、国税局長(沖縄国
税事務所長を含みます。)が不動産鑑定士等の意見を基として特定地域内の一定の地
域ごとに特定土地等の特定非常災害の発生直後の価額を算出するための調整率を別途
定めている場合には、特定非常災害発生日の属する年分の評価通達に定める路線価及
び評価倍率にこの調整率を乗じたものを当該年分の路線価及び倍率として評価するこ
とができるものとされています(措通69の6・69の7共-2なお書)。

第7章　特殊な場合の土地の評価　　　317

（平成30年7月豪雨に係る調整率表の例）

調　整　率　表

1頁

市区町村名：倉敷市　　　　　　　　　　　　　　　　　　　　　　　　　倉敷税務署

音順	町(丁目)又は大字名	適 用 地 域 名	平成30年分路線価及び評価倍率に乗ずる調整率						
			宅地	田	畑	山林	原野	牧場	池沼
あ	阿知1・2丁目	全域	0.95	—	—	—	—		
	阿知3丁目	全域	0.95	—	—	—	—		
	青江	路線価地域	0.95	市比準	市比準	—	—		
		上記以外の地域	0.95	市比準	市比準	—	—		
	天城台1～4丁目	全域	0.95	—	—	—	—		
	浅原	農業振興地域内の農用地区域	—	0.80	0.85	—	—		
		上記以外の地域	0.80	0.80	0.85	0.90	0.90		
	有城	市街化区域	0.95	市比準	市比準	—	—		
		市街化調整区域							
		1　農業振興地域内の農用地区域	—	1.00	1.00	—	—		
		2　上記以外の地域	0.95	1.00	1.00	1.00	1.00		
い	生坂	市街化区域							
		1　路線価地域	0.95	—	—	—	—		

◆特例措置の対象となる相続等又は贈与により取得した資産

　相続又は遺贈若しくは贈与により取得した次の土地等（特定非常災害発生時に所有していたものに限られます。）が、特定土地等に係る相続税及び贈与税の課税価格の計算の特例措置の対象となります。

① 　相続税の課税価格の計算の特例措置（租特69の6①）

　㋐　特定非常災害発生日前に相続又は遺贈により取得した土地等で、その相続又は遺贈に係る相続税の申告期限がその特定非常災害発生日以後であるもの

　㋑　特定非常災害発生日前に贈与（相続税法19条（相続開始前3年以内の贈与財産の加算）又は21条の9第3項（相続時精算課税の適用を受ける財産）の規定の適用を受けるものに限られます。）により取得した土地等で、その贈与に係る相続税の申告書の提出期限がその特定非常災害発生日以後であるもの

② 　贈与税の課税価格の計算の特例措置（租特69の7①）

　特定非常災害発生日前に贈与により取得した土地等で、その贈与に係る贈与税の申告書の提出期限がその特定非常災害発生日以後であるもの

　なお、いずれの場合においても、相続税又は贈与税の申告書に特例措置の適用を受

318 第7章 特殊な場合の土地の評価

ける旨を記載しなければなりません（租特69の6③・69の7②）。

(2) 課税時期が特定非常災害発生日以後の場合 ■■■■■■■■■■■

　特定非常災害の発生日後に相続、遺贈又は贈与により土地等を取得した場合の評価方法について、評価通達に定める評価方法に一定の修正を加えて評価することとなります。

　すなわち、特定非常災害発生日以後同日の属する年の12月31日までの間に相続、遺贈又は贈与により取得した特定地域内にある土地等の価額は、租税特別措置法施行令40条の2の3第3項1号に規定する特定土地等の「特定非常災害の発生直後の価額（特定非常災害発生後を基準とした価額）」の評価方法（上記(1)）に準じて評価することができることとされています（特定非常災害通達2）。

　具体的には、国税局長（沖縄国税事務所長を含みます。）が不動産鑑定士等の意見を基として特定地域内の一定の地域ごとに特定土地等の特定非常災害の発生直後の価額を算出するための調整率を別途定めている場合には、特定非常災害発生日の属する年分の路線価及び倍率にこの調整率を乗じたものをもってその年分の路線価及び倍率として評価することができます（平30・1・15資産評価企画官情報2・資産課税課情報2　Q1）。

　この場合において、その土地等の状況は、課税時期の現況によることに注意が必要です。

◆特定非常災害により物理的な損失を受けた場合

　土地等が、特定非常災害により物理的な損失（地割れ等土地そのものの形状が変わったことによる損失をいいます。）を受けた場合には、特定非常災害発生直後の価額に準じて評価した価額から、その原状回復費用相当額を控除した価額により評価することができます（特定非常災害通達2なお書）。

◆特定地域外の土地の評価

　特定非常災害発生日以後同日の属する年の12月31日までの間に相続等により取得した特定地域外にある土地等の価額は、課税時期の現況に応じ評価通達の定めるところにより評価しますが、当該土地等が、特定非常災害により物理的な損失を受けた場合には、課税時期の現況に応じ評価通達の定めるところにより評価した価額から、その原状回復費用相当額を控除した価額により評価することができます（特定非常災害通達2(注)）。

第7章　特殊な場合の土地の評価　　319

◆応急仮設住宅の敷地の用に供するため使用貸借により貸し付けられている土
　地の評価

　応急仮設住宅の敷地の用に供するため関係都道府県知事又は関係市町村（特別区を
含みます。）の長に使用貸借により貸し付けられている土地の価額は、その土地の自用
地としての価額から、その価額にその使用貸借に係る使用権の残存期間が次のいずれ
に該当するかに応じてそれぞれに定める割合を乗じて計算した金額を控除した金額に
よって評価します（特定非常災害通達5、評基通25(2)）。

①　残存期間が5年以下のもの　　　　　　　 5％
②　残存期間が5年を超え10年以下のもの　　 10％
③　残存期間が10年を超え15年以下のもの　　15％
④　残存期間が15年を超えるもの　　　　　　20％

◆液状化現象により被害を受けた土地の評価

　特定非常災害に伴う液状化現象により庭の陥没等が生じた土地等については、一定
の費用を投下することで特定非常災害の発生前の状態に復帰するため、庭の陥没等の
被害がないものとした場合の土地等の価額から原状回復費用相当額を控除して評価す
ることができます。この場合の「庭の陥没等の被害がないものとした場合の土地等の
価額」は、上記(2)により評価した価額となります。

　なお、この場合の原状回復費用相当額については、①原状回復費用の見積額の80％
に相当する金額、又は②市街地農地等を宅地に転用する場合において通常必要とされ
る宅地造成費相当額から算定した金額とすることができます。ただし、液状化現象に
より傾いた家屋を水平にするための費用等は、家屋の原状回復費用と考えられますの
で、土地等の価額からは控除できません。

　上記の取扱いは、特定非常災害以外の災害に伴う液状化現象により被害を受けた場
合においても、準用することができます（平30・1・15資産評価企画官情報2・資産課税課情報
2　Q5）。

4　国外にある土地等の評価

　評価通達においては、原則として土地は路線価方式又は倍率方式により評価するこ
ととされています。しかしながら、国外にある土地等については、評価通達に定めら
れたこれらの評価方法により評価することができません。

　評価通達の定めによって評価することができない財産については、この通達に定め

る評価方法に準じて、又は売買実例価額、精通者意見価格等を参酌して評価すること
となります（評基通5-2）。

　なお、評価通達の定めによって評価することができない財産については、課税上弊
害がない限り、その財産の取得価額を基にその財産が所在する地域若しくは国におけ
るその財産と同一種類の財産の一般的な価格動向に基づき時点修正して求めた価額又
は課税時期後にその財産を譲渡した場合における譲渡価額を基に課税時期現在の価額
として算出した価額により評価することができることとされています（評基通5-2(注)）。

◆取得価額や譲渡価額を基に評価することに課税上の弊害があると認められる
　場合

　取得価額や譲渡価額を基に評価することに課税上の弊害があると認められる場合と
は、土地等の取得や譲渡に買進みや売急ぎがあった場合や、売買の相手先が親族やそ
の者が株主となっている同族会社等であって、その取引価額が取引当時の適正な時価
であるとは認められないようなケースをいいます。

◆国外にある土地等の評価事例

　国外にある土地等の評価事例として次の事例があります。

①　評価対象不動産の鑑定価額を基にした米国 e 州遺産税の申告が e 州税務当局によ
　って是認されていることから、同鑑定価額は客観的交換価値を表すものであり、対
　象不動産の時価と認められると判断された事例（平28・2・4裁決　裁事102・245）

②　会社の出資を純資産方式で評価するに当たり、当該会社が P 国に有する土地使用
　権の価額は、その取得時における時価を表していると認められる取得価額を基に時
　点修正して求めた価額、すなわち使用期間に応じて減価させた金額によることが相
　当であり、具体的には、当該会社の直前期末の貸借対照表に記載された土地使用権
　の金額が、その取得価額を基に使用期間に応ずる減価を反映したものとなっている
　ことから、当該金額を本件受贈日における相続税評価額とみても、これを不合理と
　する特段の事情は認められないとされた事例（平20・12・1裁決　裁事76・368）

③　香港の遺産税法は、財産査定（評価）の一般原則として、遺産税が課税される財
　産の価額は公開市場で死亡日に売却される価額であると定めており、相続税法22条
　に規定する「時価」及び香港の遺産税法に定める「公開市場で死亡日に売却される
　価額」は、共に自由な取引が行われる場合に通常成立すると認められる価額を指向
　しているものと解することができるから、共同相続人の一人から香港政庁に提出さ
　れた遺産宣誓書に記載されている価額の邦貨換算額により本件土地を評価した原処
　分は相当であるとされた事例（平10・12・8裁決　裁事56・291）

第 8 章

評価結果の報告

322

第8章　評価結果の報告　　323

＜フローチャート～評価結果の報告＞

1 評価明細書の作成等

(1)　評価明細書の作成

(2)　税理士法33条の2に規定する書面添付

2 評価結果の報告

(1)　評価結果の説明

(2)　評価結果説明後の留意事項

第8章　評価結果の報告

1 評価明細書の作成等

　（1）　評価明細書の作成

　　相続税又は贈与税の申告等のために土地等の評価をした場合には、評価
明細書を作成し、参考となる資料を添付します。

　（2）　税理士法33条の2に規定する書面添付

　　税理士等は、申告書の作成に関し、計算し、整理し、又は相談に応じた
事項を記載した書面を申告書に添付することができることとされていま
す。相続税や贈与税の申告のために土地等の評価をしたときにも、この添
付書面を活用することができます。

（1）　評価明細書の作成　■■■■■■■■■■■■■■■■■■■■■■■■■

　相続税又は贈与税の申告等のために土地等の評価をした場合には、「土地及び土地
の上に存する権利の評価明細書（第1表）」及び「同（第2表）」（第4章第2 3 【参考書式
4】参照）又は「市街地農地等の評価明細書」（第6章第1 6 【参考書式10】参照）を作
成します。

　評価対象地の個別事情が存する場合などこれらの評価明細書の所定の欄への記載だ
けでは評価額算定の計算過程や評価方法の根拠が明らかにできない場合には、第2表
の「備考」欄への記載や詳細を記載した別紙を添付することにより補完します。

　評価明細書を作成した後には、数値の記載（入力）誤りがないかどうか、計算過程
に誤りがないかなど確実に見直しを行います。

　また、評価明細書には、登記事項証明書、公図の写し、住宅地図の写し、固定資産
税評価証明書、実測図、評価対象地の上に存する権利の内容を明らかにする賃貸借契
約書の写しなど参考となる資料を添付します。

アドバイス

〇評価ソフトを利用する場合の留意事項

　　最近では、評価ソフトを利用して、土地等の評価明細書を作成することが多いと思わ
　れますが、利用する評価ソフトの利用方法等に従って、設定及び数値の入力等を行いま
　す。

ソフトは一般的な土地について評価額を計算するように作られています。しかし、全ての評価対象地の評価をソフトの中で行うことができるわけではありません。ソフトの想定している評価方法に拘泥することなく、評価対象地の形状や個別事情に即した評価をすることが大切です。

(2)　税理士法33条の2に規定する書面添付　■■■■■■■■■■■■■■

　税理士（税理士法人を含みます。）は、租税の課税標準等を記載した申告書を作成したときは、その申告書の作成に関し、計算し、整理し、又は相談に応じた事項を記載した書面（後掲【参考書式11】参照）を申告書に添付することができることとされており（税理士33の2①）、税務署等の職員は、この書面が添付された申告書に係る税務調査に際しては、調査の通知に先立って、その税理士に対して、その書面に記載された事項に関して意見を述べる機会を与えなければならないこととされています（税理士35①）。

　相続税や贈与税の申告のために土地等の評価を行い、その評価額に基づいて税理士が相続税や贈与税の申告書を作成した場合には、この書面を添付することができます。

　個別事情のある土地等や計算過程が複雑な土地等の評価を行った場合、土地の上に存する権利の内容を確定するのに専門家の立場から検討、判断を行ったなどの場合には、その内容を記載した書面を添付すべきでしょう。

　なお、税理士法33条の2第1項に規定する書面を添付しない場合であっても、必要に応じて評価額の算定に当たり検討した点などについて記載した説明書を添付することも考えられます。

326　　　　　　　　　　第8章　評価結果の報告

【参考書式11】　税理士法第33条の2第1項に規定する添付書面

税　　　　　申告書（　　　年分・　年　月　日　事業年度分・　　　　）に係る
　　　　　　　　　　　　　　　　　　　年　月　日

税理士法第３３条の２第１項に規定する添付書面　33の2①

受付印

年　月　日
＿＿＿＿＿＿＿　殿

		※整理番号	

税理士又は税理士法人	氏名又は名称	㊞
	事務所の所在地	電話（　）　　－

書面作成に係る税理士	氏　　　名	㊞
	事務所の所在地	電話（　）　　－
	所属税理士会等	税理士会　　支部　登録番号　第　　号

税務代理権限証書の提出	有（　　　　　　　）・無

依頼者	氏名又は名称	
	住所又は事務所の所在地	電話（　）　　－

　私（当法人）が申告書の作成に関し、計算し、整理し、又は相談に応じた事項は、下記の1から4に掲げる事項であります。

1　自ら作成記入した帳簿書類に記載されている事項

帳 簿 書 類 の 名 称	作成記入の基礎となった書類等

2　提示を受けた帳簿書類（備考欄の帳簿書類を除く。）に記載されている事項

帳 簿 書 類 の 名 称	備　　　　　　考

※事務処理欄	部門	業種			意見聴取連絡事績		事前通知等事績	
					年月日	税理士名	通知年月日	予定年月日
					・・		・・	・・

（1／4）

第8章　評価結果の報告

	※整理番号	

3　計算し、整理した主な事項

	区　　分	事　　　　　項	備　　　　考
(1)			

	(1)のうち顕著な増減事項	増　減　理　由
(2)		

	(1)のうち会計処理方法に変更等があった事項	変　更　等　の　理　由
(3)		

（2／4）

第8章 評価結果の報告

※整理番号	

4 相談に応じた事項

事　　　項	相　談　の　要　旨

5 その他

（3／4）

第8章　評価結果の報告

	※整理番号	

＊追加記載する事項		
A		
B	C	D

＊追加記載する事項		
A		
B	C	D

（4／4）

330 第8章 評価結果の報告

税理士法第３３条の２第１項に規定する添付書面の記載要領

1　表題の（　）内の「事業年度分・」の後の余白には、相続税の申告書の場合は相続開始年月日を「○年○月○日相続開始」と記載し、月分の申告書の場合はその年月を「○年○月分」と記載してください。

2　「書面作成に係る税理士」の「事務所の所在地」欄には、この書面を作成した税理士が税理士名簿に登録を受けている事務所の所在地（税理士法人の従たる事務所に所属している場合は当該従たる事務所の所在地）を記載してください。

3　「税務代理権限証書の提出」欄には、この書面を添付する申告書の納税者に係る法第３０条に規定する書面の提出の有無を○で囲んで表示し、「有」の場合には、税務代理の委任を受けた税目を（　）内に記載してください。

4　「２　提示を受けた帳簿書類（備考欄の帳簿書類を除く。）に記載されている事項」の「備考」欄には、提示を受けた帳簿書類のうち、計算し、又は整理したもの以外のものを記載してください。

5　「３　計算し、整理した主な事項」欄の記載要領は、次のとおりです。
　イ　(1)の「区分」欄には、勘定科目、申告調整科目等を記載してください。
　ロ　(1)の「事項」欄には、「区分」ごとに、計算・整理した内容を具体的に記載するとともに、関係資料との確認方法及びその程度等を記載してください。
　ハ　(1)の「備考」欄には、「区分」ごとに、計算・整理の際に留意した事項等を記載してください。
　ニ　(2)の「(1)のうち顕著な増減事項」欄には、(1)に記載したもののうち、前期（前年）等と比較して金額が顕著に増減したものについて、その増減事項を簡記し、その原因・理由等を「増減理由」欄に具体的に記載してください。
　ホ　(3)の「(1)のうち会計処理方法に変更等があった事項」欄には、(1)に記載したもののうち、当期（当年）において会計処理方法に変更等があった事項について、その変更等があった事項を簡記し、その理由等を「変更等の理由」欄に具体的に記載してください。
　（注）　(2)及び(3)欄に記載した事項については、(1)欄への記載を省略して差し支えありません。

6　「４　相談に応じた事項」欄には、法第２条第１項第３号に規定する税務相談に関し特に重要な事項に関する相談項目を「事項」欄に記載し、その相談内容、回答要旨、申告書への反映状況等を、「相談の要旨」欄に記載してください。

7　「５　その他」欄には、申告書の作成における所見等を記載してください。

8　「＊追加記載する事項」の各欄は、「１　自らが作成記入した帳簿書類に記載されている事項」ないし「５　その他」の各欄を使用しても、なお記載しきれない場合に使用してください。

第8章　評価結果の報告　　　331

(注)　1枚で記載しきれない場合は、更に追加して使用してください。

この場合、「A」欄には、「1　自らが作成記入した帳簿書類に記載されている事項」ないし「5　その他」の記載しきれなかった項目名を記載し、「B」欄から「D」欄には、下表のとおり、「A」欄に記載した項目名の区分に応じて、それぞれ右の「B」欄から「D」欄に掲げる項目名及びその内容を記載してください。

「A」欄	「B」欄	「C」欄	「D」欄
1　自ら作成記入した帳簿書類に記載されている事項	帳簿書類の名称	作成記入の基礎となった書類等	
2　提示を受けた帳簿書類（備考欄の帳簿書類を除く。）に記載されている事項	帳簿書類の名称	備考	
3　計算し、整理した主な事項(1)	区分	事項	備考
3　計算し、整理した主な事項(2)	(1)のうち顕著な増減事項	増減理由	
3　計算し、整理した主な事項(3)	(1)のうち会計処理方法に変更等があった事項	変更等の理由	
4　相談に応じた事項	事項	相談の要旨	
5　その他		その他	

9　「※」印の欄は記入しないでください。

2　評価結果の報告

（1）　評価結果の説明

　評価結果については、依頼者に丁寧かつ確実に説明します。

（2）　評価結果説明後の留意事項

　評価額の計算等に誤りがあることが判明した場合には、速やかに評価額を見直し、適切な措置を講じることが必要です。

（1）　評価結果の説明　■■■■■■■■■■■■■■■■■■■■■■■■■

　評価結果については、依頼者に丁寧かつ確実に説明します。

　路線価方式や倍率方式についての基本的な考え方から、一般の者にはなじみがない「不整形地」、「地積規模の大きな宅地」等の専門的な事項についてまで必要に応じ的確に説明していくことが必要です。特に、評価対象地に複数の評価方法が考えられる場合には、最終的に1つの評価方法を選択した理由や税務上のリスクなどについても説明し、依頼者の理解を得ておくことが必要です。

（2）　評価結果説明後の留意事項　■■■■■■■■■■■■■■■■■■■■

　土地の評価は、原則として依頼者から提供を受けた資料を基に評価します。依頼者から提供を受けた資料に誤りがあった場合には、誤った評価額が算出されてしまいます。提供された資料に誤りがあることが判明した場合など誤りが見込まれた場合には、速やかに評価額を見直し、適切な措置を講じることが必要です。

　また、相続税等の申告を行った後に評価対象地を売却するために実測をすることがあります。その結果、評価対象地の地積が評価時のものと異なることが判明した場合には、速やかに評価額の再計算を行い、修正申告書の提出又は更正の請求書の提出を検討しなければなりません。

　このような評価額の見直しにつながるような事実が生じた場合には、直ちに依頼者から連絡を受けられるような態勢づくりをしておきましょう。

◆守秘義務等

　評価作業に伴い依頼者から提供を受けた資料、依頼者等から聴取した事項は、正当な理由がない限り、第三者に提示したり、内容を漏洩してはなりません。

　また、評価作業に当たり作成した文書や提供を受けた文書や電子データの管理は確実に行います。評価作業に従事した事務所職員等に対しても、この旨を日頃よりきちんと指導しておく必要があります。

◆税務調査への対応

　税務官庁から相続税又は贈与税の税務調査の連絡を受けた場合には、申告書や評価明細書、及び申告や評価の作業に使用した資料を見直します。

　調査に際しては、評価額の算定根拠等について、要領よく説明するとともに、調査担当者からの質問に対して疑問が払拭されるように丁寧に説明します。その場で回答することが困難な場合には、いったん回答を保留して、後日、回答するようにします。

　また、申告後に、評価対象地を売却したり、評価対象地上の建物等を取り壊すなどにより、課税時期の現況が変わってしまっていることがあります。評価作業を行う際には、現地の写真撮影をするなどして、調査時に的確な説明ができるように準備しておきましょう。

相続土地評価実務マニュアル

令和元年11月26日　初版発行

著　者　梶　野　研　二

発行者　新日本法規出版株式会社

代表者　星　　謙一郎

発行所　**新日本法規出版株式会社**

本　　社　(460-8455)　名古屋市中区栄1－23－20
総轄本部　　　　　　　　電話　代表　052(211)1525

東京本社　(162-8407)　東京都新宿区市谷砂土原町2－6
　　　　　　　　　　　電話　代表　03(3269)2220

支　　社　札幌・仙台・東京・関東・名古屋・大阪・広島
　　　　　高松・福岡

ホームページ　https://www.sn-hoki.co.jp/

※本書の無断転載・複製は、著作権法上の例外を除き禁じられています。
※落丁・乱丁本はお取替えします。　　　　ISBN978-4-7882-8640-5
5100094　相続土地評価実務　　　　　Ⓒ梶野研二 2019 Printed in Japan